企業価値創造会計

――エレクトロニクス業界の事例分析――

企業価値創造会計研究会

学 文 社

はしがき

　企業価値創造会計研究会は，2008年2月に中央大学専門職大学院国際会計研究科の紺野剛演習修了生等が，企業価値創造会計を研究する目的で自主的に集まった研究組織である。その後紺野研究論文履修者等が参加し，1年に及ぶ数回の研究会等を開催し，その成果を刊行することにした。

　企業価値概念は，非常に関心が高まっているわりには，相変わらず不明確のままに多くの企業により，企業目的・目標そして戦略の説明において多用されている。それでも企業の目的として，企業価値を高めることに一般化されつつもある。すなわち多くの企業は，企業価値を創造する経営をまちがいなく推進している。しかし，その具体的な説明はいまだに不十分であり，明確性に欠ける。そして計量的な測定を試みている企業も多少は増えてきたが，しかし具体的な測定額は多種多様でもある。

　本書では企業価値の基本概念の体系的な整理を試みながら，その背景に存在する重要因子指標を抽出・検証していくプロセスをも包含して考察している。企業価値を創造するためには，主として会計的支援を基礎として探求しなければならないことは自明である。そこで，企業価値を具体的に測定する方法として，3つの視点から体系化して整理することを提案する。すなわち，① 本源的視点からの本質的な企業価値である本質的企業価値，② 会計的視点からの企業価値である会計的企業価値，そして，③ 市場的視点からの企業価値である市場的企業価値の視点から分析する。

　企業価値創造を支援する会計の総称を企業価値創造会計と呼ぶ。企業の主要ステークホルダーとして，人，顧客，株主そして社会・環境と分類・整理すれば，企業価値創造会計は，人的価値創造会計，顧客価値創造会計，株主価値創造会計そして社会・環境価値創造会計と体系化可能であろう。より具体的には，たとえば人的価値の向上をとおして，顧客価値を向上させ，究極的には株主価値を向上させ，さらに社会や環境の価値を向上させる好循環の連鎖の仕組みを

創造することを支援する会計的なアプローチでもある。このようにステークホルダーとの良好な関係構築から，企業価値の創造を意図しているのが企業価値創造会計である。

　企業価値創造会計の最初の事例研究として，エレクトロニクス業界に焦点をあてながら考察を試みた。本書では，主要20社に限定して，企業価値概念，会計的視点からの企業価値，市場的視点からの企業価値，本質的視点からの企業価値を比較・検討し，相互関連性についても触れている。各社の企業価値創造の全体像を企業価値創造マップとして総括整理する。

　この調査・研究のために，ご協力いただいた多くの企業関係者に感謝申し上げたい。この成果のかなりの部分は，多くの企業関係者とのインタビューによる共同成果とも考えられる。企業名・個人名は，誤解が生じないように省かせていただいた。

　本書は，企業価値創造会計研究会による成果であるが，メンバーの主な責任担当箇所は，次のとおりである。

紺野　剛　中央大学専門職大学院国際会計研究科教授（主な担当第Ⅰ部，第Ⅱ部1，3，7，8，10，12，14，16，17，19，20章，第Ⅲ部）

児玉信一　中央大学専門職大学院国際会計研究科修了，株式会社NTTデータ（主な担当第Ⅱ部第2，13章）

大川美奈　中央大学専門職大学院国際会計研究科修了（主な担当第Ⅱ部第4，11章）

土屋尚示　中央大学専門職大学院国際会計研究科修了（主な担当第Ⅱ部第5，9章）

川崎大輔　中央大学専門職大学院国際会計研究科修了，株式会社ガリバーインターナショナル（主な担当第Ⅱ部6，15章）

柴山　治　中央大学専門職大学院国際会計研究科在学中，株式会社ベイカレント・コンサルティング（主な担当第Ⅱ部第7，12，18章）

協力者　西入雅雄　中央大学専門職大学院国際会計研究科在学中
　　　　星野邦敏　中央大学専門職大学院国際会計研究科修了，
　　　　株式会社コミュニティコム代表取締役

専門書の出版が厳しき折，本書の出版を快く引き受け，心から支援いただいた学文社田中千津子代表取締役に厚くお礼申し上げる。
　2009年3月

市ヶ谷にて　紺野　　剛

目　次

はしがき

第Ⅰ部　企業価値創造会計総論

　Ⅰ　はじめに　2
　Ⅱ　企業価値創造会計　3
　Ⅲ　エレクトロニクス業界20社の企業価値創造会計による全般分析　14
　Ⅳ　まとめ　22

第Ⅱ部　企業価値創造会計に基づく事例分析

第1章　キヤノンの企業価値創造会計に基づく事例分析　28
　Ⅰ　キヤノンの概要　28
　Ⅱ　キヤノンの経営理念・戦略・計画　29
　Ⅲ　キヤノンの企業価値創造会計による分析　34
　Ⅳ　キヤノンの企業価値創造会計総括　40

第2章　パナソニックの企業価値創造会計に基づく事例分析　41
　Ⅰ　パナソニックの概要　41
　Ⅱ　パナソニックの経営理念・戦略・計画　41
　Ⅲ　パナソニックの企業価値創造会計による分析　46
　Ⅳ　パナソニックの企業価値創造会計総括　50

第3章　三菱電機の企業価値創造会計に基づく事例分析　52
　Ⅰ　三菱電機の概要　52
　Ⅱ　三菱電機の経営理念・戦略・計画　52
　Ⅲ　三菱電機の企業価値創造会計に基づく分析　57
　Ⅳ　三菱電機の企業価値創造会計総括　62

第4章　ファナックの企業価値創造会計に基づく事例分析　64
　Ⅰ　ファナックの概要　64
　Ⅱ　ファナックの経営理念・戦略・計画　64
　Ⅲ　ファナックの企業価値創造会計による分析　67

Ⅳ　ファナックの企業価値創造会計総括　　　　　　　　　　72

第5章　デンソーの企業価値創造会計に基づく事例分析　　　76
　　Ⅰ　デンソーの概要　　　　　　　　　　　　　　　　　76
　　Ⅱ　デンソーの経営理念・戦略・計画　　　　　　　　　77
　　Ⅲ　デンソーの企業価値創造会計による分析　　　　　　80
　　Ⅳ　デンソーの企業価値創造会計総括　　　　　　　　　85

第6章　京セラの企業価値創造会計に基づく事例分析　　　　88
　　Ⅰ　京セラの概要　　　　　　　　　　　　　　　　　　88
　　Ⅱ　京セラの経営理念・戦略・計画　　　　　　　　　　89
　　Ⅲ　京セラの企業価値創造会計による分析　　　　　　　92
　　Ⅳ　京セラの企業価値創造会計総括　　　　　　　　　　98

第7章　シャープの企業価値創造会計に基づく事例分析　　100
　　Ⅰ　シャープの概要　　　　　　　　　　　　　　　　100
　　Ⅱ　シャープの経営理念・戦略・計画　　　　　　　　101
　　Ⅲ　シャープの企業価値創造会計による分析　　　　　105
　　Ⅳ　シャープの企業価値創造会計総括　　　　　　　　112

第8章　キーエンスの企業価値創造会計に基づく事例分析　113
　　Ⅰ　キーエンスの概要　　　　　　　　　　　　　　　113
　　Ⅱ　キーエンスの経営理念・戦略・計画　　　　　　　113
　　Ⅲ　キーエンスの企業価値創造会計による分析　　　　116
　　Ⅳ　キーエンスの企業価値創造会計総括　　　　　　　121

第9章　日本電産の企業価値創造会計に基づく事例分析　　123
　　Ⅰ　日本電産の概要　　　　　　　　　　　　　　　　123
　　Ⅱ　日本電産の経営理念・戦略・計画　　　　　　　　124
　　Ⅲ　日本電産の企業価値創造会計による分析　　　　　127
　　Ⅳ　日本電産の企業価値創造会計総括　　　　　　　　132

第10章　東京エレクトロンの企業価値創造会計に基づく事例分析　134
　　Ⅰ　東京エレクトロンの概要　　　　　　　　　　　　134
　　Ⅱ　東京エレクトロンの経営理念・戦略・計画　　　　135
　　Ⅲ　東京エレクトロンの企業価値創造会計による分析　139
　　Ⅳ　東京エレクトロンの企業価値創造会計総括　　　　145

第11章　村田製作所の企業価値創造会計に基づく事例分析　147

	I　村田製作所の概要	147
	II　村田製作所の経営理念・戦略・計画	148
	III　村田製作所の企業価値創造会計による分析	151
	IV　村田製作所の企業価値創造会計総括	156

第12章　東芝の企業価値創造会計に基づく事例分析　　159

　　I　東芝の概要　　159
　　II　東芝の経営理念・戦略・計画　　159
　　III　東芝の企業価値創造会計による分析　　164
　　IV　東芝の企業価値創造会計総括　　169

第13章　ソニーの企業価値創造会計に基づく事例分析　　171

　　I　ソニーの概要　　171
　　II　ソニーの経営理念・戦略・計画　　171
　　III　ソニーの企業価値創造会計による分析　　177
　　IV　ソニーの企業価値創造会計総括　　181

第14章　アドバンテストの企業価値創造会計に基づく事例分析　　184

　　I　アドバンテストの概要　　184
　　II　アドバンテストの経営理念・戦略・計画　　185
　　III　アドバンテストの企業価値創造会計による分析　　188
　　IV　アドバンテストの企業価値創造会計総括　　193

第15章　TDKの企業価値創造会計に基づく事例分析　　195

　　I　TDKの概要　　195
　　II　TDKの経営理念・戦略・計画　　195
　　III　TDKの企業価値創造会計による分析　　199
　　IV　TDKの企業価値創造会計総括　　204

第16章　三洋電機の企業価値創造会計に基づく事例分析　　206

　　I　三洋電機の概要　　206
　　II　三洋電機の経営理念・戦略・計画　　207
　　III　三洋電機の企業価値創造会計による分析　　214
　　IV　三洋電機の企業価値創造会計総括　　219

第17章　ロームの企業価値創造会計に基づく事例分析　　221

　　I　ロームの概要　　221
　　II　ロームの経営理念・戦略・計画　　222
　　III　ロームの企業価値創造会計による分析　　225

Ⅳ　ロームの企業価値創造会計総括　　　　　　　　　　　232
第18章　日立製作所の企業価値創造会計に基づく事例分析　　　233
　　Ⅰ　日立製作所の概要　　　　　　　　　　　　　　　　233
　　Ⅱ　日立製作所の経営理念・戦略・計画　　　　　　　　234
　　Ⅲ　日立製作所の企業価値創造会計による分析　　　　　238
　　Ⅳ　日立製作所の企業価値創造会計総括　　　　　　　　242
第19章　NECの企業価値創造会計に基づく事例分析　　　　　245
　　Ⅰ　NECの概要　　　　　　　　　　　　　　　　　　245
　　Ⅱ　NECの経営理念・戦略・計画　　　　　　　　　　246
　　Ⅲ　NECの企業価値創造会計基づく分析　　　　　　　251
　　Ⅳ　NECの企業価値創造会計総括　　　　　　　　　　256
第20章　富士通の企業価値創造会計に基づく事例分析　　　　258
　　Ⅰ　富士通の概要　　　　　　　　　　　　　　　　　　258
　　Ⅱ　富士通の経営理念・戦略・計画　　　　　　　　　　259
　　Ⅲ　富士通の企業価値創造会計による分析　　　　　　　263
　　Ⅳ　富士通の企業価値創造会計総括　　　　　　　　　　269

第Ⅲ部　企業価値創造会計総括

　　Ⅰ　はじめに　　　　　　　　　　　　　　　　　　　　272
　　Ⅱ　エレクトロニクス業界20社の企業価値創造会計による分析結果の総括
　　　　　　　　　　　　　　　　　　　　　　　　　　　272
　　Ⅲ　企業価値創造会計の課題と展望　　　　　　　　　　287

第Ⅰ部
企業価値創造会計総論[1]

I　はじめに

　企業価値 (Enterprise Value) 概念は，多くの企業により企業目的・目標そして戦略の説明において多用され，非常に注目されている。企業目的としては，「企業価値を高める」ことに集約され，しかも一般化されつつもある。すなわち多くの企業は企業価値を創造する経営をまちがいなく推進している。しかし，その具体的な説明はいまだに不十分であり，明確性に欠ける。そして計量的な測定を試みている企業も多少は増えてきたが，具体的な測定額は多種多様である。企業価値，株主価値の測定に関する理論や実務も各種の方法・事例が主張され，かなり具体的なレベルで適用・活用されつつもある。企業価値，株主価値の測定に関しては，ストック面から測定するアプローチとフロー面から測定するアプローチがあり，多種多様で測定した結果は，極めてばらつきがあり，曖昧で不確実かつ主観的である。このことは企業価値の測定が難しいという特質でもあり，同時に魅力でもある。当然現代企業の全体像をそう単純明瞭に把握できるわけもない。だからこそ，より客観的に把握したいと思うし，把握しなければ，企業経営の透明化は進まない。基本概念の整理を試みながら，その背景に存在する重要因子指標を抽出・検証していくプロセスが極めて重要と考えられる。そこで本書では企業価値の創造を主として会計的視点から支援する方法を探索するために，エレクトロニクス業界の事例に焦点をあてて考察を試みる。

　企業価値をより創造するためには，より戦略的に企業経営を展開していかなければならない。そのためには，どのように企業価値を創造するのかの目標・プロセスが極めて重要となる。それを検証するためには，測定可能な企業価値関連指標が欠かせない。指標化するには会計的指標は必要不可欠であり，最も基本的な情報である。企業の全体像を把握可能とする測定・指標化も進めなければならない。同時に個別のより具体的な指標をも組み合わせて究極的には統合指標化し[2]，そしてより積極的にステークホルダーに情報開示していくことも有益となる。どのように企業価値創造の好循環の連鎖の仕組みを構築してい

くのか。多くの企業で展開され，社会全体で好循環をもたらし，個別企業だけでなく，業界全体そして社会全体の価値創造にも貢献できる可能性があれば，幸いである。主として会計的視点を基礎として，重要な関連事項を包含しながら企業価値創造に貢献し，そのためにはどのような役割を担えるかを探求したい。

21世紀はまちがいなく，知識・知恵中心の知価社会へと移行しつつあり，有形財よりも無形の目に見えない財がより重要なドライバーとなってきている。そこで，企業価値の本質を総合的に整理・検討しながら，企業価値創造を支援するために会計的にどのような貢献・役割を担えるかを考察する**企業価値創造会計**を提案したい。会計的視点を基礎としてどのように企業価値を創造しているのか，創造していくべきかを検討する。企業価値を本質面から創造し，会計的視点からの企業価値につなげ，そして市場的視点からの企業価値にも連鎖させる。それぞれの相互関連性を重視しながら，企業価値創造を考察するために，主として事例研究を試みながらその方向性を追求していきたい。比較検討をしやすくするために，特定業種に絞って，本書ではエレクトロニクス（電機）業界を取り上げる。

Ⅱ　企業価値創造会計

1　企業価値の意義

　企業価値概念の明確な整理体系化はなされておらず，多種多様な概念がむしろ容認されている。そうであれば，企業価値を使用する場合には，最初に明確に定義し，各社，各人の立場を示さなければならない。

　企業価値[3]の多義性ゆえに，各企業独自の定義が必要不可欠である。むしろ企業固有の企業価値概念を各社が明確に定義し，公表することがより望ましいと考えられるが，相変わらず，不明確のまま，多種多様で極めて安易に乱用されている。絶対的な価値測定は本来無理であるが，ある程度のより客観的なデータの提供は可能であろう。その妥当性に関しては，情報利用者が各人の価値観等に基づいて最終的には判断すべきである。

米国では，主として株主重視の立場から企業価値は論じられている。しかし，現代企業は単純に株主（シェアホルダー；shareholder）だけのものと限定して論じることにはかなり疑問が残る。株主の視点からのみならず，利害関係者（ステークホルダー；stakeholder）の視点から検討することのほうがより多くの支持が得られ，むしろ正論であろう。株主重視がすぎると，社員の創造性を引き出す仕掛けや企業理念が後回しにされる。優勝劣敗が極度に進めば，社会共通の利益が損なわれ，社会的不平等が広がり，しかも社会的な不安を招く恐れも生じる。株主が最も重要な利害関係者であることにはまちがいないが，株主の視点からすべてを規定することには問題がある。株主価値は単純に株主の価値を最大化することではないとする見解もあるが，究極的には必ず株主価値最大化への視点に通じている。企業の社会的使命を考慮すれば，ステークホルダーとの関係から企業価値を考えることが極めて有効であろう。

　企業価値を具体的に測定するために，ストック面から３つの視点で体系化して整理することを提案したい。本源的視点からの本質的な企業価値を**本質的企業価値**，会計的視点からの企業価値を**会計的企業価値**，そして市場的視点からの企業価値を**市場的企業価値**と呼ぶことにする。本質的企業価値は，企業価値を本質部分から本源的に理解しようと試みるが，実際に具体的に測定しようとすると，定性的な項目，非財務的指標も当然考慮しなければならなく，極めて現実的には難しいという測定上の課題を有している。しかし，測定への挑戦は今後もつづけるべきであろう。そこで，過去の実績を重視し，統一的な基準による取り扱いができる，より客観的な会計的な視点が最も重要な基本的概念として注目される。会計的指標は企業価値そのものではないから，会計的企業価値との表現は不適切との見解もあろう。しかし会計的企業価値は，会計的指標を用いて企業価値を推定しようと試みたものである。そして会計的に将来を予測するには，不確実という客観性の欠如という難門が同様に存在する。そこで，今最も注目され，最も簡単に共通的に認識できる，毎日株式市場で取引されている市場的企業価値が提案される。企業価値といえば，最も一般的には市場で決定される株価に基づく株式時価総額と考えられている。株価は，現在時点の

株式市場における企業取引の価値であるから，たしかに，直近の企業価値を極めて客観的に表現している。しかし，企業価値の本源的部分がすべて効率的に株価に反映しているわけではない。むしろ株式市場全体の影響や市場の過敏な反応を受けすぎている側面が強い。株価の日々の変動ほどに，企業価値が毎日変動しているわけがない。中長期的には調整されるとは説明されているが，どの時点で妥当性を判断できるのであろうか。直近の株式時価総額はまちがいなく，極めて重要な企業価値指標の1つではあるが，これだけではすべての企業価値問題を解決できない。しかも経営管理の側面から展開するには直接的な管理対象とはなりにくい欠点がある。そこで，3つの企業価値を明確に区別して，相互に関連させて理解することがこれからは必要ではないか。本質的企業価値，会計的企業価値，そして市場的企業価値であり，今後これらの関連性の検討も詳細にしなければならないが，本書では，極めて単純明快に整理しておこう。

最初に会計的企業価値について，考えてみよう。企業価値は，本来会計的な側面から，すべての経営活動を金額換算してとらえられてきた。すなわち，会計的企業価値とは総資産額，株主資本額として定義できた。企業活動に投入された，資金運用の結果としてとらえられる。しかし，最近は会計的に認識・測定されていない事項が増加しつつある。そこで，経営成果により，たとえば売上，利益，キャッシュフロー（CF）から企業価値を推定する試みが提案されて

図表 I-1　ストック面からの企業価値概念の関連図

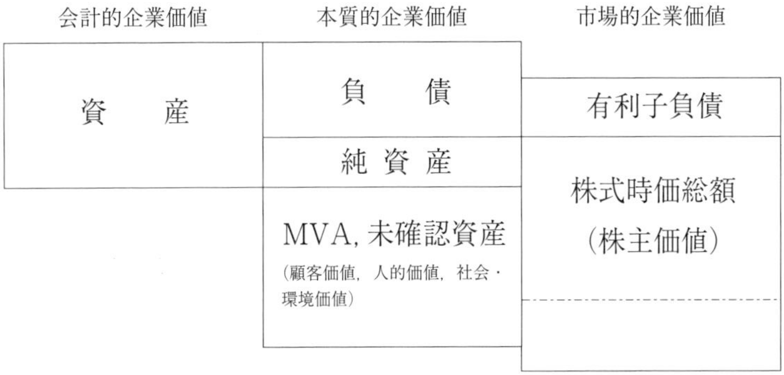

会計的企業価値	本質的企業価値	市場的企業価値
資　産	負　債	有利子負債
	純 資 産	株式時価総額 （株主価値）
	MVA，未確認資産 _(顧客価値，人的価値，社会・環境価値)	

いる。過去の売上，利益，CFは，正確な情報として利用できるが，できれば，将来の売上，利益，CFを予測して，活用することがより有益であろう。すなわち，企業価値は，最も一般的には企業が将来にわたって生み出す期待付加価値（CF）の割引現在価値と定義できる。しかし，毎年どれだけの価値が生み出されるのかは極めて不確実で，いわば幻に近い。多くの前提条件に基づく極めて主観性を内在する数値，よりソフトな金額となってしまう。そこでこのソフトな数値をよりハードに変換することが必要である。この曖昧さにどう対処すべきか。測定不能な定性要因をより包含させると，当然予測や主観が入り込む余地が拡大する。

次に，市場的企業価値について考えたい。株式市場では，企業の価値額が株価として取引されている。株式時価総額が企業の価値として，市場で極めて客観的に決定される。株式時価総額は，正確には企業価値でなく，株主価値である。企業価値には外部債権者持分としての他人資本部分も含まれる。すなわち，厳密には次のように理解すべきである。

　　　企業価値＝債権者価値＋株主価値＝（有利子）負債＋株式時価総額

株価は，残念ながら常に企業本来の価値を必ずしも適正に反映しているとは限らない。すなわち通常は多くのノイズが含まれている。将来の期待，マクロ経済等の影響を敏感に受けており，株価向上だけをめざす経営は現実的には機能しないであろう。そこで，企業本来の本質的，本源的，理論的かつ内在的な価値に焦点をあてる経営が求められている。すなわち，本質価値を測定するための研究がつづいている。しかし，その測定・把握が極めて困難である。株式時価総額は，本質価値と一致する場合もあるが，ほとんどの場合，過大か，あるいは過少となっている。かなりの乖離が生じているのが現実である。

本質的企業価値は，経営的企業価値と呼ぶこともできる。未認識の資産，特に無形の資産をどのように認識していくべきかという重大な課題が残されている。時間の流れから整理すると，過去を重視する会計的企業価値，現在を重視する市場的企業価値，そして将来をより重視する本質的企業価値となろうか。このように，企業価値を3つの視点から会計的企業価値，市場的企業価値そし

て本質的企業価値と明確に区別して，3者の関連性を意識して接近していきたい。

　企業価値とは，ステークホルダーの「満足度」や「信頼度」の結果であるとも言い換えられる。企業価値をステークホルダーの視点からとらえれば，ステークホルダーの満足・信頼をめざすことになる。そこで，企業価値概念とステークホルダー価値概念の関係が極めて重要となる。企業価値概念は直接的に測定しようと試みることもできる。それに対して，ステークホルダー価値概念に基づくアプローチは，企業価値をその構成要素である各ステークホルダー価値の総和として分解・加算して求める。ステークホルダーとの関係から企業価値を考えれば，ステークホルダーによる満足度・信頼性が基本となる。社員が仕事にやりがいを感じていれば，一般的には顧客の満足度向上につながる。顧客の評価が高まれば通常は利益・CFも増えていく。利益・CFが増加すれば株価が上がり，そして社員の士気もますます高まる。このようにらせんの階段を

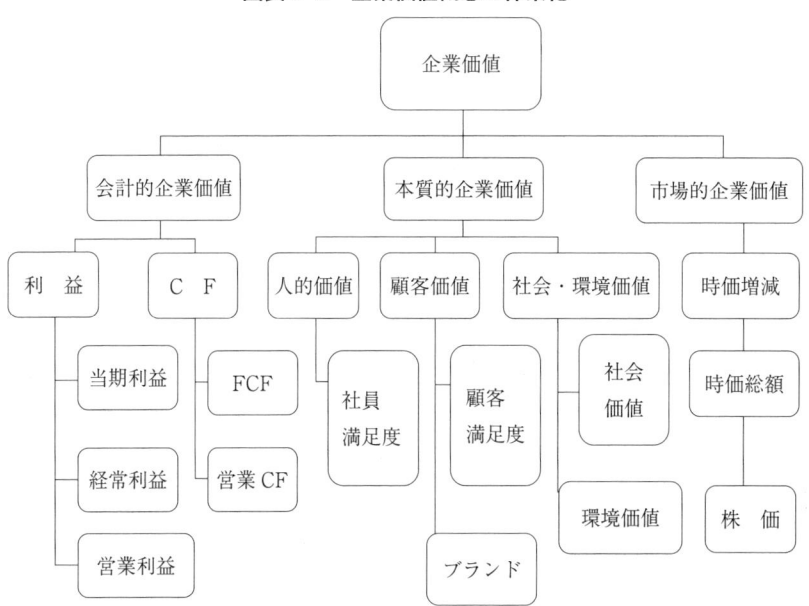

図表Ⅰ-2　企業価値概念の体系化

上っていくように，企業の価値を継続的に高めていく連鎖の仕組みが望まれる。社員の意欲が顧客を経由して，利益にスパイラルに上昇していくダイナミズムが求められている。社員と顧客そして株主の利益を両立させることは可能であろうか。顧客満足を通じて，株主価値をどのように創造できるのであるか。現実的には，そう単純に好都合に価値連鎖するとは考えられない。それでも主要なステークホルダーの視点を重視する立場からは，企業目的は各ステークホルダーの満足・信頼を向上させることに求められる。

2　企業価値創造の意義

　企業価値創造とは，企業価値を将来創造できるかどうかが主たる課題となる。創造概念とは，開発・設計・製造からマーケティング・営業などの企業活動により価値を創り出して具現化する機能であり，新しく価値を生み出すことを意味している。そこで企業価値創造とは，期間フローとしての正味期間変動額としてとらえられる。

　現在の企業価値創造額＝現在時点の企業価値額－過去時点の企業価値額
　　　　　　　　　　　＝当期末の企業価値額－前期末の企業価値額
　将来の企業価値創造額＝将来時点の企業価値額－現在時点の企業価値額
　　　　　　　　　　　＝将来の企業価値額－当期末の企業価値額
　過去の企業価値額＋過去の企業価値創造額＝現在の企業価値額
　現在の企業価値額＋将来の企業価値創造額＝将来の企業価値額

　企業価値は，絶対額として算定する方法と，期間の変化額（割合）から算定する方法とが考えられる。会計的企業価値と市場的企業価値との大きなちがいは，会計上認識されていない無形資産等が影響していることである。

　市場的企業価値額－投下資本の簿価（総資本の帳簿価値）＝未認識無形資産

　未認識無形資産を考慮するには，企業価値そのものを探求するよりも，企業価値を決定する主要要因（価値決定因子；Value Driver, VD）に焦点をあて，その要因を必要に応じて分解し，展開することがより現実的であろう。フロー面から企業価値創造額を考えると，会計的企業価値創造額，本質的企業価値創造

図表 I-3　フロー面からの企業価値創造概念の関連図

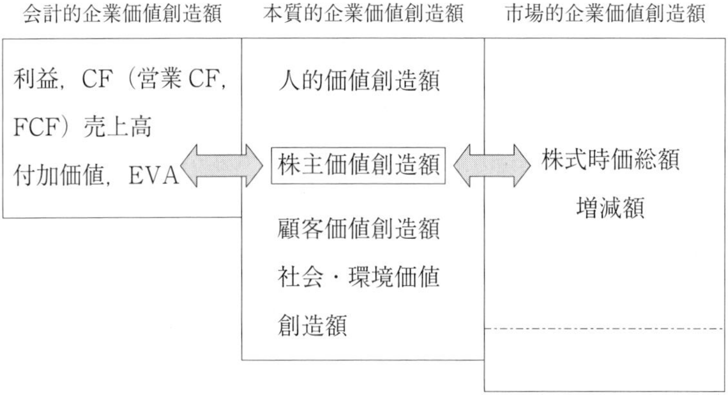

会計的企業価値創造額	本質的企業価値創造額	市場的企業価値創造額
利益，CF（営業CF，FCF）売上高　付加価値，EVA	人的価値創造額 株主価値創造額 顧客価値創造額 社会・環境価値創造額	株式時価総額増減額

額そして市場的企業価値創造額とに分けられる。会計的企業価値創造額としては，利益，CF（営業CF，FCF），売上高，付加価値，Stern Stewart 社の登録商標である EVA（Economic Value Added；経済的付加価値）[4]等により算定される。市場的企業価値創造額としては，株式時価総額増減額が用いられる。本質的企業価値創造額としては，ステークホルダーの視点から分類すれば，株主価値創造額，人的価値創造額，顧客価値創造額そして社会・環境価値創造額等から構成される。株主価値創造額は，会計的企業価値創造額そして市場的企業価値創造額と極めて相互依存関係にあり，かなり重複している。そこで，株主価値創造額以外の人的価値創造額，顧客価値創造額そして社会・環境価値創造額等の測定が特に問題にされる。しかし，現在のところ，必ずしも客観的な測定方法は開発されていない。むしろ，これからこれらへの注目が増していく可能性は高い。

3　企業価値創造会計

　企業目標として，「企業価値の創造」をおけば，企業価値創造の方策がまさに戦略となる。したがって，企業価値創造に基づいて戦略を評価することが可能であろう。そこでこれからは，企業価値創造の競争時代でもある。

企業価値創造会計（Value Creation Accounting）とは，企業価値創造を支援する会計の総称である。言い換えれば，たとえば人的価値の向上をとおして，顧客価値を向上させ，究極的には株主価値を向上させ，さらに社会や環境の価値を向上させる好循環の連鎖の仕組みを創造することを支援する会計的なアプローチである。企業価値創造方法は，無数に考えられるが，各企業にとって最も適した方法を探究するのが，より重要である。現場社員をよりエンパワーメントし，企業全体でモチベーションを高めることが大変効果的である。最高のアイデアは，常に現場から生まれている。企業価値が具体的に創造される多くは現場である。より少ないコストでより高い企業価値を生み出す方法を創造することも注目される。企業価値創造方法の1つとして，コーポレートブランドが提案され，特に顧客との関連性が問題とされるが，それらの仕組みやツールに魂を入れるのはやはり人である。

ステークホルダーの視点から，企業価値創造を考えると，主要ステークホルダーとして，株主，人，顧客そして社会・環境と分類・整理すれば，企業価値創造会計は，株主価値創造会計，人的価値創造会計，顧客価値創造会計そして社会・環境価値創造会計と体系化可能であろう。このようにステークホルダーとの良好な関係構築から企業価値の創造を意図しているのが企業価値創造会計である。

株主価値創造会計においては，財務価値創造戦略に基づいて株主価値，付加価値，利益，配当金，株主還元額，投資額，R&D等が重要な指標となる。多くの会計的指標が利用可能であるが，キャッシュベースの税引後利益である経済的利益としてのEVA，EBITDA（利払前・税引前・償却前利益）が特に注目されている。コーポレート・ガバナンスの評価等も考慮すべき項目となろう。

人的価値創造会計における人的価値は，経営者価値と社員価値に分けられる。人的価値の測定は重要であり，人件費，教育訓練費等の会計的指標を参考に，人的満足度（社員満足度指数）等が有効な指標となる。社員価値を創造するには，十分な待遇を与え，全社員の意欲を高めることである。利益が大幅に改善され，配当も増加し，人件費も増加し，残業時間は逆に減少できる。給与よりも働き

がいを求める人も多いから，各人の成長，職場への貢献，社会への貢献，顧客からの評価等を期待できる人財へと価値を高めていかなければならない。人的価値創造を評価するのに有用な指標としては，次のものが考えられる。従業員関連として，人件費，給与水準，給与上昇率，従業員数，従業員増減数，離職率，残業時間，欠勤率・欠勤事由別件数，専門的資格保有者数，労働条件別割合，教育訓練金額，教育訓練コース数，教育訓練時間，職場環境改善度，女性社員活用度，ワークライフバランス状況，従業員意欲度，従業員満足度，人権問題対応度（特に海外），労災関連として労災件数，労災人数等を参考に重要指標が抽出される。安易な人員削減は極力避けるべきことは当然である。

顧客価値創造会計においては，顧客価値（お客が価値あると認める価値）の測定が特に問題となり，売上高，マーケットシェア，売上高営業利益率，顧客満足度，顧客ローヤルティ指数等が重要な指標となる。期待の品質・サービスか，期待の価格か，業務対応がよいか，良好なコミュニケーションがとれているか等が問題となる。顧客価値には，取引先の価値を含めても，別に考えても構わない。正味の顧客価値は，製品・サービスの効用から期待する品質に対する対価を差し引いて求められる。満足・不満度とは，事前の期待から事後の成果の差引として算定される。顧客関連指標としては，市場占有率，平均顧客単価，価格の妥当・公平性，顧客数，顧客満足度，品質・安全問題としては，クレーム数，リコール件数・金額，法令違反数・罰金等が考えられる。

社会・環境価値創造会計においては，社会・環境関連投資・原価，納税額（法人税）等が重要な指標となる。社会・環境価値は，社会価値と環境価値とに分けられる。社会価値は，本業をとおしての社会からの価値である。事業とは必ずしも関連しない純粋な社会価値がより問題とされる。多彩なNPOとの協働等が考えられている。地域社会関連としては，影響，騒音，交通渋滞，地域貢献活動としては金額，件数，社会貢献関連としては活動，金額，件数等である。社会活動団体との関係としては，金額，分野別の件数等が考えられる。環境関連としては，環境会計，環境報告書，環境ガイドライン等を参考に主要指標が抽出される。

企業価値創造の実行を動機づけるために，企業価値創造を評価できる主要な企業価値創造関連指標を抽出し体系化させなければならない。特に，無形の知的資産を創造させながら，その関連する指標のモニタリングを徹底し，継続的に顧客との親密な関係構築を築き上げながら，知的な能力を開発し，製品・サービスを革新して，長期的・総合的な視点から新たな価値を生み出していくのである。

　企業価値創造会計はプロセスとしてビジョン (Vision)，戦略，戦略目標，CSF (Critical Success Factor)，目標指標としての VD, KPI (Key Performance Indicators) と展開できる。企業価値創造プロセスを単純化して，整理してみたい。最初に企業価値創造を明確に目標として確認する。そして，企業価値を創造するための最も重要な促進要因を明らかにする。これが KVD (Key Value Drivers) と呼ばれる。KVD は企業価値に大きな影響を与えている要因である。企業価値を創造するための源泉に焦点をあてることになる。KVD を明確に管理できるように可視化するには，さらに KVI (Key Value Index) に落とし込んで指標化して抽出しなければならない。KVI は KVD をモニターする指標であり，Value and Performance Indicators とも呼ばれ，業績評価に比重をおけば，KPI と呼ばれている。各指標は，基本的に各社の状況により取捨選択されるが，特に選択の判断基準として，有用性，重要性そして最適最小数等を考慮すべきである。選択の事由，算出方法を明確に定義しておくことも大変重要である。分類方法としては，会計的指標，財務的指標，物量的指標，定性的指標，成果指標，促進指標等にも分けられる。KVI をステークホルダーの視点から，企業価値創造を考えると，株主 KVI，顧客 KVI，人的 KVI そして社会・環境 KVI とに分けて指標化を試みることになる。主要な (Critical) Navigator, そして Sub-navigator 等を活用してより詳細な細分化も行われる。株主 KVI の典型例として，たとえば利払前税引後営業利益に基づく EVA が提案されている。

　各 KVI により，因果関連性の仮説・検証が行われ，各指標の定義がより明確化される。そして，関連項目の改善案，費用効果分析をとおして，実行による改善案の検証が着実に実施される循環が繰り返されることになる。

図表Ⅰ-4 企業価値創造プロセス

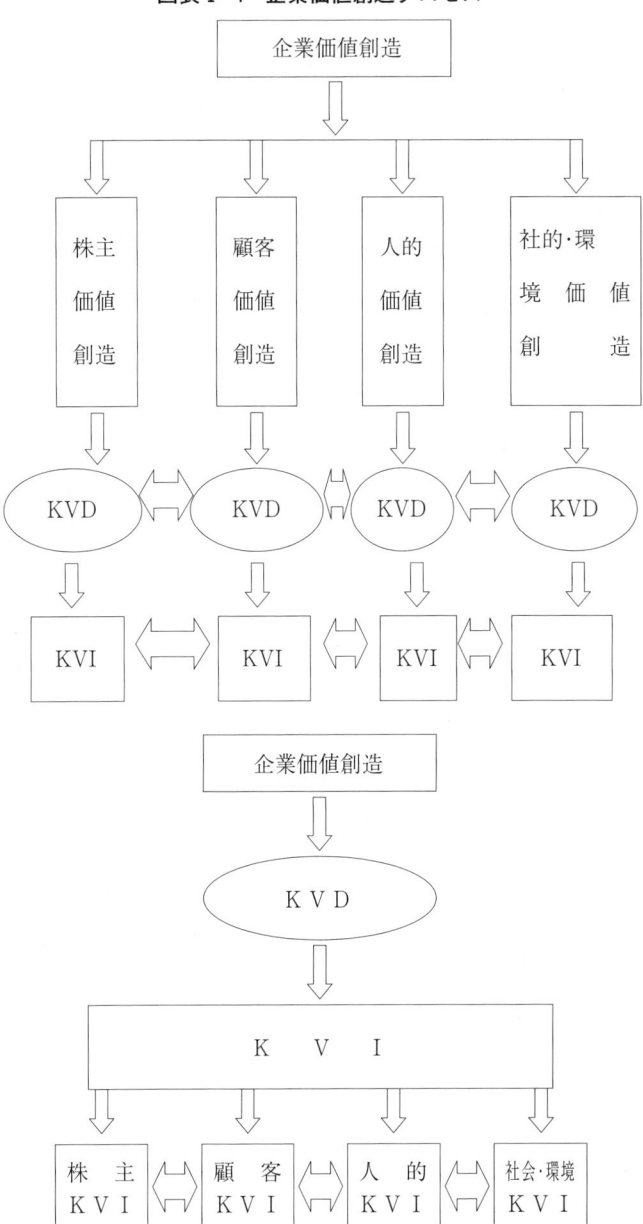

ステークホルダーごとに KVI を選定することも重要であるが，さらにステークホルダーごとの関係を強化することも必要である。すなわち，人的価値から顧客価値，顧客価値から株主価値等への連鎖を強化する視点からの KVI を包含した展開も必要不可欠であろう。その具体化に向けての研究は今後の課題である。

Ⅲ　エレクトロニクス業界 20 社の企業価値創造会計による全般分析

1　エレクトロニクス業界の概観

(1)　調査対象企業

本書では，より広範囲のエレクトロニクス関連業界の主要 20 社を調査対象として，過去の対象期間としては，主として CF データが入取可能な 1999 年度から 2007 年度までの 9 年間とした。調査対象企業は，株式時価総額，売上高等を考慮して上位企業から以下の 20 社を選択した。

①キヤノン　②パナソニック　③三菱電機　④ファナック　⑤デンソー　⑥京セラ　⑦シャープ　⑧キーエンス　⑨日本電産　⑩東京エレクトロン（TEL）　⑪村田製作所　⑫東芝　⑬ソニー　⑭アドバンテスト（アドテスト）　⑮TDK　⑯三洋電機　⑰ローム　⑱日立製作所　⑲NEC　⑳富士通

(2)　エレクトロニクス業界の経営環境

エレクトロニクス業界は 1980 年代半ばから業績は下降線を描いており，1998 年には半導体不況となり，2000 年には IT バブルが生じて一時的に回復したが，すぐに 2001 年の IT 不況に陥り，苦戦しながら，回復基調の企業と低迷が続いている企業とが混在している。それでもエレクトロニクス業界は日本の GDP の 1 割弱の規模であるが，全般的には低収益の産業構造となっている。それにもかかわらず企業価値創造をめざして，厳しい国際競争を繰り拡げながら成長している企業も存在しており，大変興味深い。

技術革新と価格下落が急速に進み，国際競争で米国や韓国勢に押され，世界的な存在感は大きく後退した。競合プレーヤーの数が多く，各社が横並びの「同

質競争」をつづけてきた結果,利益率はじわじわと低下している。

　デジタル家電としてのデジタルカメラ,液晶テレビ,DVDレコーダーの新三種の神器が市場を牽引し,デジタル家電が各家庭に着実に浸透している。デジタル技術の発展から,デジタルAV景気となり,共同して一気呵成に進める開発力が重要となり,グローバル競争の覇権を賭けた最終戦争が開始された。日韓台メーカーを中心にシェア争奪戦を繰り返し,ライバル脱落を待つ持久戦の様相を呈してもいる。そして再編の引き金がひかれ,寡占化が進みつつあるが,それにもかかわらず相変わらず乱売合戦が繰り返されている。

　価格下落と巨額の設備投資負担により,共同生産や外部委託も拡大している。自前主義,垂直統合の戦略が難しくなり,ライバル企業との間の相互補完関係を強め,どの企業と,どの分野で,どの程度の関係を深めるかが最重要戦略となってきた。価格暴落と大型化が同居し,需要は急成長しているのだが,値下がりが激しく利益が上がらない。たとえば,薄型テレビの価格下落により,消費者の手が届きやすくなった。最新鋭設備でコスト競争力を高め,1インチ5,000円を達成し,さらに普及拡大している。薄型テレビは高機能化,モジュール化が進み,EMS(受託製造会社)が増え,自ら技術をもたなくても商品化可能になり,参入障壁は低くなり,技術の変化が激しく,陳腐化も速い。各社は総花経営から脱却し,選択と集中を本格化しつつあり,大型再編や統合が相次ぐ,極めて厳しい激戦の渦中にある。

2　エレクトロニクス業界20社の比較分析

　企業価値創造会計の立場から,20社を分析しよう[5]。主として会計的企業価値創造と市場的企業価値創造の分析を試みる。会計的企業価値創造の視点からは,当期純利益,フリーキャッシュフロー(FCF;営業・投資キャッシュフロー)を抽出した。市場的企業価値創造の視点からは,各期の3月末の株価(東証)から計算した株式時価総額の年間増減額を算出している。9年間の平均当期純利益と平均FCFの平均値と平均株式時価総額増減額の値の合計値を算定して,その値順に配列してみた(図表Ⅰ-5参照)[6]。

図表 I-5　20社の業績推移

(単位：億円)

項　目	'99(年度)	'00	'01	'02	'03	'04	'05	'06	'07
キヤノン									
当期純利益	702	1,341	1,676	1,907	2,757	3,433	3,841	4,553	4,883
Ｆ　Ｃ　Ｆ	1,079	1,338	1,132	2,187	2,657	3,086	2,045	2,344	4,068
時価総額増減	13,284	1,057	1,519	-4,964	11,108	3,555	18,174	15,174	-23,193
パナソニック									
当期純利益	1,062	415	-4,278	-195	421	585	1,544	2,172	2,819
Ｆ　Ｃ　Ｆ	-1,123	-2,092	326	6,777	3,878	2,863	9,825	-353	4,047
時価総額増減	15,684	-16,222	-13,420	-8,885	14,648	-687	25,389	-5,887	-5,274
三菱電機									
当期純利益	248	1,248	-780	-118	448	712	957	1,231	1,580
Ｆ　Ｃ　Ｆ	2,249	1,359	-707	1,448	1,734	878	1,486	1,190	1,265
時価総額増減	12,282	-5,540	-2,340	-5,884	5,647	-751	9,534	4,616	-7,558
ファナック									
当期純利益	394	472	320	395	573	758	904	1,068	1,270
Ｆ　Ｃ　Ｆ	365	510	497	378	495	435	844	1,105	1,131
時価総額増減	14,179	-8,838	-287	-4,335	3,329	431	11,065	-862	-3,568
デンソー									
当期純利益	619	608	723	1,110	1,100	1,326	1,696	2,052	2,444
Ｆ　Ｃ　Ｆ	139	435	504	567	372	45	496	936	2,089
時価総額増減	1,304	-411	-5,025	-1,606	5,640	2,653	17,504	-2,387	-10,255
京セラ									
当期純利益	503	2,195	320	412	681	459	697	1,065	1,072
Ｆ　Ｃ　Ｆ	342	-10	898	1,022	921	130	56	-21	2,117
時価総額増減	20,517	-10,982	-4,910	-5,518	5,471	-2,085	5,300	1,320	-5,242
シャープ									
当期純利益	281	385	113	325	607	768	887	1,017	1,019
Ｆ　Ｃ　Ｆ	758	1,130	-250	1,033	802	-398	344	-144	-712
時価総額増減	10,646	-6,747	1,279	-6,265	7,653	-2,632	5,142	2,055	-6,398
キーエンス									
当期純利益	194	274	189	238	352	453	504	586	632
Ｆ　Ｃ　Ｆ	-238	201	264	43	122	-190	-288	26	52
時価総額増減	8,796	-5,843	615	-2,633	3,967	-237	2,631	-617	-1,844
日本電産									
当期純利益	61	100	65	65	114	335	409	399	412
Ｆ　Ｃ　Ｆ	57	122	36	1	-94	-16	120	-143	511
時価総額増減	-1,698	419	2,034	-1,220	2,965	2,265	4,296	-2,740	-2,289
ＴＥＬ									
当期純利益	198	620	-199	-416	83	616	480	913	1,063
Ｆ　Ｃ　Ｆ	89	-918	418	141	-7	1,069	683	290	868
時価総額増減	16,523	-12,680	1,283	-7,678	4,400	-1,517	3,631	216	-3,937
村田製作所									
当期純利益	616	1,049	350	395	485	466	584	713	774
Ｆ　Ｃ　Ｆ	-49	720	-678	589	294	683	545	-87	408
時価総額増減	45,113	-34,557	-4,639	-9,551	4,482	-2,812	4,911	1,419	-8,110
東芝									
当期純利益	-329	962	-2,540	185	288	460	782	1,374	1,274
Ｆ　Ｃ　Ｆ	1,428	2,769	-1,764	1,236	1,332	624	1,980	-1,513	-756
時価総額増減	7,629	-10,108	-5,408	-8,079	5,118	-773	7,597	3,316	-3,775

項　目	'99(年度)	'00	'01	'02	'03	'04	'05	'06	'07
ソニー									
当期純利益	1,218	167	153	1,155	885	1,639	1,236	1,263	3,694
ＦＣＦ	1,296	-1,743	-296	1,473	-1,292	-2,842	-4,714	-1,544	-1,528
時価総額増減	20,835	16,068	-20,223	-22,883	1,652	2,189	12,011	5,482	-20,198
アドテスト									
当期純利益	224	471	-229	-130	173	381	414	356	166
ＦＣＦ	120	129	-100	-35	231	821	509	409	78
時価総額増減	12,738	-9,301	-2,819	-5,398	4,300	-309	5,797	-3,561	-5,279
ＴＤＫ									
当期純利益	507	440	-258	120	421	333	441	701	715
ＦＣＦ	-48	-250	-130	599	764	329	-156	640	-383
時価総額増減	5,847	-7,632	-1,838	-3,116	4,555	-813	2,038	1,798	-5,979
三洋電機									
当期純利益	217	422	17	-617	134	-1,715	-2,057	-454	287
ＦＣＦ	911	-274	-196	701	-50	-785	353	-244	706
時価総額増減	3,556	2,846	-3,127	-5,112	3,633	-3,445	-206	-2,285	169
ローム									
当期純利益	667	862	393	530	637	451	483	474	319
ＦＣＦ	563	292	170	1,026	62	45	-8	538	1,029
時価総額増減	26,020	-18,345	-1,289	-7,985	879	-3,885	2,340	-1,889	-5,500
日立製作所									
当期純利益	169	1,044	-4,838	279	159	515	373	-328	-581
ＦＣＦ	159	1,647	2,100	272	3,360	384	1,895	-1,711	1,542
時価総額増減	11,416	-4,873	-4,835	-17,071	13,271	-4,749	5,625	2,728	-10,879
ＮＥＣ									
当期純利益	104	566	-3,079	-123	100	772	121	91	227
ＦＣＦ	5,489	2,490	-639	2,588	2,637	300	1,411	686	565
時価総額増減	26,168	-16,261	-15,287	-11,329	10,039	-4,013	4,004	-3,679	-5,114
富士通									
当期純利益	427	85	-3,825	-1,221	497	319	685	1,024	481
ＦＣＦ	1,287	1,297	-1,029	534	3,714	2,621	1,709	2,577	381
時価総額増減	25,997	-28,813	-12,900	-13,714	6,907	18	7,224	-4,305	-2,753

出所）有価証券報告書等より作成

　エレクトロニクス業界を極めて単純に分類・分析する軸として，たとえば，総合電機と電子部品専用企業とに区分できるが，総合電機でも事業分野を絞り込んでいる好調企業もある。配列順から，コア事業への絞り込みが進んでいる会社の業績が好調であり，遅れている会社はかなり苦戦している。しかし，厳密にこの集中・選択度を比較検討するのは，外部分析においては困難である。エレクトロニクス業界上位20社の多くは，利益，FCFそして時価総額をバランスよく増加させている。特にキヤノンは，すべての増額が極めて大きい超優良企業であり，他社を圧倒している。パナソニックはFCFを大きく増やしているが，利益と時価総額をあまり増やしていない。三菱電機は利益と時価総額

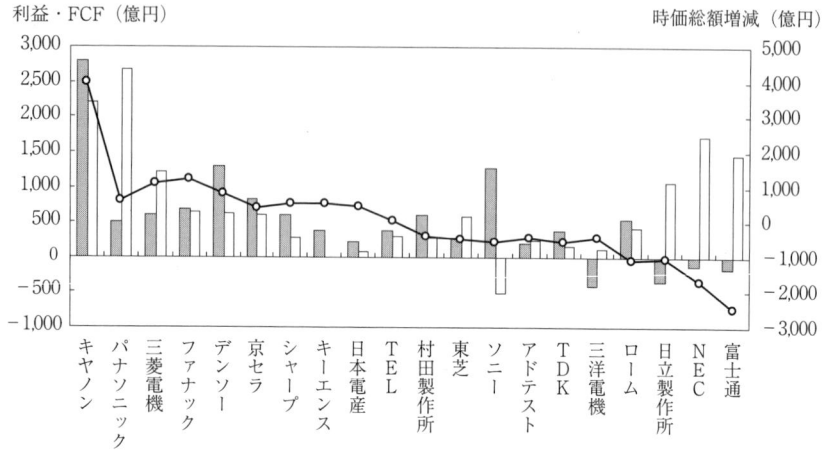

図表Ⅰ-6　20社の平均業績比較図

図表Ⅰ-7　各社の業績特徴

特　　徴	企　業　名
バランス型	キヤノン　三菱電機　デンソー　ファナック　パナソニック　京セラ　シャープ　日本電産　東京エレクトロン
利益時価増型	キーエンス
利益FCF増時価減型	ソニー　村田製作所　TDK　ローム　アドバンテスト　東芝　三洋電機
損失FCF増時価減型	日立製作所　富士通　NEC

を増加させている。ファナックは時価総額を増加させている。それに対してデンソーは，FCFの2倍ぐらい利益を増加させている。京セラはすべてをバランスよく増加させている。ソニーは，利益を大幅に増加させているが，FCFをほとんど増加していなく，時価総額を減少させている。日立製作所はFCFを大幅に増加させているが，時価総額を大幅に減少させている。三洋電機，NEC，富士通はFCFを増加させているが，利益と時価総額を減少させている。

第Ⅰ部　企業価値創造会計総論　19

図表Ⅰ-8　平均業績図

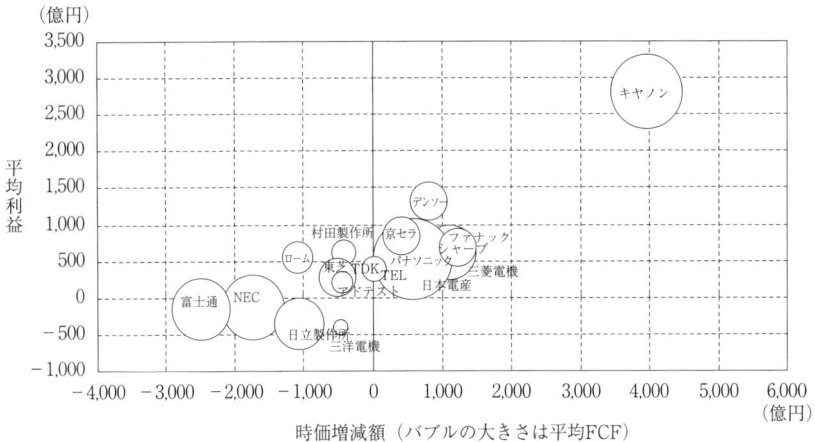

時価増減額（バブルの大きさは平均FCF）

図表Ⅰ-9　20社の株式時価総額推移

(単位：億円)

企業名	'99(年度)	'00	'01	'02	'03	'04	'05	'06	'07
キヤノン	38,784	39,841	41,360	36,396	47,504	51,059	69,233	84,407	61,214
パナソニック	63,324	47,102	33,682	24,797	39,445	38,758	64,147	58,260	52,986
三菱電機	20,785	15,245	12,905	7,021	12,668	11,917	21,451	26,067	18,509
ファナック	25,771	16,933	16,646	12,311	15,640	16,071	27,136	26,274	22,706
デンソー	22,354	21,943	16,918	15,312	20,952	23,605	41,109	38,722	28,467
京セラ	32,659	21,677	16,767	11,249	16,720	14,635	19,935	21,255	16,013
シャープ	24,728	17,981	19,260	12,995	20,648	18,016	23,158	25,213	18,815
キーエンス	15,478	9,635	10,250	7,617	11,584	11,347	13,978	13,361	11,517
日本電産	3,013	3,432	5,466	4,246	7,211	9,476	13,772	11,032	8,743
ＴＥＬ	27,227	14,547	15,830	8,152	12,552	11,035	14,666	14,882	10,945
村田製作所	60,007	25,450	20,811	11,260	15,742	12,930	17,841	19,260	11,150
東芝	33,671	23,563	18,155	10,076	15,194	14,421	22,018	25,334	21,559
ソニー	65,778	81,846	61,623	38,740	40,392	42,581	54,592	60,074	39,876
アドテスト	21,729	12,428	9,609	4,211	8,511	8,202	13,999	10,438	5,159
ＴＤＫ	18,620	10,988	9,150	6,034	10,589	9,776	11,814	13,612	7,633
三洋電機	11,459	14,305	11,178	6,066	9,699	6,254	6,048	3,763	3,932
ローム	42,897	24,552	23,263	15,278	16,157	12,272	14,612	12,723	7,223
日立製作所	40,689	35,816	30,981	13,910	27,181	22,432	28,057	30,785	19,906
ＮＥＣ	49,353	33,092	17,805	6,476	16,515	12,502	16,506	12,827	7,713
富士通	61,833	33,020	20,120	6,406	13,313	13,331	20,555	16,250	13,497

出所）有価証券報告書『日本経済新聞』等より作成

図表 I-10 20社の事業内容比較

コンピュータ・情報	AV家電	白物家電	半導体	電子部品	産業用電器	携帯電話	カメラ	重電
					C		C	
P	P	P	P	P	P	P	P	
M	M	M	M	M	M	M		M
				Fa	Fa			
				D	D			
				K	K	K		
Sh	Sh	Sh	Sh	Sh		Sh		
				Ki	Ki			
				Nd	Nd			
			TEL	TEL	TEL			
				Mu	Mu			
T	T	T	T	T	T	T	T	T
S	S		S			S	S	
			A	A	A			
				Td	Td			
	Sa	Sa	Sa			Sa	Sa	
			R	R	R			
N			N	N				
H	H	H	H	H	H	H	H	H
F	F	F	F			F		

C:キヤノン, P:パナソニック, M:三菱電機, Fa:ファナック, D:デンソー, K:京セラ, Sh:シャープ, Ki:キーエンス, Nd:日本電産, TEL:東京エレクトロン, Mu:村田製作所, T:東芝, S:ソニー, A:アドバンテスト, Td:TDK, Sa:三洋電機, R:ローム, N:NEC, H:日立製作所, F:富士通

図表 I-11 関連項目間の回帰分析結果

項目	重相関 R
平均当期純利益と平均時価総額増減額	0.790897
平均営業 CF と平均 FCF	0.581570
平均当期純利益と平均営業 CF	0.302123
経過年数と平均時価総額増減額	0.253766
平均 FCF と平均時価総額増減額	0.232473
平均当期純利益と平均 FCF	0.219968
平均当期純利益と平均給与	0.167734
平均給与と平均時価総額増減額	0.150841
平均営業 CF と平均時価総額増減額	0.062147
平均従業員数と平均時価総額増減額	0.060710
平均売上高と平均時価総額増減額	0.019236

三洋電機の損失の大きさが際立っている。このように好調企業と不振企業とにかなり明確に分離された。

各指標間の関連性を回帰分析により検討したが,あまり相関は認められなかった。唯一9年間平均当期純利益と9年間平均株式時価総額増減額とが,極めてきれいな相関を示している(図表Ⅰ-12参照)。設立時からの経過年数は企業価値創造には関連していない。売上高も企業価値創造には関連していない。CF(営業CF,FCF)も企業価値創造にはあまり関連していない。2006年度海外売上高比率も企業価値創造には関連していない。主要事業の営業利益率も企業価値創造には関連していない[7]。これは,各社が公開しているセグメントの分け方のちがいが大きすぎる点も影響している。一般的に事業の集中度が企業価値創造には関連していると考えられているが,事業の集中度を外部分析では正確に把握できないという難しさがある。20社は,相対的に多くの事業分野に拡散している状況は確認できる(図表Ⅰ-10参照)。電子部品に特化している,デンソー,ファナック,村田製作所,キーエンスはより企業価値を創造している。そして総合電機のなかでも,特にシャープは,液晶に集中している点が評価されている。最近では,FAに集中している三菱電機,半導体や重電に集中

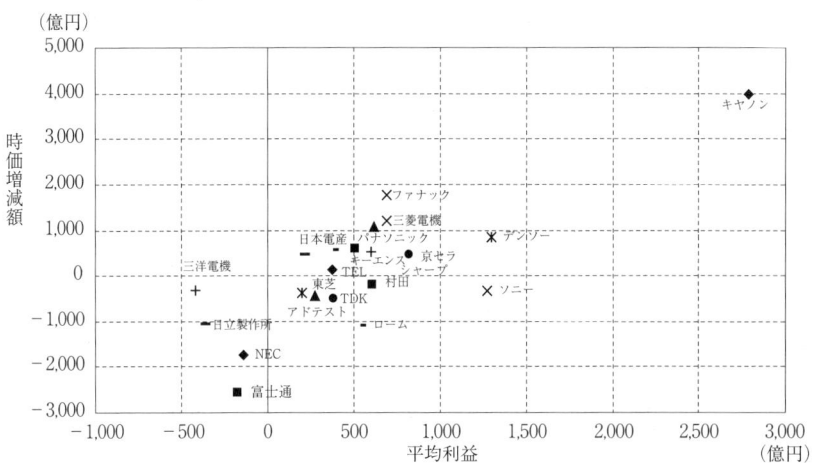

図表Ⅰ-12　平均利益と時価総額増減額との関連

している東芝も注目されている。

　株式時価総額は，3月末で計算しているし，マクロ経済の影響を極めて強く受けており，各社共に同じような影響をかなり受けている。増減額はかなり大きく動くので，企業価値の極端な一面だけしかを表していないのであろう。

　人的価値創造に関連する従業員数も単体の平均給与も企業価値創造には関連していないことが確認された。

Ⅳ　まとめ

　20社の企業価値創造会計の分析は，過去の財務データ等に基づく主として会計的企業価値と市場的企業価値の視点からの比較に限定されている。各企業の非財務的視点をも加味した本質的企業価値への接近が欠如している。さらに，将来の予測に基づいた企業価値創造会計へと展開させて分析・評価していかなければならない。各社の詳細な分析は第Ⅱ部で論述される。

　企業価値を創造するには，BSC (Balanced Scorecard)・戦略マップのように，目標，戦略，KVD，KVI等を因果連鎖させ，全体像を明確に把握できるように試みることも有効であろう。

　ステークホルダーの視点から企業価値創造を展開して，人，顧客，株主そして社会・環境等と体系化し，人的視点，顧客視点，株主視点そして社会・環境視点から企業価値を具体化することも有効であろう。すなわち，ステークホルダーとの良好な関係構築から企業価値は最も創造されるのである。

　企業価値創造の全体像を一覧に把握でき，企業価値を創造するKVDを整理・明確化する方法として，企業価値創造マップを作成することを提案する。KVDのなかでも，特に重要なものには色で塗りつぶしている。ステークホルダーとして人，顧客，株主そして社会・環境を取り上げているが，適宜修正・追加することは可能である。

　どのようにステークホルダーとの好循環の関係を構築していくのかを明らかにして，その支援をする企業価値創造会計について，次のⅡ部において事例研究をとおして探求していきたい。

図表Ⅰ-13　企業価値創造マップの例示

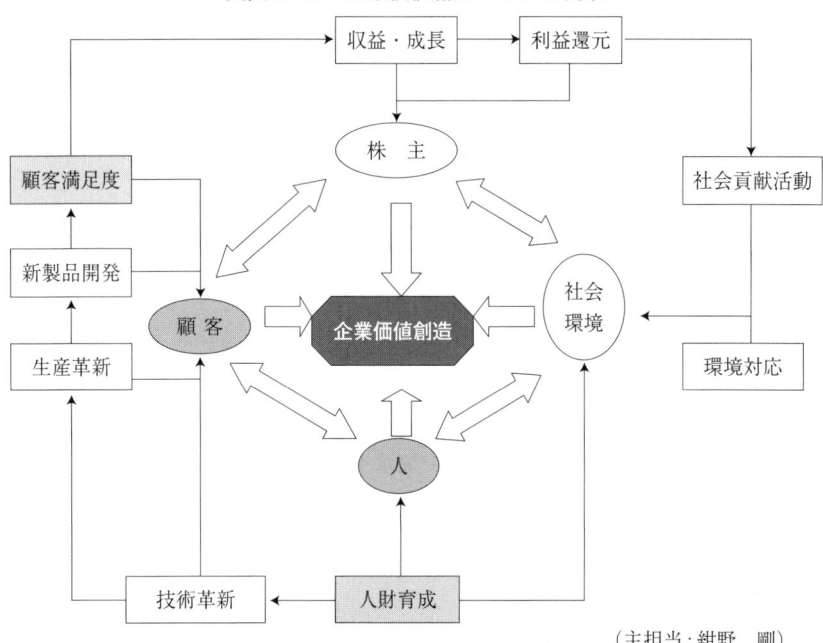

（主担当：紺野　剛）

■注■

1）第Ⅰ部に関しては，［紺野（2008）：pp.23-55］を加筆・修正したものである。
2）統合指標に関しては，［紺野（2003）：pp.135-159］参照。
3）企業価値概念および企業価値創造概念に関しては，［紺野（2005）：pp.89-119，(2006)：pp.123-150］参照。
4）EVA＝NOPAT（Net Operating Profit after Tax）－投下資本コスト額
　　NOPAT＝税引後利益＋税引後有利子負債コスト額
5）財務データは有価証券報告書等から入手した。キヤノンは12月決算である。各社の3月末の株価は日本経済新聞等から，発行済み株式数は有価証券報告書から入手した。
6）当期純利益と株式時価総額増減額については，1997年度から10年間の平均額を算出して，順位づけると当然順番はかなり変動することに留意してもらいたい。
7）国際化度と経営パフォーマンス評価との関係については，［小林（2007）：pp.77-81］参照。

■ 主要参考文献 ■

青木茂男 (2007)「あいまいな『企業価値』」『会計・監査ジャーナル』No.625, AUG., pp.128-133
池田公司 (2007)「知識情報型市場経済におけるIT監査の理論展開」『会計プログレス』No.8, pp.1-22
石川昭・田中浩二 (1999)『京都モデル』プレンティスホール出版
石崎忠司 (2005)「CSRと企業価値」『産業経理』Vol.65, No.3, pp.11-18
石崎忠司・中瀬忠和編著 (2007)『コーポレート・ガバナンスと企業価値』中央大学出版部
伊丹敬之他 (2007)『企業戦略白書Ⅵ』東洋経済新報社
伊藤邦雄 (2007)『企業価値評価』日本経済新聞出版社
岡田依里 (2002)『企業評価と知的資産』税務経理協会
岡田依里 (2003)『知財戦略経営』日本経済新聞社
上妻義直 (2005)「OFRとは何か」『企業会計』Vol.57, No.9, pp.115-121
上妻義直 (2005)「CSR情報をどこまで開示するのか」『企業会計』Vol.57, No.10, pp.113-119
経済産業省 (2004)『通商白書2004』ぎょうせい
経団連社会貢献担当者懇談編 (2001)『この発想が会社を変える―新しい企業価値の創造―』リム出版新社
古賀智敏他編著 (2007)『知的資産ファイナンスの探求』中央経済社
小林規威 (2007)「業績向上を伴わなければ企業の国際化に意味はない」『エコノミスト』毎日新聞社 (2007年2月13日号), pp.76-159
紺野 剛 (1994)『新・経営資源の測定と分析』創成社
紺野 剛 (2000)『現代企業の戦略・計画・予算システム』白桃書房
紺野 剛 (2003)「総合的経営指標に関する一考察」『CGSAフォーラム』中央大学大学院国際会計研究科, 第1号, pp.135-159
紺野 剛 (2004)「宝ホールディングスの持続的企業価値向上経営」『CGSAフォーラム』中央大学大学院国際会計研究科, 第2号, pp.117-146
紺野 剛 (2005)「新企業価値概念とその創造を支援する会計に関する一考察」『CGSAフォーラム』中央大学大学院国際会計研究科, 第3号, pp.89-119
紺野 剛 (2006)「HOYAの効率経営による企業価値創造戦略」『CGSAフォーラム』中央大学大学院国際会計研究科, 第4号, pp.123-150
紺野 剛 (2008)「エレクトロニクス業界の比較研究による企業価値創造会計」『CGSAフォーラム』中央大学大学院国際会計研究科, 第6号, pp.23-55
櫻井通晴・伊藤和憲編著 (2007)『企業価値創造の管理会計』同文舘出版
佐藤文昭 (2006)『日本の電機産業 再編のシナリオ』かんき出版
寺本義也・原田保 (2006)『無形資産価値経営』生産性出版

中小企業基盤整備機構（2006）「中小企業知的資産経営研究会　中間報告書」
中小企業基盤整備機構（2007）「中小企業のための知的資産経営マニュアル」
浪江一公（2007）『プロフィット・ピラミッド』ダイヤモンド社
西澤　修（2005）『企業価値の会計と管理』白桃書房
西田宗千佳（2007）『家電＆デジタルAV業界がわかる』技術評論社
日本公認会計士協会経営研究調査会研究報告第28号（2005）『企業価値向上に関するKPIを中心としたCSR非財務情報項目に関する提言』日本公認会計士協会
日本公認会計士協会経営研究調査会研究報告第29号（2006）『知的資産情報の開示と公認会計士の役割について』日本公認会計士協会
日本公認会計士協会東京会研修出版部編集（2007）『企業価値と会計・監査』日本公認会計士協会東京会
吉田博文他（2006）『知的資産経営』同文舘出版
経済産業省2004年1月公表「知的財産情報開示指針」
　2005年4月公表「知的資産と企業価値に関するアンケート」
　2005年8月公表「産業構造審議会　新成長政策部会　経営・知的資産小委員会　中間報告書」
　2005年10月公表「知的資産経営の開示ガイドライン」
経済産業省知的財産政策室2007年3月公表「知的資産経営報告の視点と開示実証分析調査報告書」
クリストファー・チャップマン，澤邊紀生・堀井悟志監訳（2008）『戦略をコントロールする』中央経済社
ケネス・R・フェリス他，村上雅章訳（2003）『企業価値評価』ピアソン・エデュケーション
Becker, Brian E., et al. (2001) *The HR Scorecard*, Harvard Business School Press.
Daum, Juergen H. (2003) *Intangible Assets and Value Creation*, Wiley.
Olve, Nils-Göran, et al. (1999) *Performance Drivers*, Wiley.
Olve, Nils-Göran, et al. (2003) *Making Scorecards Actionable*, Wiley.
Scott, Mark C. (1998) *Value Drivers*, Wiley.
Sullivan, Patrick H. (2000) *Value-Driven Intellectual Capital*, Wiley.（森田松太郎監修（2002）『知的経営の真髄』東洋経済新報社）

第Ⅱ部

企業価値創造会計に基づく事例分析

第1章　キヤノンの企業価値創造会計に基づく事例分析

I　キヤノンの概要

　キヤノン株式会社は，1933年精密光学工業として発足し，1937年に精密光学工業株式会社として設立された。ドイツ製に負けないカメラを作ろうという創業の精神でスタートした。1947年にキヤノンカメラとなり，1969年に現社名に変更した。社名は観音（KWANON）カメラに由来する。カメラの電子化を進めるとともに，複写機やプリンターなどにも業態を広げてきた。現在は事務機部門が圧倒的な中心事業であるが，カメラ部門の利益貢献割合も31％へと上昇した。事務機部門は，オフィスイメージング機器（複写機等），コンピュータ周辺機器（プリンター，スキャナ等）そしてビジネス情報機器（電子ファイル，電卓，電子辞書等）に分けられる。光学機器の主な商品はステッパー（回路露光装置），放送局用テレビレンズ，医療画像記録機器等である。ほとんどの商品は「キヤノン」ブランドで押しとおし，グローバルに浸透させている。

図表II-1-1　キヤノンの'07年度部門別売上高構成割合

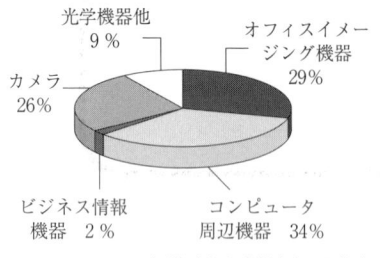

- 光学機器他　9％
- カメラ　26％
- ビジネス情報機器　2％
- コンピュータ周辺機器　34％
- オフィスイメージング機器　29％

出所）有価証券報告書より作成

図表II-1-2　キヤノンの'07年度事業種類別営業利益構成割合

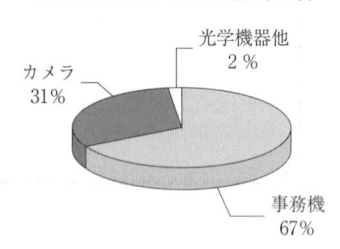

- 光学機器他　2％
- カメラ　31％
- 事務機　67％

出所）有価証券報告書より作成

Ⅱ　キヤノンの経営理念・戦略・計画

1　経営理念

　自発，自治，自覚の「三自の精神」を創業当初より行動指針の原点としてきた。「何事も自ら進んで積極的に行う。自分自身を管理する。自分の立場・役割・状況をよく認識する」。社員一人ひとりの向上心・責任感・使命感を尊重する「人間尊重主義」である。

　企業理念は，「共生」と1988年に創業50周年を記念して定めた。「世界の繁栄と人類の幸福のために貢献すること，そのために企業の成長と発展を果たすこと」である。共生は，地球上にあるさまざまなインバランス（不均衡）の解消をめざすことである。「宗教，文化，言語，習慣，民族などの違いを問わず，全ての人類が末永く共に生き，共に働いて幸せに暮らしていける社会」を意味している［社会・文化支援活動（2007/2008）：p.1］。

　共生を実現するためにめざすべき到達点として，次の3つの企業目的を定めた。

- 真のグローバル企業の確立（国境を越え，地域を限定せずしかも積極的に世界全体，人類全体のために社会的責任を果たすこと）
- パイオニアとしての責任（世界一の製品をつくり，最高の品質とサービスを提供し世界の文化の向上に貢献すること）
- キヤノングループ全員の幸福の追求（理想の会社を築き，永遠の繁栄をはかること）

2　経営戦略

(1)　経営環境

　カメラ事業は成長し，デジタルカメラとしても拡大を続け，事務機やプリンターも成長分野であり，この有利な経営環境を最大限生かして発展している。

(2)　経営戦略

　消耗品ビジネスにより，製品価格は極力抑えて，販売後の消耗品で継続的に

利益を上げる方法が採用されている。キャッシュフロー重視を徹底し，事業活動から獲得したキャッシュフローの範囲内で設備投資を行い，さらに借入を返済し，配当等を賄うことを原則とした。これにより，実質無借金状態がつづいている。そのために，ライフサイクルの短縮化やデジタル化に対応した柔軟な生産体制を構築した。

将来の新規事業として投資をつづけているのが，SED（表面電界ディスプレー）パネルを組み込んだ薄型テレビである。コスト削減への研究開発，特許問題と量産化への多くの課題をかかえている。有機EL（エレクトロ・ルミネッセンス）への投資もつづけている。これまでのすべてを独自に手がける自前主義から提携や共同開発をも活用する方法へと変換しつつある。キヤノンに供与している米社とのSED特許訴訟が難航し，対応策に追われ，東芝との量産計画も撤回に追い込まれた。

成長戦略としてグローバル化とブロードバンド化をめざし，モノクロ複写機，レザービームプリンタ，デジタルカメラ，液晶用露光装置では，シェア1位を確保しているが，残る事業での成長そして新規事業の開発が次の課題である。

(3) 選択・集中戦略

多くの不採算部門，パソコン，FLCD（強誘電性液晶ディスプレー），液晶用カラーフィルタ，太陽電池などから撤退し，売上はその分減少したが，赤字も解消できた。イメージングに的を絞り，身の丈にあった事業展開で「健全なる拡大」をめざしている。

「05年にプリンター用カートリッジの組み立て自動化を担うNECマシナリー，薄型テレビ用パネルで独自の生産技術を保有するアネルバを買収した」[『日本経済新聞』（2005年8月26日）］。2007年にはアルゴ21を子会社化した。

「07年1月に金型事業を再編する。本体とグループ会社の金型部門を，精密プラスチック金型製造子会社のイガリモールドに統合する。キヤノンモールドに社名変更し，キヤノンは重要部品の金型を内製化しており，金型の製造効率を高め，開発スピードを上げる」[『日本経済新聞』（2006年11月8日）］。

「09年12月稼動のデジタルカメラを生産する長崎工場を建設する。投資額

図表Ⅱ-1-3 キヤノンの主な事業再編

時　期（年）	内　　　　　容
'99	NKKの半導体事業買収
'04	中堅金型メーカーのイガリモールド買収
'05	NECマシナリーとアネルバ買収
'07	東芝とのSED共同生産解消し，全額出資子会社に有機EL製造装置を手がけるトッキを買収（買収額76億円）
'08	日立の中小型液晶パネル製造子会社日立ディスプレイズの株式24.9％を約432億円で取得

出所）『日本経済新聞』（2007年1月13日，11月14日）より作成

は10年末までに174億円を見込んでおり，コンパクト型の中・上級機種を生産し，将来はデジタル一眼レフも生産する。生産能力は約400万台，従業員は1,000人以上となる見込み。デジカメの世界規模の需要増に対応し，供給力を高める」［『日本経済新聞』（2008年7月7日夕刊）］。しかし，工場着工の延期を決めた。

このように，必要な技術が足りない場合には，外部から注入することもある。

3　経営計画

1962年から長期経営計画を策定し，優良企業構想（1976年～）そしてグローバル企業構想（1988年～）として展開してきたように，ビジョン主導型経営を推進している。日本の優良企業から世界の優良企業への発展を明確に提唱してきた。3年間の中期経営計画を策定しているが，外部には公表されない。外部の中期的な外圧を避けるためであろうか。1996年からグローバル優良企業グループ構想（すなわち永遠に技術で貢献しつづけ，世界で親しまれ，尊敬される企業をめざす）を進めている。

① 「グローバル優良企業グループ構想フェーズⅠ」（1996～2000年）5カ年計画
　すべての主力事業が世界No.1である。
　次々と新しい事業を創出する研究開発力を有する。
　長期投資に耐えられる強靭な財務体質を有すること。

全社員が理想に向かって挑戦する気概に溢れ，自らの仕事に誇りをもつ。利益を生めない事業を整理し，パソコンや太陽電池から撤退した。

② 「グローバル優良企業グループ構想フェーズⅡ」(2001～2005年) 5カ年計画
IT社会を支えるすべての主力事業で世界ナンバーワンの地位を確かなものにすること。新事業創出のための研究開発を一層充実させること。新規事業による多角化・世界3極体制による国際多角化・グループ多角化を進めること。キャッシュフロー経営による経営基盤の優良化をめざすこと。選択した事業の強化に努め，高収益体質を盤石なものとした。すべての財務目標は達成された。

③ 「グローバル優良企業グループ構想フェーズⅢ」(2006～2010年) 5カ年計画
フェーズⅢの目標は，世界のトップ100社となり，次の数値目標を定めた。

項　　目	'06年度実績	'10年度目標
売　上　高	4兆1,568億円	5兆5,000億円
当期純利益	4,553億円	5,500億円以上

最終利益率は10%以上で，グローバル100の実現をめざす。2006年度売上は世界170位，当期純利益は114位，株式時価総額は102位である。売上目標達成には，大型の新規事業が必要不可欠であり，自前の独自技術で商品化することで目標をめざす。そのための5つの重要戦略は，次のとおりである。

㋐ 現行主力事業の圧倒的世界No.1の実現
㋑ 多角化による業容の拡大（ハイエンド市場への挑戦，SED，有機EL）
㋒ 次世代事業ドメインの設定と必要な技術力の蓄積
　　（医用イメージング，知的ロボット，安全）
㋓ 国際競争力を維持する新生産方式の確立
㋔ 永続的企業革新を推進する真に自律した強い企業人の育成

このように長期計画により，長期間持続的に繁栄しつづける企業をめざし，進むべき方向性と到着目標を明確にしている。長期計画や単年度計画を着実に達成してきた。

4　経営管理手法

1978年に製品別の3事業部制を導入し，改革を進めて現在は7事業本部制を採用している。1999年にセル生産方式を採用し，後発であるがセル生産方式で最も効果を上げた企業の1つとなった。次のセルを超える無人・自動化工場への取り組みが始まっている。経営規模拡大にともない，2008年からは執行役員制を導入した。このように経営管理手法を着実に定着させ，効果を上げている。

キヤノンの経営理念・戦略・計画はすこぶるわかりやすく，確実に実行し成果を上げ，企業価値を大きく創造している。

図表Ⅱ-1-4　キヤノンの会計業績等推移

(単位：原則億円)

項　目	'99(年度)	'00	'01	'02	'03	'04	'05	'06	'07
売　上　高	25,309	26,964	29,076	29,401	31,981	34,679	37,542	41,568	44,813
営業利益	1,683	2,341	2,818	3,464	4,544	5,438	5,830	7,070	7,567
利益率(%)	6.7	8.7	9.7	11.8	14.2	15.7	15.5	17.0	16.9
税引前純利益	1,561	2,272	2,816	3,300	4,482	5,521	6,120	7,191	7,684
利益率(%)	6.2	8.4	9.7	11.2	14.0	15.9	16.3	17.3	17.1
当期純利益	702	1,341	1,676	1,907	2,757	3,433	3,841	4,553	4,883
利益率(%)	2.8	5.0	5.8	6.5	8.6	9.9	10.2	11.0	10.9
総　資　産	25,875	28,321	28,448	29,427	31,821	35,870	40,436	45,219	45,126
株主資本	12,020	13,989	14,584	15,920	18,655	22,099	26,047	29,866	29,223
株主資本比率(%)	46.5	45.9	51.3	54.1	58.6	61.6	64.4	66.0	64.8
株主資本利益率(%)	6.0	10.7	12.2	12.5	15.9	16.8	16.0	16.3	16.5
営業CF	3,089	3,466	3,058	4,490	4,656	5,615	6,057	6,952	8,393
投資CF	−2,010	−2,128	−1,926	−2,302	−1,999	−2,530	−4,011	−4,608	−4,325
Ｆ　Ｃ　Ｆ	1,079	1,338	1,132	2,187	2,657	3,086	2,045	2,344	4,068
財務CF	−1,228	−1,006	−1,212	−1,837	−1,020	−1,023	−939	−1,075	−6,044
現　金　等	4,805	4,940	5,062	5,213	6,903	8,878	10,050	11,556	9,445
従業員数(人)	81,009	86,673	93,620	97,802	102,567	108,257	115,583	118,499	131,352

出所) ヒストリカル・データ集等より作成

Ⅲ　キヤノンの企業価値創造会計による分析

1　企業価値概念

キヤノンは経営方針において,「更なる成長と企業価値の向上を目指し」と述べている。主な内容は,高い収益性を維持するとしている。主として会計的企業価値で,市場的企業価値をも意識しているようである。

図表Ⅱ-1-5　キヤノンの事業種類別営業利益率推移

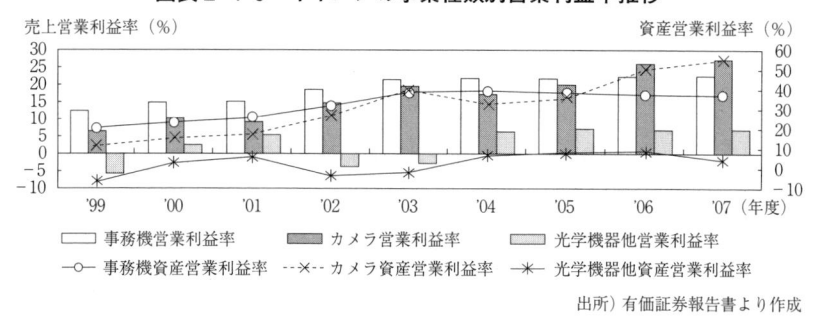

出所) 有価証券報告書より作成

図表Ⅱ-1-6　キヤノンのコストダウン効果推移

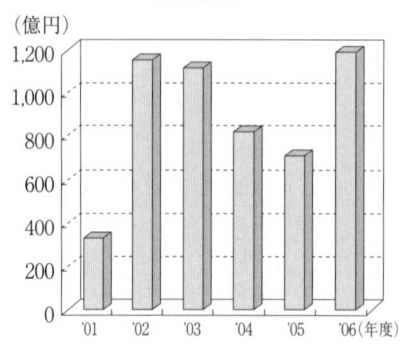

図表Ⅱ-1-7　キヤノンの新製品比率推移

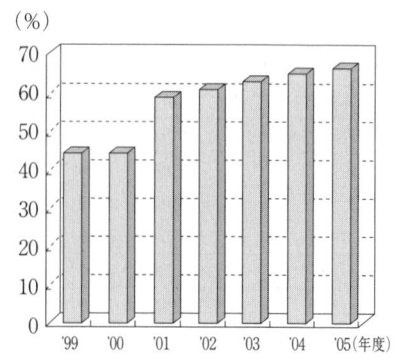

出所) 経営方針説明会資料 (2007年3月2日): p.7　出所) 個人投資家説明会資料 (2008年9月18日): p.34等より作成

2　会計的企業価値創造

　キヤノンの事業年度は，1月から12月までであり，ほかの比較企業は3月決算であることに留意したい。1998年にセル生産方式を導入し，生産革新をつづけ，生産性を大幅に向上させ，棚卸資産回転日数を大幅に改善しつづけている。

　キヤノンの会計的業績は好調であり，8期連続の増収増益で，特に2002年度以降，極めて順調に成長してきた。新製品（過去2年間に発売されたもの）比率を上昇させつづけている。会計的業績は2004年度をピークに，その後多少足踏み状態がつづいている。ROAとROEは高水準であるが，さらなる改善への取り組みが次の課題である。

図表Ⅱ-1-8　キヤノンの株式時価総額等推移

（単位：原則円）

項　　目	'99（年度）	'00	'01	'02	'03	'04	'05	'06	'07
株　価（3月末）	4,450	4,550	4,720	4,140	5,390	5,750	7,790	6,330	4,590
株　価（12月末）	4,060	4,000	4,510	4,470	4,990	5,530	6,900	6,700	5,200
発行済株式数（万株）	87,256	87,563	87,621	87,914	88,134	88,798	88,874	133,345	133,364
時価総額（3月末，億円）	38,784	39,841	41,357	36,396	47,504	51,059	69,233	84,407	61,214
時価総額（12月末，億円）	35,385	35,025	39,517	39,297	43,978	49,105	61,323	89,340	69,349
時価総額増減額（億円）	13,284	1,057	1,519	−4,964	11,108	3,555	18,174	15,174	−23,193
1株純利益	80.7	153.7	191.3	217.6	313.8	387.8	432.9	342.0	377.6
調整後1株純利益	79.5	151.5	188.7	214.8	310.8	386.8	432.6	341.8	377.5
1株株主資本	1,379.2	1,483.4	1,664.5	1,209.1	1,413.7	1,661.2	1,956.4	2,242.8	2,317.4
株価収益率（倍）	50.3	26.0	23.6	20.5	15.9	14.3	15.9	19.6	13.8
株価純資産倍率（倍）	2.9	2.7	2.7	2.5	2.4	2.2	2.4	3.0	2.3

出所）有価証券報告書等より作成

図表Ⅱ-1-9　キヤノンの業績推移

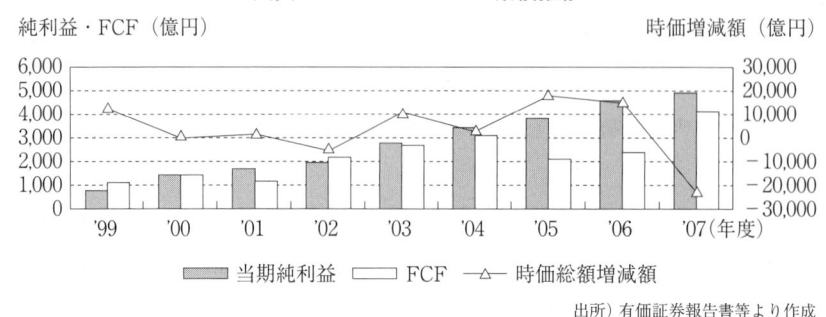

（純利益・FCF（億円）／時価増減額（億円）、当期純利益、FCF、時価総額増減額、'99～'07年度）

出所）有価証券報告書等より作成

図表Ⅱ-1-10　キヤノンの投資・R&D 推移

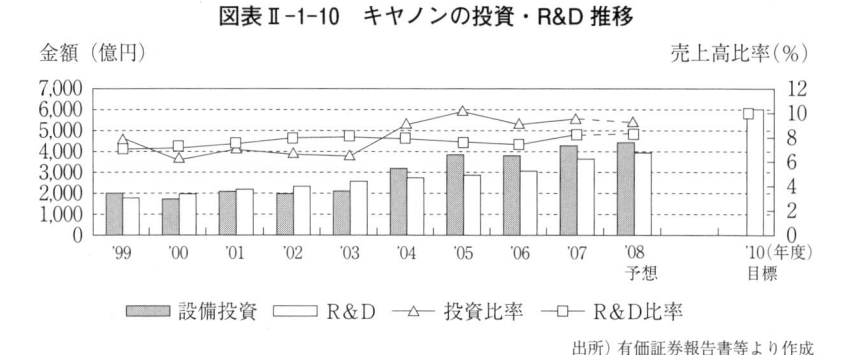

（金額（億円）／売上高比率（%）、設備投資、R&D、投資比率、R&D比率、'99～'08予想、'10年度目標）

出所）有価証券報告書等より作成

3　市場的企業価値創造

キヤノンは12月決算であるが，株式時価総額は他社比較のために，3月末の株価で統一的に算定している。参考資料として，キヤノンが公表している12月末の株価と株式時価総額をも示す。2003年度以降は会計的業績の好調が，順調に市場的企業価値に反映されている。

4　本質的企業価値創造

(1)　株主価値創造

適正で迅速な情報開示を進め，2006年7月1日に1.5株に株式分割をし，自社株取得を含めた配当性向を高めている。連結配当性向30%をめどに順次高

めていく方針である。

　R&Dは，大手精密・電機でトップの売上高に対して8％程度を維持しつづけ，さらに10％までの拡大をめざしている。成長の源泉は，新しい技術や製品の研究開発を，基本的には自社独自で行うという技術集約型の志向にある。2005年に先端技術研究所が完成し，基礎研究から実用化研究までを集約した。2010年度には，R&Dを5,000億円まで引き上げる。有望な研究テーマを絞り込んで，重点的な投資が行われている。

　特許戦略は，極めて重視しており，特許で保護し，差別化を図る。総勢約560名の知財要員を擁し，特許でも収益を上げつづけている。特許出願件数，取得件数は常にトップクラスを維持し，収益力のある特許を出願し，特許侵害には模倣品や特許侵害品の差し止め請求で断固闘う。

(2) 人的価値創造

　キヤノンは，向上心・責任感・使命感を尊重する「人間尊重主義」に基づき，終身雇用と実力主義により人的価値を創造している。長期雇用を前提とした枠組みの中での，公正・公平な競争による実力主義を推進する。終身雇用に基づく安定した雇用関係により，人間尊重の社風を定着させ，一方常に新しいものを求める進取の気性を育みつつ，年功的要素は一切排除する。技能伝承のため

図表Ⅱ-1-11　キヤノンの従業員数推移 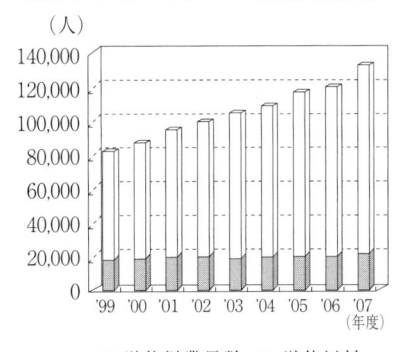
出所) 有価証券報告書より作成

図表Ⅱ-1-12　キヤノンの地域別従業員数推移 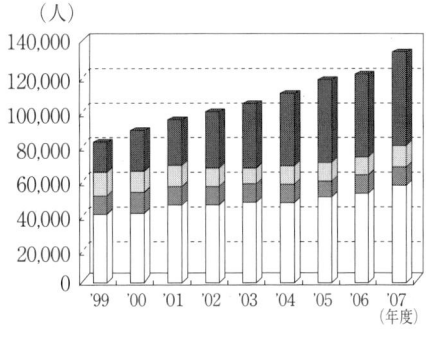
出所) 有価証券報告書より作成

に，派遣労働者と請負労働者のなかからも，正社員や期間従業員として採用する方針を発表した。

「95年9月に御手洗富士夫が社長に就任した。22年間の米国での生活経験を踏まえて，米国式経営の良さと日本式経営の良さを活かせば，経営の本質は変わらない。ヤル気のある人間をどう引っ張り出し，活性化させるかである。決定の場は創業期から続く毎日恒例の『朝会』。特に議題を決めず，役員が一時間ほど自由に議論する。率直にぶつけ合うから合意形成が速い。集団でスピードを追う日本型効率経営である」[『日本経済新聞』(2002年11月30日)]。2006年5月に内田恒二が社長に就任し，御手洗富士夫は会長に，そして日本経団連会長に就いた。風通しのよい意思疎通を可能にする仕組みや風土を築いている。

従業員は順調に増加しつづけ，半数以上が海外拠点の従業員である。アジアでの増加が著しいが，国内を含めてバランスよく増加させつづけている。

「グローバルリーダー育成に向けた経営幹部教育を強化する。約60億円の専門施設を設け，外部の経営者らも講師に招いて，経営全般の知識や戦略を身に付けてもらう。キヤノン・グローバル・マネジメント・インスティテュートを設立した」[『日本経済新聞』(2006年4月20日)]。

(3) 顧客価値創造

キヤノンは欲しいモノを開発，提供し，新製品比率を高めて顧客の価値を創造している。お客のニーズを見極め，最新の技術を利用し，高品質で優れた製品と迅速なサービスを提供し，製品やサービスの不具合により消費者の身体や財産を損なうことのないよう万全を期している。2007年，「「Canon Qualityそれはお客さまの安全・安心・満足」を品質メッセージに掲げた。壊れない，怪我しない，不具合がない。使いやすい，デザインがいい，信頼できる。良かった，素晴らしい，これからもずっと使い続けたい」[Sustainability Report(2008): p.63]と定めた。

(4) 社会・環境価値創造

社会価値としては，共生をめざした社会貢献活動を掲げている。「『環境保全』『青少年育成』『社会福祉』といった分野において自社の経営資源や得意分

野を活かしながら，地域社会が発展・充実していくことのできる社会貢献活動を行っています。また，こうしたリーダーシップの構築は，自社の事業の発展にもつながる投資だと考えています」。

1993年に，「キヤノングループ環境憲章」が制定された。環境保証活動と経済活動の二つのベクトルを一致させていく「資源生産性の最大化」をテーマにグループ全体で環境保証活動を推進している。世界の繁栄と人類の幸福のために貢献すること。そのために企業の成長と発展を果たすこと。環境保証理念は「世界の繁栄と人類の幸福のため，資源生産性の最大化を追求し，持続的発展が可能な社会の構築に貢献する」である。環境保証基本方針は，「すべての企業活動，製品，およびサービスにおいて，環境と経済の一致を目指し（EQCD思想），資源生産性の革新的な改善により，"環境負荷の少ない製品"を提供するとともに，人の健康と安全および自然環境を脅かす，反社会的行為を排除する」である。

「01年度に，国内外の事業本部と生産関連事業所の業績評価に環境対策の項

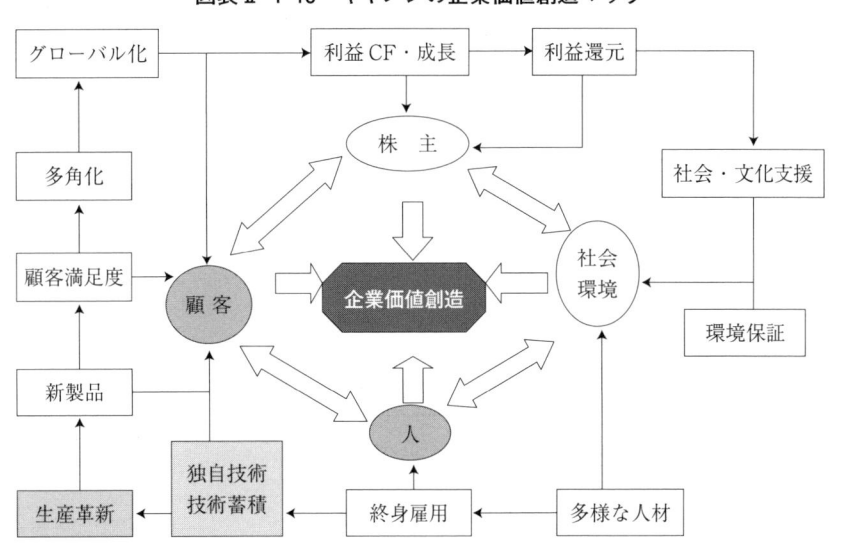

図表Ⅱ-1-13　キヤノンの企業価値創造マップ

目を入れた。02年度からは，販売部門にも導入し，200点満点中に15点から，205点満点中20点に引き上げる」[『日本経済新聞』(2002年11月19日)]。

Ⅳ　キヤノンの企業価値創造会計総括

　キヤノンは，明確に企業価値の創造を全面に掲げてはいないが，本質的側面から堅実に企業価値を生み，会計的企業価値に反映させている。その結果が市場的企業価値に直結している。社員は，終身雇用と能力主義を背景に，意欲的に働き，顧客に働きかけている。技術開発を重視し，日々生産（たとえば在庫回転日数）を革新しつづけ，その成果が，新製品比率の向上へとつながる。これらの結果，CFや利益が上昇し，そして配当や自社株買いで株主に還元する。

　今後の新規事業開発の難航が不安であり，企業価値創造のリスク要因である。顧客志向の開発力の持続性が最大のKVDとなろう。

（主担当：紺野　剛）

■主要参考文献■

新井裕之 (2005)『キヤノンの高収益システム』はる出版
大倉雄次郎 (2008)『経営改革のための会計戦略』中央経済社
坂爪一郎 (2004)『御手洗冨士夫　キヤノン流現場主義』東洋経済新報社
佐久間健 (2006)『キヤノンのCSR戦略』生産性出版
宍戸啓一 (2005)『キヤノンの秘密御手洗'力'』世界文化社
清水武治 (2003)『キヤノンの挑戦と成功』秀和システム
プレジデント編集部編 (2004)『キヤノンの掟』プレジデント社
『日経ビジネス』(2005)「キヤノン御手洗冨士夫　未来の野望」2005年10月10日号，pp.30-47
ANNUAL REPORT (2007)
経営方針説明会等資料
決算説明会資料
決算短信
Sustainability Report (2008)
社会・文化支援活動 (2007/2008)
ヒストリカル・データ集，CANON FACT BOOK
有価証券報告書
http://canon.co.jp

第2章　パナソニックの企業価値創造会計に基づく事例分析

I　パナソニックの概要

　パナソニック株式会社は，1918年に松下電気器具製作所として創立された。松下幸之助が自身で考案したアタッチメントプラグを幸之助，妻らと製造販売を開始した。松下幸之助は使命として，「生産・販売活動を通じて社会生活の改善と向上を図り，世界文化の進展に寄与すること」をあげた。これは，今日でも不変の経営理念となっている。パナソニックは，国際的なエレクトロニクス企業として，各種の電気製品の生産，販売を中心とした事業活動を行ってきたが，今日では，事業領域も高度なエレクトロニクス技術を基盤として，家庭用，業務用，産業用の広範な製品，システム，部品等に加え，住宅建材，住宅等に拡大している。

図表Ⅱ-2-1　パナソニックの'07年度部門別売上高構成割合

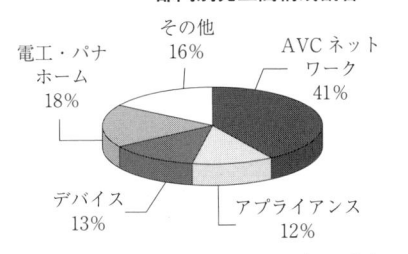

- AVCネットワーク　41%
- アプライアンス　12%
- デバイス　13%
- 電工・パナホーム　18%
- その他　16%

出所）決算短信（2008年3月期）より作成

図表Ⅱ-2-2　パナソニックの'07年度部門別事業利益構成割合

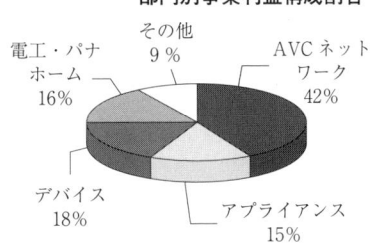

- AVCネットワーク　42%
- アプライアンス　15%
- デバイス　18%
- 電工・パナホーム　16%
- その他　9%

出所）決算短信（2008年3月期）より作成

Ⅱ　パナソニックの経営理念・戦略・計画

1　経営理念

　創業者である松下幸之助は経営理念を，「この会社は何のために存在しているのか。この経営をどういう目的で，またどのようなやり方で行っていくのか」

についての根幹として定義しており，経営理念を非常に重視している。中村邦夫を中心とした経営改革においても，事業部制の解体など多くの聖域の改革を行ったが，経営理念だけは変えることをしなかった。パナソニックの使命として「生産・販売活動を通じて社会生活の改善と向上を図り，世界文化の進展に寄与すること」としている。1929年，創業者の松下幸之助が制定して以来，現在に至るまで，パナソニックは常にこの考え方を基本に事業を進めてきている。

2　経営戦略
(1)　経営環境

新興国経済については，引きつづき高成長が見込まれる。しかし，エレクトロニクス業界では，原油・原材料価格が高止まりする一方で，グローバル競争が厳しさを増すなか，デジタル商品を中心とした価格下落に歯止めがかからない状況が続いている。デジタル商品においては，高度な機能は半導体やその他の主要デジタルデバイスに集約されている。これらの半導体やデバイスは大量生産が可能なため，市場への新規参入者も簡単に入手できるようになっており，以前は高いプレミアムのあった技術がより安価に手に入るようになったことで，価格低下が激化している。また，小売業者による市場の寡占化がもたらす販売価格低下の脅威にもさらされている。

(2)　経営戦略

2000年に中村邦夫が社長に就任後，家電営業改革，事業部制解体やドメイン制移行などの事業構造改革，雇用構造改革などの経営改革を実行してきた。また，グループ企業価値向上のために，顧客視点の最適体制構築をめざし，松下電工を完全子会社化した。

そして，中村邦夫による経営改革が終了し次の新しい段階に移行するため，2006年大坪文雄が社長に就任し，現在は成長戦略を実行している。2010年度に「グローバル・エクセレンスカンパニー」になるために「GP3」を掲げている。1つ目の「GP」は，グローバル市場で販売拡大をめざしながら，会社として

進化する「グローバルプログレス」である。2つ目の「GP」は，グローバルで収益を上げる「グローバルプロフィット」である。3つ目の「GP」はパナソニックを世界で信頼されるブランドにする「グローバルパナソニック」である。「GP3」の推進エンジンは「4つの推進事業」と「戦略投資」である。「4つの推進事業」はデジタルAV事業，カーエレクトロニクス事業，半導体・デバイス事業，アプライアンス事業である。

　デジタルAV事業は，これまでプラズマテレビを主力としていたが，液晶テレビとのツイン戦略をとる。37型以上で世界シェア25％以上をめざしている。そのためにも，約2,800億円を投じた兵庫県尼崎のプラズマパネル第5工場が2009年に稼動予定である。月産100万台の生産能力があり，世界最大級となる。また，液晶テレビでは約3,000億円を投資し，IPSテクノロジの姫路工場を建設している。年間1,500万台の生産体制となる。このように重点事業分野には，巨大な「戦略投資」を実施している。デジタルカメラについては，キーデバイスの内製化を強化しラインナップの拡充で，2009年度のグローバル市場においてシェア15％以上をめざしている。薄型テレビ，デジタルカメラに継ぐ事業の柱として，ハイビジョンムービー，ブルーレイを世界シェア40％，35％にすることをめざしている。カーエレクトロニクス事業においては，「カーエレ超1兆円プロジェクト」を立ち上げ，2010年度の売上高1兆円突破をめざしている。半導体・デバイス事業においては，2009年度で約2,400億円の増販を計画し，ソリューション体制の整備・強化をしながら，グローバルNo.1商品の売上構成を50％までアップさせて，さらなる収益力の強化をめざしている。アプライアンス事業においては，白物家電を欧州に展開させていく。国内では，住空間ビジネスの松下電工・パナホームと，デジタル機器のパナソニックとのシナジーを発揮して，「暮らしの独占」を狙っている。

　また，「グローバルパナソニック」をめざすうえで，2008年10月1日より社名を「松下電器産業株式会社」より「パナソニック株式会社」に変更した。また，「Panasonic」と「National」と併存していたブランドが「Panasonic」に統一されることになった。

そして，2008年12月19日，パナソニックは三洋電機を買収することで合意したと発表した。パナソニックは「今回の提携により，両社がこれまでに培ってきた技術や製造力を結集し，グローバル競争強化にシナジーを発揮することで企業価値の最大化を目指す」としており，重点項目としてあげているのが太陽電池，二次電池のエナジー事業である。三洋電機は，二次電池が世界シェアトップを占めており，三洋電機買収により，次世代の電気自動車用バッテリーとしても注目されているリチウムイオン電池や，同社がもつ発電量世界一といわれる太陽電池デバイス「HIT」などの開発・販売を加速し，企業価値を高めようとしている。

3　経営計画

　20世紀から21世紀にかけて，ITバブルが崩壊し，エレクトロニクス産業が低迷し，パナソニックも同様であった。2000年に中村邦夫が社長に就任後，現在の成長戦略につながる経営計画が策定され，実行されてきた。中村のもとでは，「創生21計画」と「躍進21計画」が策定された。

① 「創生21計画」（2001～2003年度）

　「破壊と創造」を旗印に，2001年度より，数々の改革を進めるとともに，事業ドメイン別体制を整え，「21世紀型」企業への足固めをめざした。

　破壊：家電流通改革，雇用構造改革，モノづくり改革，拠点の統廃合

　創造：事業ドメイン別体制，キャッシュフロー経営，ブラックボックス技術，フラット＆ウェブ型組織

　2003年度にめざす目標値として，(i)収益性：連結営業利益率5％以上，(ii)資本収益性：CCM（キャピタル・コスト・マネジメント）0以上，(iii)成長性：連結売上高9兆円を設定した。

② 「躍進21計画」（2004～2006年度）

　2010年において，「お客様価値創造企業」をめざし成長していく。そのマイルストーンとして，2006年度にどのような姿をめざすかという観点で「躍進２１計画」を策定。2006年度に営業利益率5％以上，CCMゼロ以上を

達成し,「成長軌道の確保」を成し遂げる。また,2006年度の経営数値(松下電工を含まず)売上高8兆2,000億円,営業利益4,100億円を設定した。
③「GP3」(2007〜2009年度)

以上の中村時代の経営改革を受けて,成長戦略を軌道に乗せるための計画として,「GP3」が策定された。GP3の概要はすでに述べたとおりであるが,「グローバルエクセレンス」をめざすうえで,経営指標として「売上高10兆円以上,うち60％以上は海外であること」,「営業利益率10％以上,ROE(株主資本利益率)10％以上」,「グローバルシェアNo.1の商品比率が30％以上」を設定している。加えて,「CSR経営」「信頼されるブランド」については,社外からの評価で業界No.1クラスを獲得することとしている。特に海外を重視しており,現地に即したマーケティングを実施していく計画である。

北米・欧州市場は,3年間で3,100億円の増販をめざしており,薄型テレビを核としたデジタルAV分野の大増販,有力量販店との協業拡大,北米におけるお客様満足を大幅に高める活動である「XCS(エックスシーエス)」活動の拡大,東欧増販体制の強化を実施していく予定である。アジア・中国市場は,3年間で3,400億の増販をめざしており,薄型テレビ・デジタルカメラの積極展開,白物,美容・健康家電の展開を実施していく予定である。エマージング市場は3年間で2,000億円の増販(市販商品)をめざしており,BRICs(ブラジル・ロシア・インド・中国の4カ国)とベトナムを海外増販の重点国としている。そして各国の対応として,ロシアでは薄型テレビやデジタルカメラに経営資源を集中,ブラジルでは現地生産の拡大と連動したデジタルAV商品の増販,インドでは薄型テレビやエアコンを軸とし,ベトナムでは主要6都市を重点に地域特性に合わせたマーケティングを実施していく予定である。

中村改革からの経営戦略,経営計画を通じて,重複事業の絞込み,成長事業への投資といったことにより業績を向上させており,確実に企業価値を向上させている。

4　経営管理手法

経営管理手法として、「CCM」を導入している。「CCM」は資本コストを考慮に入れた業績評価基準であり、いかに少ない資産で効率よく利益を上げるかに着目した指標である。経営計画「創生21」「躍進21」ではそれぞれ経営指標として設定された。それにより、「不採算事業からの撤退」「余剰資産の圧縮」「重複事業の改革」と各種構造改革を後押しするためのドライバーとなったと考えられる。

Ⅲ　パナソニックの企業価値創造会計による分析

1　企業価値概念

有価証券報告書の対処すべき課題のなかで、「世界の優良企業への成長を目指して、株主や投資家、お客様、取引先、従業員をはじめとするすべての関係

図表Ⅱ-2-3　パナソニックの会計業績等推移

(単位：原則億円)

項　目	'99(年度)	'00	'01	'02	'03	'04	'05	'06	'07
売上高	72,994	76,816	70,738	74,017	74,797	87,136	88,943	91,082	90,689
営業利益	1,591	1,884	-1,990	1,266	1,955	3,085	4,143	4,595	5,195
利益率(%)	2.2	2.5	-2.8	1.7	2.6	3.5	4.7	5.0	5.7
税引前利益	2,476	1,055	-5,378	689	1,708	2,469	3,713	4,391	4,350
利益率(%)	3.3	1.4	-7.6	0.9	2.3	2.8	4.2	4.8	4.8
当期純利益	1,062	415	-4,278	-195	421	585	1,544	2,172	2,819
利益率(%)	1.4	0.5	-6.0	-0.3	0.6	0.7	1.7	2.4	3.1
総資産	79,550	81,563	77,685	78,347	74,380	80,569	79,646	78,970	74,436
純資産	36,843	37,727	32,479	31,784	34,516	35,443	37,876	39,167	37,423
株主資本比率(%)	45.7	46.8	40.3	39.5	42.9	44.0	47.0	48.6	46.5
株主資本利益率(%)	2.9	1.1	-11.7	-0.5	1.2	1.6	4.2	6.0	7.7
営業CF	4,967	3,668	1,071	6,889	4,732	4,646	5,754	5,326	4,661
投資CF	-6,090	-5,760	-745	-112	-854	-1,783	4,071	-5,678	-614
ＦＣＦ	-1,123	-2,092	326	6,777	3,878	2,863	9,825	-352	4,047
財務CF	-2,230	-1,079	63	-4,434	-2,568	-4,056	-5,246	-4,277	-2,035
現金等	11,163	8,489	9,331	11,675	12,750	11,698	16,674	12,366	12,148
従業員数(人)	290,448	292,790	291,232	288,324	290,493	334,752	334,402	328,645	305,828

出所）有価証券報告書、ファクトブックより作成

者の皆様に満足していただけるよう，持続的な企業価値の向上に努めてまいります」とうたっている。したがって，すべてのステークホルダーの価値を向上していく姿勢がうかがえ，本質的企業価値を追求していると考えられる。

2　会計的企業価値

パナソニックの業績推移は図表Ⅱ-2-3のとおりである。2001年度に巨額の営業赤字を計上したものの，中村の経営改革によりⅤ字回復を成し遂げている。

3　市場的企業価値

2001年度の巨額の営業赤字計上により，一旦2002年度に株価は下がったものの，中村の経営改革により株価は順調に上昇している。

4　本質的企業価値創造

(1) 株主価値創造

パナソニックは2005年4月に「企業価値最大化に向けた総合的な取り組み」を発表し，このなかで積極的な株主還元の方針を打ち出している。特に連結業績に応じた株主還元を通じて，資本市場での評価を高め，企業価値の最大化としている。つまり，連結キャッシュフローをベースに，「配当金」と「自己株

図表Ⅱ-2-4　パナソニックの株式時価総額等推移

(単位：原則円)

項目	'99(年度)	'00	'01	'02	'03	'04	'05	'06	'07
株価	3,070	2,265	1,575	1,013	1,608	1,580	2,615	2,375	2,160
発行済株式数(万株)	206,267	207,957	213,852	244,792	245,305	245,305	245,305	245,305	245,305
時価総額(億円)	6,332	4,710	3,368	2,480	3,945	3,876	6,415	5,826	5,299
時価総額増減額(億円)	1,568	-1,622	-1,342	-888	1,465	-69	2,539	-589	-527
1株利益	51.5	20.0	-206.1	-8.7	18.1	25.4	69.4	99.5	132.9
調整後1株利益	46.3	19.5	-206.0	-8.7	18.0	25.4	69.4	99.5	132.9
1株株主資本	1,786.4	1,814.4	1,558.7	1,347.2	1,488.8	1,569.4	1,714.2	1,824.9	1,781.1
株価収益率(倍)	66.7	115.8	-	-	89.3	62.0	37.6	23.9	16.3

出所）ファクトブック等より作成

図表Ⅱ-2-5　パナソニックの業績推移

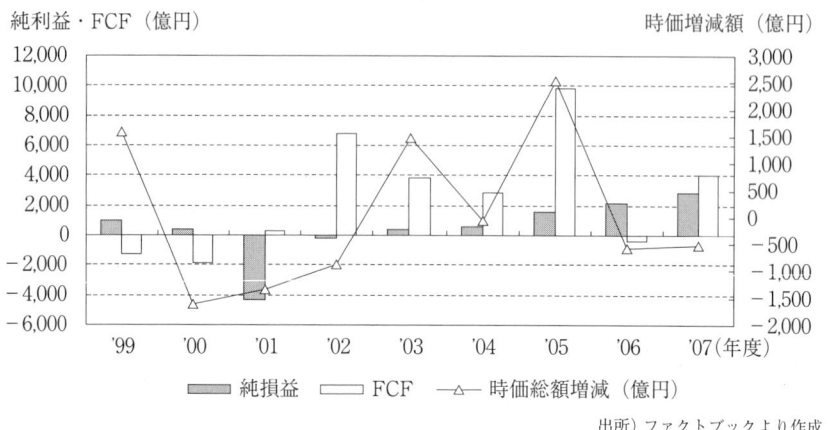

図表Ⅱ-2-6　パナソニックの自己株式数・配当金推移

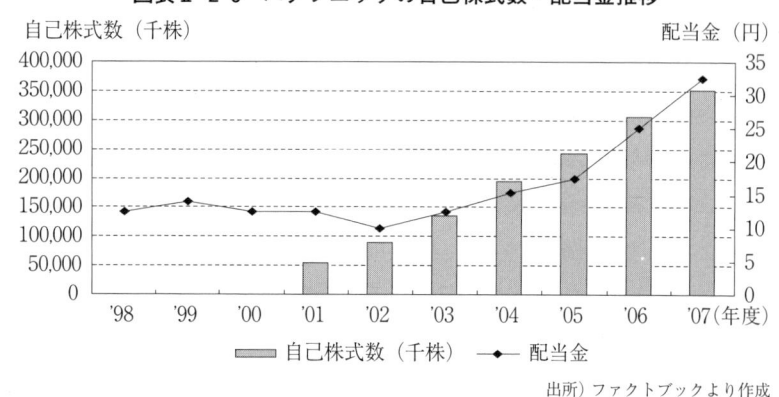

式取得」による総合的な株主還元を実施している。図表Ⅱ-2-6のとおり「配当金」と「自己株式数」を業績に合わせて増加させている。

(2) 人的価値創造

　パナソニックは従業員の雇用を守り，意欲を醸成することにより人的価値を向上してきた。パナソニックはどれほどの不況に遭遇しようとも終身雇用を維持してきた。1929年の世界恐慌の際にも，大企業が従業員を大量解雇するなか，

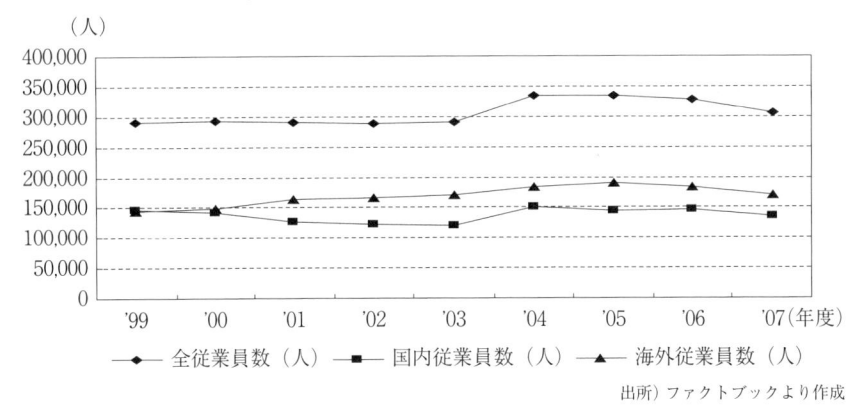

図表Ⅱ-2-7　パナソニックの従業員数推移

出所）ファクトブックより作成

　松下幸之助は解雇することなく，半日生産・半日全員販売によりのりきった。また，事業部制をいち早く導入し，従業員に権限を委譲し，責任をもたせる仕組みをとった。責任をもつことで，従業員は成長し，仕事に対する意欲をもたせることに成功していた。そして，従業員はパナソニックで働くことの喜びを感じ，従業員の満足度を向上してきた。2001年からの経営改革により，事業部制は廃止され，かつ早期退職制度の導入を実施したが，退職する従業員を最大限配慮（特別ライフプラン支援）しており，早期退職者の納得性を高めた。これらのことから，従業員数は比較的安定して推移しており，人的価値について維持していることがうかがえる。

　また，ブランドを「Panasonic」に統一することで，全社員の力を，グループの力を1つに終結することになる。それによりブランド価値を向上させ，従業員満足度向上をめざしている。

(3)　顧客価値創造

　営業赤字となった2001年度以降，営業利益，営業利益率とも順調に上昇しており，顧客に対して，期待にそった商品あるいはサービスを提供しつづけていることが推測され，顧客価値を高めていると考えられる。

　また，2008年10月1日より社名を「松下電器産業株式会社」より「パナソ

ニック株式会社」に変更した。これはブランド価値向上をめざしている。インターブランドが2007年7月に発表した世界ブランド調査によると,「Panasonic」のブランド力は78位であり,「SONY」の25位には遠く及ばない。また,2004年に子会社化で連結決算に加わった松下電工の影響を除くと,この10年間,売上高が実質的にゼロ成長となる。中期経営計画「GP3」にあるとおり,今後は「Panasonic」のブランド力向上により,顧客満足度を向上させ,売上高を向上させるという成長戦略を描いている。それにより,さらなる顧客価値の向上を描いていると推測される。

(4) 社会・環境価値創造

パナソニックは「企業は社会の公器,即ち企業は社会のためにあり,社会によって支えられ,社会とともに歩むもの」という考え方に基づき,社会貢献活動に取り組んでいる。「地球環境との共存」に貢献することを事業ビジョンの1つに掲げ,eco ideas戦略,行動計画に基づき環境経営を推進している。パナソニックは,「生産活動におけるCO_2排出量の削減」を重要テーマに掲げ,中期経営計画「GP3」において,3年間でCO_2排出量をグローバルで30万トン削減すると宣言している。さらに2010年度には,2000年度の排出量水準をめざすとしている。また,CO_2排出量を,新たに基幹の経営指標の1つに位置づけており,環境価値向上をめざしている。

Ⅳ　パナソニックの企業価値創造会計総括

パナソニックは,マルチステークホルダーの観点から,企業価値を高めようとしている。社名変更,ブランド統一によりブランド価値を向上させ,顧客満足度を高めようとしている。またブランド統一により,従業員の満足度を高め,社員の力を1つに結集させようとしている。このブランド価値向上が製品単価を上昇させ,売上高向上により,業績向上につながることになる。業績向上の結果,CFや利益が上昇し,そして配当や自社株買いで株主に還元することになり,株主価値向上につながることになる。しかし,「Panasonic」ブランド価値の向上は同時にリスクにもなり,ブランド価値が向上しないとパナソニック

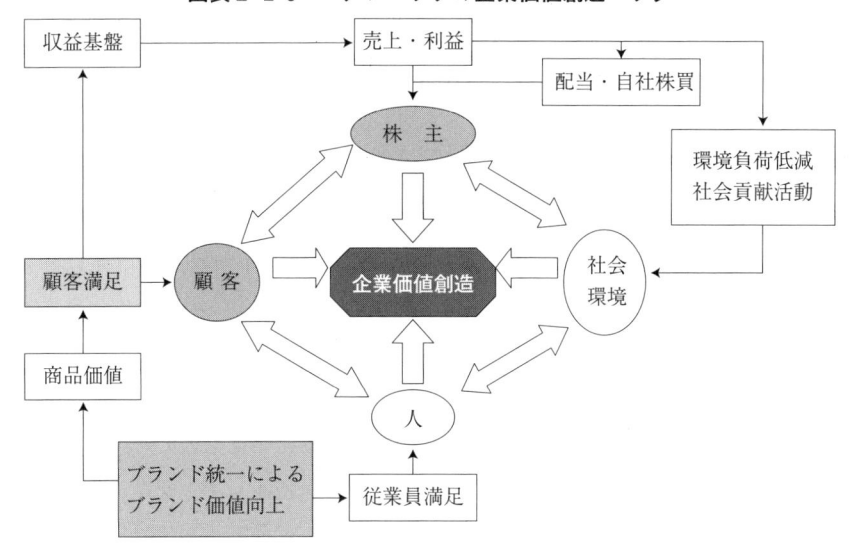

図表Ⅱ-2-8　パナソニックの企業価値創造マップ

が描く成長は実現できないことになる。このブランド価値こそがパナソニックのKVDとなる。

（主担当：児玉信一）

■主要参考文献■
大倉雄次郎（2008）『経営改革のための会計戦略』中央経済社
竹内一正，ケニータケダ（2008）『さらば「松下」！誕生「パナソニック」～松下幸之助の夢～』ぱる出版
伊丹敬之，田中一弘，加藤俊彦，中野誠（2007）『松下電器の経営改革』有斐閣
『週刊東洋経済』（2008）「さらば松下」2008年8月22日号　pp.38-56
『日経ビジネス』（2008）「パナソニックの野望」2008年9月15日号　pp.24-38
有価証券報告書（2008）
ファクトブック
http://panasonic.co.jp

第3章　三菱電機の企業価値創造会計に基づく事例分析

I　三菱電機の概要

　三菱電機株式会社は，1921年三菱造船神戸造船所の電機製作所を継承し，三菱電機が創業された。変圧器，電動機，扇風機等を手がけ，1949年に株式を上場した。現在の事業内容は，重電システム（交通事業，系統変電・発電事業，昇降機），産業メカトロニクス（FAシステム事業，自動車機器事業），情報通信システム（通信インフラ，システムインテグレーション事業），電子デバイス（半導体，液晶），家庭電器（空調機器，太陽光発電システム，電気温水器・IHクッキングヒーター），その他（資材調達，物流，エンジニアリング）である。産業メカトロニクスの利益割合が大きく，家庭電器も健闘している構成割合である。情報通信システムは利益においてかなり苦戦している。家電を除くと製品群は一見地味なものばかりである。

図表Ⅱ-3-1　三菱電機の'07年度セグメント別売上高構成割合

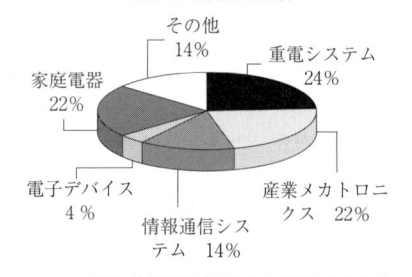

- 重電システム　24%
- 産業メカトロニクス　22%
- 情報通信システム　14%
- 電子デバイス　4%
- 家庭電器　22%
- その他　14%

出所）決算短信（2008年3月期）より作成

図表Ⅱ-3-2　三菱電機の'07年度セグメント別営業利益構成割合

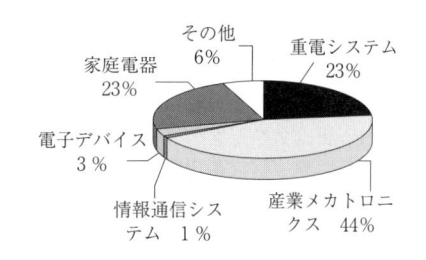

- 重電システム　23%
- 産業メカトロニクス　44%
- 情報通信システム　1%
- 電子デバイス　3%
- 家庭電器　23%
- その他　6%

出所）決算短信（2008年3月期）より作成

II　三菱電機の経営理念・戦略・計画

1　経営理念

　1921年創業時に次のような「経営の要諦」が制定された。

「社会の繁栄に貢献する」「品質の向上」「顧客の満足」等が記されている。

企業理念は,「三菱電機グループは,技術,サービス,創造力の向上を図り,活力とゆとりある社会の実現に貢献する」である。そして,7つの行動指針が次のとおり示されている。

① 信頼　社会・顧客・株主・社員・取引先等との高い信頼関係を確立する。
② 品質　最良の製品・サービス,最高の品質の提供を目指す。
③ 技術　研究開発・技術革新を推進し,新しいマーケットを開拓する。
④ 貢献　グローバル企業として,地域,社会の発展に貢献する。
⑤ 遵法　全ての企業行動において規範を遵守する。
⑥ 環境　自然を尊び,環境の保全と向上に努める。
⑦ 発展　適正な利益を確保し,企業発展の基盤を構築する。

2001年6月に三菱電機グループとしてのコーポレートステートメント「Changes for the Better」が制定された。「変革していきます。あくなき改善,コツコツと改善を続け,足元を固める。」である。変化のないものから価値は生まれない。常によいものを求め,あくなき努力を積み重ねれば,企業価値の一層の向上につながる。堅実な企業経営をめざして,着実に進める精神が社風として根づき始めている。

2　経営戦略

(1)　経営環境

電機業界は,極めて厳しい環境下にあり,激しい競争を繰り返しているが,三菱電機は強い事業に選択集中しているので,安定した業績を上げている。しかし,競争の激化等により不確定なリスクを内在している。

(2)　経営戦略

2007年5月そして11月発表の経営戦略によれば,経営方針として,「バランス経営」の実践〜着実な成長と着実な改善で,着実な成果を〜成長性,収益性・効率性,健全性により,「強固な経営体質構築」と「持続的な成長」を実現して,企業価値のさらなる向上を示している。バランス経営実践のため経営

のフレームワークとして，現場重視と連携重視が指摘されている。「現場重視」は，ものづくりの強化と営業・サービスの競争力強化,「連携重視」は, 製販ネットワークの強化, 事業セグメント間のシナジー拡充, コーポレート・サポート機能の充実／強化, グローバル経営の推進を掲げている。バランス経営実践として，事業強化策推進，経営体質強化，成長戦略，環境経営の推進，そして財務体質の改善について説明している。成長戦略として, VI (Victory) 戦略「強い事業をより強く」, AD (Advance) 戦略「強い事業を核としたソリューション事業強化」, グローバル戦略の推進が述べられている。

シナジーを活かした強い電機・電子事業の複合体として，継続的に達成すべき経営目標として，次の3項目を掲げている。

① 営業利益率は5％以上, ② ROEは10％以上, ③ 借入金比率は15％以下。

営業利益率5％目標は2006年度に, ROE10％目標は2004年度に達成している。営業利益率5％以上とROE10％以上の目標値は低すぎないか。バランス経営を標榜しているわりには，成長性の目標は掲げられていない。

派手な戦略は社風に合わないとして堅実経営を崩そうとはしない。有利子負債はピーク時の4割に減り, キャッシュを積極的に成長投資に振り向けたらとの注文もある。安定利益を生む戦略であるが，高成長シナリオは示せない。魅力的な将来の重点戦略は不明確であり，投資家からそれ程評価されていない。成長性や積極的投資が不足しているようにも思える。好業績ゆえに，保守的な姿勢の持ち味が，挑戦する意欲を失わせてはいないか。

(3) 選択・集中戦略

かつては，日立や東芝に追随する3番手の総合電機メーカーのイメージが強かった。半導体や携帯電話に経営資源を優先的に投入していたが, ITバブルの崩壊が直撃し，半導体と積極的に海外展開していた携帯電話事業が未曾有の赤字に転落した。2002年4月に社長に就任した野間口有は，事業の選択と集中を矢継ぎ早に進めた。注力を決めたFAや昇降機, 自動車部品は競争相手の数が限られているうえに，海外の成長の可能性は大きいからである。「体力に見合わない浮き沈みの激しい事業から手を引き，地味でも強い事業に資金と人

材を集中させることで構造転換を加速させた」(経理・財務担当の佐藤行弘副社長)［山崎・中原(2007)：p.56］。半導体事業は大幅に縮小したが、FAや電力関連の製品に組み込まれ、差別化のカギとなるパワー半導体などを社内に残し、むしろ強化した。「強化する事業では半導体などのキーデバイスから完成品まで垂直統合で展開し、利益率を高める。一方、薄型テレビではパネルを自社生産せずに外部から購入するなど、弱い事業ではリスクを極小化する方針が徹底されている」(野村證券シニアアナリスト山崎雅也)［山崎・中原(2007)：pp.56-57］。事業のなかで群を抜いて利益率が高いFA機器を主力とする産業メカトロニクス部門を強化する。真のライバルは、専業メーカーであり、専業メーカーと比べると利益率は見劣りするから、さらなる上をめざしている。

　事業選別を加速し、半導体やデジタル家電事業を縮小した。主力の工場用設備機器や自動車部品、空調機器などに経営資源を集中させた。新興市場で空調、重電機器が好調に推移している。事業の選別は技術力で判断している。

　「パワー半導体の熊本工場は、ルネサス発足に伴い移管したが、再び傘下に

図表Ⅱ-3-3　三菱電機の主な事業再編

時期(年)	内容
'98	米国での半導体生産から撤退
'99	英国でのパソコン生産から撤退
'02	欧州での携帯電話事業から撤退
'03	電力系統・変電事業を東芝の共同出資会社に移管
	半導体のDRAM事業をエルピーダメモリに売却
	半導体のシステムLSI事業を切り離し、日立製作所と共同出資でルネサステクノロジを設立し統合
	乾電池の生産から撤退
'04	米国におけるブラウン管の生産から撤退
'05	電力系統・変電事業を東芝との統合を解消
'06	中国における携帯電話の開発・販売から撤退
'07	旭硝子と合弁で設立した中小型の液晶パネル子会社オプトレックス売却
'08	ルネサスのパワー半導体工場110億円で買収
	携帯電話機事業から撤退
	洗濯機事業から撤退

出所) 山崎・中原(2007)：p.56,『日本経済新聞』(2007年7月4日,2008年1月31日,3月3日,9月13日)より作成

組み込んで事業を強化する。家電やハイブリッド車などに搭載する電力制御用の半導体で，省エネ性能の向上につながるため世界的に需要が拡大している。買収後数年間で100億円を追加投資し，生産能力を直径200ミリウエハーで月産6万枚に増強。売上高は07年度見込みで980億円。15年度をめどに1,500億円に拡大する。パワー半導体を使う複合部品の市場は年10％程度の成長が今後も続く見通し。三菱電機は複数のパワー半導体や周辺回路を組み合わせた複合部品で高いシェアを握る。自社の得意領域に集中投資し，中核事業に育成する」[『日本経済新聞』(2008年1月31日)]。

「携帯電話機事業は国際競争力がないと撤退するが，赤字の液晶テレビは，規模を追わずブランド力を高め，映像技術を生かせば高級ブランドとして存続できる」[『日本経済新聞』(2008年3月3日，3月4日，3月8日)]。液晶テレビと携帯電話機では，その大きさや影響力はちがうが，電機メーカーとしてのブランド力を考えれば，必要不可欠な商品であろう。そこに事業選別の難しさがある。

「洗濯機事業はドラム式で出遅れ，価格競争の激化や鋼材などの原料高で収益が悪化し，ここ数年，赤字が続き，利益成長が見込めない。白物家電の主要品目である洗濯機事業から撤退することで事業選択を急ぐ」[『日本経済新聞』(2008年9月13日)]。

3　経営計画

　三菱電機は明確な計画を開示していない。決算短信による，2008年度の計画値もいたって健全な目標としており，堅実な経営姿勢が感じられる。情報通信システムと電子デバイス部門は，相変わらず利益において大変苦戦しており，今後の対応策はあまり示されていない。垂直統合の相乗効果のために，必要不可欠な事業だけが残されているのか，現在の利益で適正額と考えているのか。

　以上のように，三菱電機の経営理念・戦略・計画は，企業価値の創造につながっている。

Ⅲ 三菱電機の企業価値創造会計に基づく分析

1 企業価値概念

　経営方針において,「バランス経営を実践し,強固な経営体質構築と持続可能な成長を実現し,企業価値の更なる向上」を掲げている。社長メッセージ等において,「企業価値の向上」という表現が用いられている。

　コーポレート・ガバナンス体制,機動性・透明性の一層の向上,監督機能の強化で,法制度改正等の外部環境変化への適切な対応,株主等ステークホルダーに対する適切な情報開示により企業価値の向上をめざしている。

　企業価値の向上を究極目標とし,総合的に株主利益の向上を図る。

　企業価値に関する定義は明確には述べられていないが,経済的側面として,「企業価値の向上に取り組みます」と述べられている。「株主価値を高めるために,バランス経営の推進と企業価値の向上を目指します」とも述べられている。したがって,企業価値は経済的な側面が中心で,株主価値に極めて近い考え方であろう。

　CSRにおいて,経済的側面と並列的に環境的側面,社会的側面が取り上げられているから,企業価値には環境的側面,社会的側面は含まれていない。

2 会計的企業価値創造

　三菱電機の会計的業績の推移としては,2001年度を除き,極めて順調に上昇させてきている。堅実経営により2003年度から特に当期純利益を順調に上昇させてきた。特徴として利益以上にFCFが増加している。

　セグメント別営業利益の推移からは,産業メカトロニクスの割合が極めて大きいことが明瞭である。重電システムと家庭電器も確実に拡大傾向にあり,情報通信システムと電子デバイスも大幅な赤字を解決し,黒字をつづけている。そのために,極めて好調に会計的企業価値を増加させている。売上高営業利益率でも,ほぼ同様の結果を示している。産業メカトロニクスの利益率は突出している。「毎期確実に1,000億円のFCFを生み出し続けている。売掛債権や在

図表Ⅱ-3-4 三菱電機の会計的業績等推移

(単位:原則億円)

項　目	'99(年度)	'00	'01	'02	'03	'04	'05	'06	'07
売上高	37,742	41,295	36,490	36,391	33,097	34,107	36,042	38,557	40,498
営業利益	792	1,953	-680	631	927	1,206	1,577	2,330	2,672
利益率(%)	2.1	4.7	-1.9	1.7	2.8	3.5	4.4	6.0	6.6
当期純利益	248	1,248	-780	-118	448	712	957	1,231	1,580
利益率(%)	0.7	3.0	-2.1	-0.3	1.4	2.1	2.7	3.2	3.9
総資産	40,033	41,816	40,574	36,736	32,252	31,625	33,137	34,522	34,851
ROA(%)	0.6	3.0	-1.9	-0.3	1.3	2.2	3.0	3.6	4.6
株主資本	6,918	6,782	5,417	3,946	6,015	7,206	9,422	10,592	10,314
株主資本比率(%)	17.3	16.2	13.4	10.7	18.7	22.8	28.4	30.7	29.6
ROE(%)	3.8	18.2	-12.8	-2.5	9.0	10.8	11.5	12.3	15.1
営業CF	3,928	3,960	1,134	2,385	2,435	1,889	3,048	2,746	2,589
投資CF	-1,679	-2,601	-1,842	-937	-701	-1,011	-1,562	-1,556	-1,324
ＦＣＦ	2,249	1,359	-707	1,448	1,734	878	1,486	1,190	1,265
財務CF	-2,535	-771	1,230	-2,300	-1,992	-1,742	-1,006	-887	-1,198
現金等	3,263	3,944	4,549	3,636	3,306	2,466	3,045	3,426	3,343
従業員数(人)	116,588	116,715	116,192	110,279	98,988	97,661	99,444	102,835	105,651

出所)有価証券報告書より作成

図表Ⅱ-3-5 三菱電機の株式時価総額等推移

(単位:原則円)

項　目	'99(年度)	'00	'01	'02	'03	'04	'05	'06	'07
株価	968	710	601	327	590	555	999	1,214	862
発行済株式数(万株)	214,720	214,720	214,720	214,720	214,720	214,720	214,720	214,720	214,720
時価総額(億円)	20,785	15,245	12,905	7,021	12,668	11,917	21,451	26,067	18,509
時価総額増減額(億円)	12,282	-5,540	-2,340	-5,884	5,647	-751	9,534	4,616	-7,558
1株純利益	11.6	58.1	-36.3	-5.5	20.9	33.2	44.6	57.3	73.6
調整後1株純利益	-	56.6	-	-	20.7	33.2	44.6	57.3	73.6
1株株主資本	322.2	315.8	252.3	183.8	280.3	335.8	439.0	493.5	480.5
株価収益率(倍)	83.7	12.2	-	-	28.2	16.7	22.4	21.2	11.7

出所)有価証券報告書等より作成

図表Ⅱ-3-6　三菱電機の業績推移

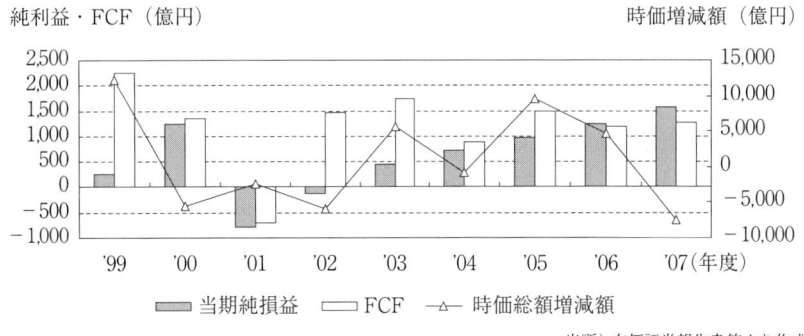

純利益・FCF（億円）　　　　　　　　　　　　　　　時価増減額（億円）

当期純損益　　FCF　　時価総額増減額

出所）有価証券報告書等より作成

庫など資産を圧縮して，FCFを増やし，借入金の返済に充当する。財務の強化で投資余力を高め，アジアや欧州など成長が見込まれる海外事業の展開を加速する。3年以内に実質有利子負債をゼロにする」[『日本経済新聞』(2008年6月12日)]。

3　市場的企業価値創造

　三菱電機の株式時価総額は，2000年度から2002年度にかけては減少したが，2005・2006年度は上昇させた。2007年度は減少してしまった。会計的企業価値ほどには，市場的企業価値は好調に推移していない。業界全体のマクロ的な要因が強く反映しているのであろうか。会計的業績が，市場的には十分に反映していないのか，将来の期待があまりないのであろうか。

4　本質的企業価値創造

(1)　株主価値創造

　「バランス経営」の推進と企業価値の向上をめざし，株主価値を着実に増加させている。経営組織として，2003年に委員会等設置会社へ移行し，ガバナンスを強化し株主価値を向上させようと努めている。

　2004年度から投資とR&Dをあまり増加させずに安定させ，これが利益に貢

図表Ⅱ-3-7　三菱電機の投資・R&D推移

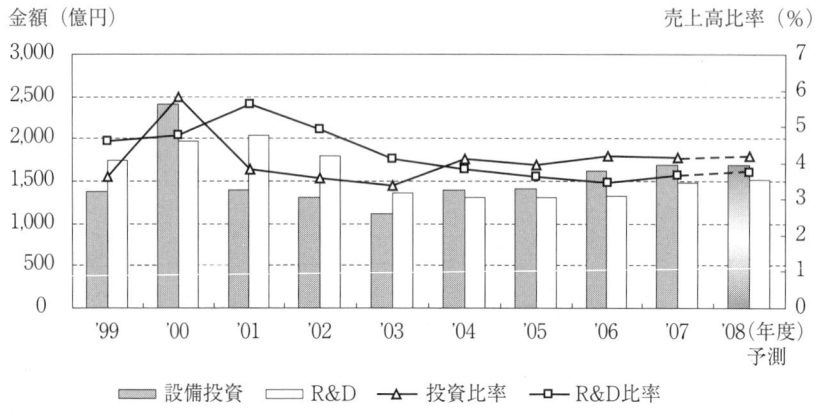

出所）有価証券報告書より作成

図表Ⅱ-3-8　三菱電機の従業員数推移

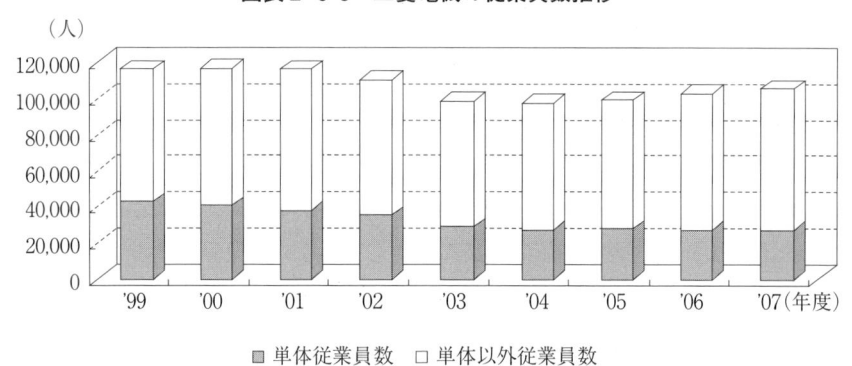

出所）有価証券報告書より作成

献している。将来への積極性はみられないが，安定的に株主価値を確実に維持しようとする戦略である。

(2) **人的価値創造**

多様な雇用の実現と，働き甲斐のある職場，労働安全衛生と心身の健康を確保している。従業員数は，2002年度と2003年度にかなり減少させたが，

2005・2006 そして 2007 年度は増加させている。団塊世代の大量定年退職の本格化に対応し，採用数を増やしている。組織目標と自らの役割を認識し，自らの価値を高め，高い目標にチャレンジしていける風土の醸成をめざしている。2004 年度から社員が主体的・積極的に能力開発できる人材育成体系社員の自発的な能力開発を支援する「セルフデベロップメント支援制度」を導入した。

野間口有会長と下村節宏社長のバランスの取れた経営体制が，三菱電機の堅実な経営を持続させている。野間口有会長（2002～2006 年まで社長）は 30 年以上にわたり研究開発畑を歩んできた技術者で，技術の価値と製品の競争力を厳しい目で選別し，残したものには注力し，事業基盤を強化してきた。ホームランを狙うより，体を鍛え，運動神経を磨き，継続的にヒットを打てるようにすることが大事と考えている。

(3) 顧客価値創造

三菱電機は顧客満足 No.1 へ挑戦しながら，顧客価値を創造しつづけている。顧客価値の明確な指標化を試み，製品，営業，サービスごとに CSI（Customer Satisfaction Index；顧客満足指数）」の明確化に取り組み，評価向上をめざしている。調査結果はグループで共有し，販売・開発戦略に反映されている。確かな品質を確保し，製品の使いやすさを求め，顧客満足を高め，製品不具合発生時の対応を迅速にすることにより，お客への価値を創造する。

(4) 社会・環境価値創造

「技術」をとおして社会に貢献するとして，特に社会福祉，地球環境保護，科学技術振興の 3 分野に重点をおいて，社会貢献活動を推進している。

環境経営の長期計画として，環境ビジョン 2021 を策定し，「技術と行動で人と地球に貢献する。グループ全拠点の生産時の二酸化炭素排出総量 2021 年までに 30％減らす」との目標に向けて環境価値を高めている。「同社は 90 年度，国内関連会社が 00 年度，海外関連会社が 05 年度と比べて，それぞれ 30％減らす。合計 52 万トンと試算。生産高の 0.1％相当額を高効率機器など省エネ設備の導入に充てるほか，生産工程改善やエネルギー管理徹底に取り組む」[『日本経済新聞』(2007 年 10 月 23 日)]。その具体化として，3 年単位の環境計画を

策定して取り組んでいる。第5次環境計画（2006年度から3年）では，地球温暖化対策などに取り組み，二酸化炭素排出量を2006年度1万トン削減させるなどして環境経営を進める。2006年度から，売上高の0.1％を目安に省エネ投資を続け，CO_2を削減している。

Ⅳ　三菱電機の企業価値創造会計総括

地味な印象が強いが，意外なほどの健闘をしている。将来への魅力的な展開があまりないと，夢のない企業となってしまう。人的視点では，堅実的な価値観を徹底させて，人的価値を創造している。そして，技術・生産革新を最も重要なドライバーとして，品質，顧客満足を達成しながら，顧客価値を創造している。その結果として，財務体質，利益率を高めて，株主価値を創造する。環境経営を推進することにより環境価値を創造して，企業全体の企業価値を創造している。

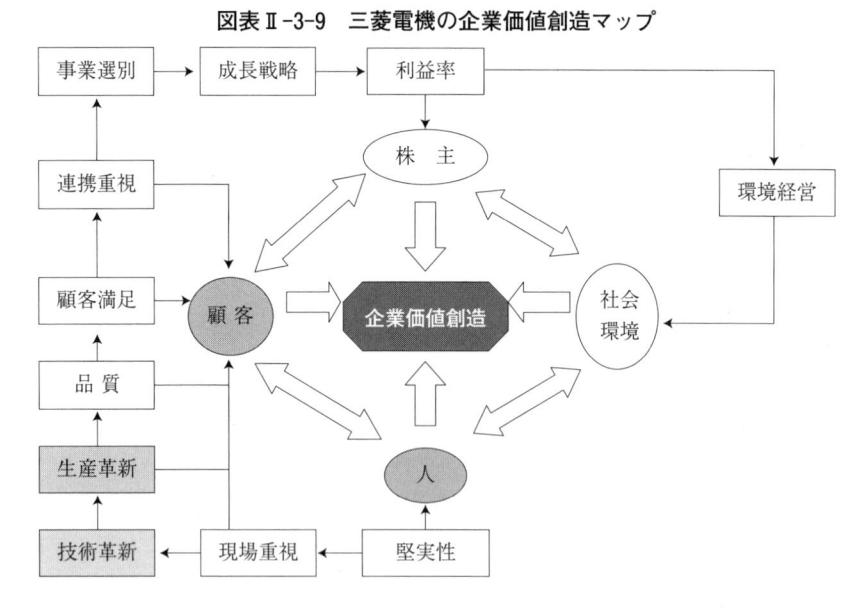

図表Ⅱ-3-9　三菱電機の企業価値創造マップ

（主担当：紺野　剛）

■ 主要参考文献 ■

佐藤文昭（2006）『日本の電機産業　再編のシナリオ』かんき出版
浪江一公（2007）『プロフィット・ピラミッド』ダイヤモンド社
西田宗千佳（2007）『家電＆デジタルAV業界がわかる』技術評論社
山崎良平・中原敬太（2007）「三菱電機」『日経ビジネス』2007年11月26日号，pp.54-60
アニュアルレポート（2007・2008）
経営戦略説明会資料
決算
説明会資料
決算短信（2008）
CSR（2007・2008）
有価証券報告書
http://www.mitsubishi.

第4章　ファナックの企業価値創造会計に基づく事例分析

I　ファナックの概要

　ファナック株式会社は，富士通株式会社のNC（数値制御）部門が分散化方針により1972年に分離独立して設立された会社である。FA（ファクトリーオートメーション）の総合的なサプライヤーで，CNC（コンピュータ数値制御装置）システムの技術を基本に，工作機械の自動化・効率化を支える生産システムに使用される商品の開発・製造・販売および保守サービスを主な事業とする。主な顧客は自動車などの機械工業およびIT産業である。

　単一業種であるため業種別セグメント情報は開示されていないが，現在は事業部門を3部門（FA・ロボット・ロボマシン）に分け，利益管理を行っている。各部門の売上高構成割合と主要商品は図表II-4-1および図表II-4-2のとおりである。生産実績および受注実績の部門別割合も図表II-4-1とほぼ同様の傾向を示す。なお，部門別の営業利益は開示されていない。

図表II-4-1　ファナックの'07年度部門別売上高構成割合

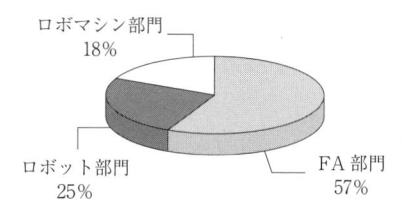

- ロボマシン部門　18%
- ロボット部門　25%
- FA部門　57%

出所）有価証券報告書（2008年3月期）より作成

図表II-4-2　ファナックの部門別主要商品

部　門	主要商品
FA部門	CNCシリーズ，サーボモーター，レーザ
ロボット部門	ロボット
ロボマシン部門	全電動式射出成形機，CNCドリル，ワイヤカット放電加工機，超精密ナノ加工機

出所）有価証券報告書（2008年3月期）より作成

II　ファナックの経営理念・戦略・計画

1　経営理念

　創業者である稲葉清右衛門の記述によれば，ファナックは「研究開発とロボ

ット化を経営の基本に置くという事」と「自然を保存する」という「2つの理念」をもっている。前者は経営方針の，後者は環境基本方針の基盤を形成し，創業者の強い信念と一貫性の保たれた哲学がそれぞれに反映されている。四代目社長稲葉善治も，創業時からの経営理念を踏襲していると考えられ，有価証券報告書にも「創業以来研究開発を常に経営の基盤として」いる旨が書かれている。

2　経営戦略
(1) 経営環境
　既存市場は成熟してきているものの，工作機械の自動化・効率化に対する需要について，新興国・他業種において需要が高まる傾向があり，これから中国・インド・ロシアなどでの展開が期待される。また，新技術である知能ロボットの普及に成功すればさらなる成長が見込めるなど，市場拡大の可能性は高い。

　不安材料としては，銅・鉄などの購入素材の高騰，富士山麓の災害，為替変動，景気の変動がある。また，リニアモータ技術の台頭により，モータとCNC装置が切り離され，ファナックの得意としてきたサーボモータとCNC装置のセット販売が通用しなくなるかもしれないという可能性がある。

(2) 経営戦略
　経営戦略に関し，9つの「経営方針」がホームページ上に開示されている。要約すると「研究開発を経営の基本として競争力を確保する」「コアビジネスに特化し，競争力・効率・収益を確保する」「開発と生産を日本に一極集中させ効率化をはかる」「自社最先端商品を使った工場のロボット化により効率化・低コスト化を実現させる」「厳密な月次決算管理をする」「若い人材の抜擢による能力主義を実行，但し終身雇用は維持する」「海外関係会社には当該国の文化を尊重しつつ経営方針指導をはかる」「フラットな組織と少数精鋭の維持」「これら8つの共通の指針としての，厳密と透明」である。

(3) 選択・集中戦略
　経営方針にも掲げられているが，ファナックはCNC装置とサーボモータを

中心とするコアビジネスに特化し，競争力・効率・収益を確保することにより，経営資源を集中させている。今のところ企業買収などに積極的ではない。

また，既存技術や事業の限界を見極めた創業者の的確な撤退指示により，過去には何度も効率的な新技術への資源集中を図ってきた。たとえば，プロセス制御事業からの撤退や，オイルショックを契機にした石油を大量消費する既存サーボ機構技術からの撤退，将来の限界を見据えたハードワイヤードNCからの撤退などが，現在のCNC事業を育み，持続的成長を支えてきたのである。

3　経営計画

ファナックは中期目標を立てている。2004年に「中期目標V3000」（単体売上高3,000億円，経常利益1,000億円）を掲げていたが，計画を上回るペースで伸長したため，翌2005年に「中期目標V5000」(2008年までに連結売上高5,000億円，連結経常利益1,500億円）を新たに設定しなおした。

2008年3月末の結果は連結売上高約4,680億円，連結経常利益約2,100億円で，売上高は届かなかったものの，経常利益は目標を大幅に達成した。次の中期目標については，まだ開示されていない。

4　経営管理手法

本社およびグループ会社の取締役会では月次決算が報告され，損益および資産・負債の状況をチェック，特に細かな部門別に収益性を確認している。取締役および社員の賞与については，純利益に連動して支給している。

商品の開発にあたっては目標コストを算定・それを前提に進め，開発者は量産までコスト・品質に責任をもつ。量産後の商品については，高い利益率が確保できない場合は撤退し，新たに目標の利益率を確保できる商品を開発する。また，ファナックは競争力確保のために価格を下げることをせず，低価格競争に巻き込まれないようにしている。

Ⅲ　ファナックの企業価値創造会計による分析

1　企業価値概念

　ファナック自身の考える企業価値の定義は明確でない。たとえば，2007年3月7日付の日本経済新聞「トップに聞く企業戦略」における稲葉善治社長のインタビュー記事で，「地道に本業に専念し，企業価値をあげる」「結局は企業価値を高めて株主がハッピーになればいい」という発言がある程度である。

　総合的に判断すると，この会社にとっての企業価値とは，「地道に本業に専念」すればあがるもの，つまり会計的価値を中心としたものであり，ほかに市場的価値，理念から導かれる研究開発・技術者重視の人的価値，そして自然環境重視の環境価値などから複合的に形成されているのではないかと考える。

図表Ⅱ-4-3　ファナックの会計業績等推移

(単位：原則億円)

項　目	'99(年度)	'00	'01	'02	'03	'04	'05	'06	'07
売上高	2,090	2,641	2,164	2,143	2,648	3,303	3,811	4,196	4,684
営業利益	637	879	523	601	859	1,202	1,406	1,629	1,896
利益率(％)	30.5	33.3	24.2	28.0	32.4	36.4	36.9	38.8	40.5
経常利益	670	931	554	653	900	1,248	1,508	1,794	2,100
利益率(％)	32.1	35.3	25.6	30.5	34.0	37.8	39.6	42.8	44.8
当期純利益	394	472	320	395	573	758	904	1,068	1,270
利益率(％)	18.8	17.9	14.8	18.4	21.6	22.9	23.7	25.4	27.1
総資産	6,751	7,388	7,467	7,017	7,587	7,996	9,034	9,517	10,468
純資産	6,136	6,450	6,832	6,301	6,737	6,790	7,744	8,206	9,114
自己資本比率(％)	90.9	87.3	91.5	89.8	88.8	84.9	85.7	83.4	83.9
自己資本利益率(％)	6.6	7.5	4.8	6.0	8.8	11.2	12.4	13.6	15.2
営業CF	397	519	601	489	620	721	1,005	1,255	1,379
投資CF	-33	-9	-104	-111	-125	-286	-162	-150	-248
FCF	365	510	497	378	495	435	844	1,105	1,131
財務CF	-81	-58	-57	-870	-54	-763	-145	-951	-369
現金等	3,293	3,757	4,234	3,730	4,120	3,911	4,713	4,955	5,660
従業員数(人)	3,707	3,674	3,684	3,734	3,788	4,369	4,560	4,695	4,894

出所）有価証券報告書より作成

2　会計的企業価値

ファナックの連結会計的企業価値の推移は，極めて順調に推移している。特徴としては，売上高営業利益率・売上高経常利益率が平均33％以上・35％以上と突出して高い数値を示すこと，自己資本比率が高く社債・有利子負債をもたないこと，自己資本利益率も2005年度以降10％を超えていることなどがあげられる。上場企業の財務データベースなどを基にした日本経済新聞社の優良企業ランキングでは2006年度から3年連続で2位である。

CFの推移については，高い営業CFの伸びに対し投資CFの支出はそれほど増加しておらず，主な用途は有形固定資産の取得程度で，FCFは常にプラスである。財務CFの内訳は自己株式の取得と配当が主で，剰余金を使い高い配当性向を維持しつつ，自己株式の保有率を高めてきているようである。

3　市場的企業価値

以前は，親会社の富士通および富士電機が株式の約4割を保有，残りを金融機関などが長期保有しており，株価に敏感に対応しなくてもよい状態であった。しかし富士通による2003年以降の大量株売却などを契機に株主構成が大幅に変わり，最近では富士通および富士電機の所有株式数割合は10％以下と大幅

図表Ⅱ-4-4　ファナックの株式時価総額等推移

(単位：原則円)

項　目	'99(年度)	'00	'01	'02	'03	'04	'05	'06	'07
株価	10,760	7,070	6,950	5,140	6,530	6,710	11,330	10,970	9,480
発行済株式数(万株)	23,951	23,951	23,951	23,951	23,951	23,951	23,951	23,951	23,951
時価総額(億円)	25,771	16,933	16,646	12,311	15,640	16,071	27,136	26,274	22,706
時価総額増減額(億円)	14,179	-8,838	-287	-4,335	3,329	431	11,065	-862	-3,568
1株利益	164.4	197.3	133.6	171.5	254.6	339.1	420.0	499.8	611.1
調整後1株利益	-	-	-	-	-	-	-	-	-
1株純資産	2,562	2,693	2,853	2,809	3,004	3,168	3,614	3,817	4,225
株価収益率(倍)	65.4	35.8	52.0	30.0	25.6	19.8	27.0	21.9	15.5

出所) 有価証券報告書より作成

図表Ⅱ-4-5　ファナックの業績推移

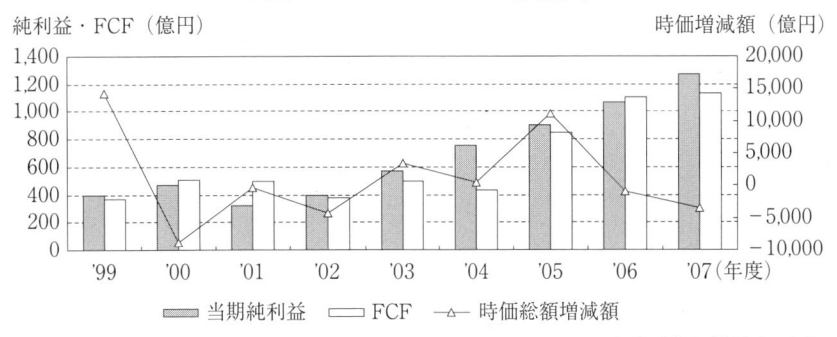

純利益・FCF（億円）／時価増減額（億円）

凡例：当期純利益　FCF　時価総額増減額

出所）有価証券報告書より作成

に低下，外国企業の保有割合も高まってきており，市場への影響度が大きくなった。ちなみに2008年10月14日の日本経済新聞社による銘柄別貢献度一覧（日経平均株価の上昇にどれだけ貢献したかを表す）によれば，日経平均寄与度ランキング首位はファナックと京セラであった。

業界や景気の動向に影響を受けるため，市場的企業価値にはかなりの変動がみられるが，時価総額増減額を他社と比較すると，かなり良好といえよう。

なお，2008年3月末現在ファナックの自己株式保有率は13.23％に達している。

4　本質的企業価値創造

(1)　株主価値創造

以前のファナックの配当は，内部留保の厚さに比べ，低いといわれていた。しかし，2005年3月頃から配当額を引き上げ，配当性向を目標30％に設定した結果，株主還元率は高くなってきている。

情報開示については，あまり評価が得られていないようである。『週刊東洋経済』（2006年12月16日号）によれば，「年2回，アナリスト説明会は開いているが，アナリストや機関投資家の個別訪問取材は受け付けない」し，「経営トップ層への直接取材を原則としている小社刊行の『会社四季報』も，ファナックについては，ファックスによる"間接取材"」だったという。しかし近年は

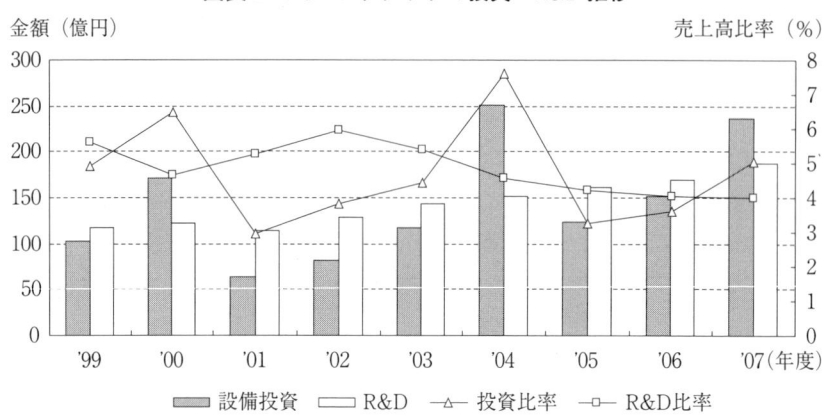

図表Ⅱ-4-6 ファナックの投資・R&D 推移

金額（億円）　　　　　　　　　　　　　　　　　　　　　　　売上高比率（%）

■ 設備投資　□ R&D　─△─ 投資比率　─□─ R&D比率

出所）有価証券報告書より作成

　IR特別室を新設し配当性向を高めるなど，株主価値を重視する方向に舵を進めつつある。

　R&Dについては，売上高比率でみると近年は4％前後であり，他社と比べて高い数値といえない。しかし，売上高が年々右肩上がりのため，研究開発費の絶対額は前年比でほぼ毎年約1割増えており，また従業員一人当たりの研究開発費は2007年度で約384万円と高い水準である。13もの研究所があり，全社員の約3分の1が研究開発に従事しているという，研究開発重視の姿勢を貫いている。設備投資については，数年ごとに大きな支出があり，動向は一定でない。

　特許戦略については，実績値から極めて重視していると類推できる。特許庁実施の「平成18年度特許出願技術動向調査」によれば，「ロボット」分野において，日本勢は軒並み欧米企業を押さえて上位に食い込んでいるが，そのなかでもファナックは強く，日本における出願件数は201件で8位であったが，米国においては168件で4位，欧州においては172件で1位であった。

(2) 人的価値創造

　ファナックは，終身雇用を維持し従業員のモチベーションを高める一方，年

功序列は経営効率を下げるものとして採用せず，実力主義により人的価値を創造している。組織についてはフラット化させ，報告経路もシンプルにしている。場合によっては海外会社の一担当者がトップマネジメントに直接報告することさえもあるという。組織が肥大化しないよう，仕事の効率を上げながら社員の人数については必要最小限にとどめ，ここ10年の間，単体は約2千人，連結でも約4～5千人の規模を維持している。

　従業員の満足度について直接表す数値はないが，単体の平均勤続年数は2007年度で約17年であり，技術系院卒の割合が多いことから，定着率は悪くない。単体の平均年間給与は高く，電機機器業界のなかでも上位に位置する。また，厚い福利厚生をうたっており，富士山麓のすばらしい自然と合わせて考えると，働く環境は整っているといえるだろう。

　ファナックは，創業者の強い個性と高い技術力から急激に大きくなった企業である。スローガンや創業者語録など多数のシンボルが企業内にあり（企業カラーの黄色，Weniger Teile，十倍早く進む時計など），社員は日々それらに接し，社風を形成してきたといえる。現在は四代目社長の経営に移っているが，息子である現社長はまだ創業者の影響下にあるといわれている。

(3) 顧客価値創造

　ファナックのブランド力は絶大で，CNC装置の世界トップ企業であり，国内シェアは6～7割，世界シェアも5割以上に達する。産業用ロボットの世界シェアも2006年で18％と世界最大級である。

　自社製品をばら売りせず値引きもしないが，顧客が商品を使用する限りその保守を担当し，保守の打ち切りは行わないという方針を掲げている。商品の単価が高い資本財のため，顧客にとって機械の故障による損失は深刻な問題である。ファナックは販売の6割以上が海外での現地通貨建てであるため，サービスメンテナンス拠点を早くからグローバルに展開してきた。世界シェアが圧倒的に高い理由の1つに，この手厚いサービス体制があると考えられる。

(4) 社会・環境価値創造

　社会価値としては，地域経済への貢献があげられる。ファナックの商品は資

本財で製造数量が少ないため，工場を忍野村に集中させ，製造の大部分を日本で行っている一極集中生産体制を取っている。そのため，本社機能のある忍野村の婚姻率や出生率は高く，村は人口が増えつづける好循環を生んでいる。忍野村の歳入構成は，類似団体と比べ，地方税の割合が約3倍も大きく，財政的に余裕がある。景観が経済に貢献していることで，忍野村も景観の重要性を再認識し，2001年には「忍野村まるごと庭園景観条例」を制定した。2008年からは環境保全型の企業，研究所などの誘致準備に乗り出す［「忍野村集中改革プラン　平成18年3月」『日本経済新聞』(2008年7月12日)］。

　ファナックはまた，FAおよび産業用ロボット分野の発展に寄与するため，財団を設立し，研究業績の表彰を行っている。

　理念の1つ「自然を保存する」は，ファナックが環境価値を重視していることを示すものである。ファナックは創業者が広い土地と美しい景観にほれ込んだ結果，1984年に都内から富士山麓の山梨県忍野村に本社を移転し，今に至っている。創設以来の方針，「樹木は一本たりとも伐採しない」というのが現在も徹底され，建物は自然の地形のまま樹木のない場所に，周囲の樹木より上に出ない高さで設計し，どうしても樹木のある場所に建物を建設する場合は樹木の移植を行っている。また周辺に合わせてカラマツ，モミの木を植樹している。

　その結果，2008年環境報告書によれば，敷地約150万㎡（45万坪）のうち約100万㎡（30万坪）が自然のまま残されており，「ファナックの森」は動植物の宝庫となっている。2005年からは貴重な茸の保護活動を開始させている。

　ファナックはISO14000を取得し環境基本方針を策定，「未来に残そう，自然と資源」を基本理念に掲げ，環境報告書を作成，環境会計を開示している。環境報告書によれば電力消費や廃プラスチック廃棄量，化学物質使用量，環境に配慮した商品開発について中長期の目標を立て，実行している。

Ⅳ　ファナックの企業価値創造会計総括

　ファナックは，理念にあるように研究開発を一番のKVDとして企業価値を

創造してきたといえよう。13もの研究所をもち，社員の3分の1が研究開発に携わる体制のもと，迅速な新商品の開発により顧客の価値を高め，低価格競争に参加せず高利益率の商品だけを開発・販売する。直接の顧客以外への宣伝や情報公開を積極的には行わず，地道に専門分野に専念することにより，会計的価値向上を図っている。

同時に，カリスマ創業者とその後継者により富士山麓の自然を愛し大事にする環境重視の独特な文化が形成されており，これが2番目のKVDに相当すると考える。都会の雑踏から離れ，美しい自然に囲まれた仕事に集中できる環境を会社全体で確保することにより，労働生産性や研究開発のスピードを上げる。そのほか，終身雇用・実力主義・手厚い福利厚生等により従業員の人的価値を高め，富士山麓に集中し活動することにより，地域経済が活性化している。

企業価値創造と経営理念・戦略・計画との関係について，創業者が一代でほとんどを築き上げたため，経営理念と企業価値創造スキームは，ほぼ一致して

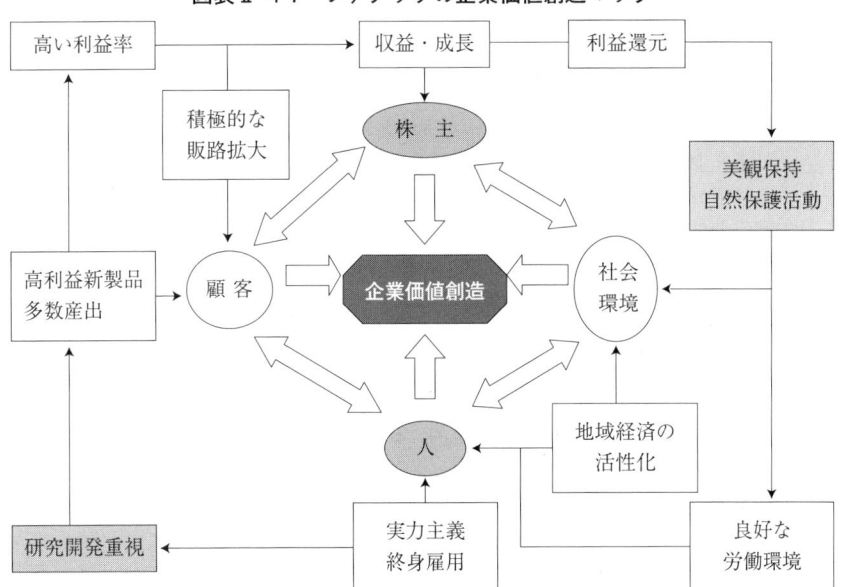

図表Ⅱ-4-7　ファナックの企業価値創造マップ

いる。戦略も研究開発やコアビジネスへの特化など経営理念に直結したものである。今のところファナックの経営理念・戦略は企業価値向上にうまく関連できているといえよう。計画が戦略と直結できているかは不明であるが，結果として今のところ利益は伸長している。本書における現在の企業価値創造ランキングは4位だが，規模による絶対額だけでなく従業員一人当たりの効率性なども加味すれば，さらに上位に位置づけられる優良企業である。今後，後継者や時代の変遷，景気の動向にともないスキームが変化していく事態は十分にあり得るものの，ファナックの経営理念・戦略は同社の考える企業価値創造に関連・寄与している状態だと結論づけられよう。

(主担当：大川美奈)

■主要参考文献■

片山修 (2004)「ロボットが空洞化を防ぐ　一兆円のロボット市場を制した驚異の"知能化"戦略　ファナック社長　稲葉善治」『日本にしかできない技術がある』PHP研究

加納明弘 (1983)『ファナック・常識はずれ経営法』講談社

柴田友厚・児玉文雄 (2004)「技術選択のジレンマを超えて―ファナックにおけるジレンマの超克―」独立法人経済産業研究所ディスカッションペーパー　04-J-047（http://www.rieti.go.jp/jp/publications/act_dp2004.html）

浪江一公 (2007)「ファナック　巧妙な戦略と精強な組織を併せ持つ企業」『プロフィット・ピラミッド　「超」高収益経営を実現する十四のシンプルな挑戦』ダイヤモンド社

日本経済新聞社『会社年鑑』

松崎和久 (2007)「ファナック・アドバンテージ　―世界最高のファクトリー・オートメーション企業の秘密―」『高千穂論叢』35(2)　pp.1-35

貫井健 (1982)『黄色いロボット』読売新聞社

『エコノミスト』(2003)「企業リポート　営業利益率30％を誇るロボットメーカー　ファナック」2003年3月18日号　pp.47-49

『週刊ダイヤモンド』(2007)「稲葉善治　知能ロボットで狙うNC以来の工作機械革命」2007年3月10日号　p.19

『週刊東洋経済』(2006)「"知らしむべからず"が大方針　閉ざされた世界企業　ファナック　"秘密の王国"」2006年12月16日号　pp.66-69

『日経ビジネス』(2004)「ファナック　"黄色い軍団"再び始動」2004年4月5日

号　pp.46-50
『日経ビジネス』(2008)「ファナック　"業界標準"が利益の源」2008年1月28日
　号　pp.66-69
有価証券報告書
http://www.fanuc.co.jp/index.htm

第5章　デンソーの企業価値創造会計に基づく事例分析

I　デンソーの概要

　株式会社デンソーは，1949（昭和24）年12月，トヨタ自動車が深刻な経営危機に陥ったなか，経営再建の事業再編の1つとしてトヨタ自動車から分離独立するかたちで愛知県刈谷市に設立された。

　1953年にデンソーは，最新の技術，品質，マネジメントをもつ旧西ドイツのロバート・ボッシュ社と電装品に関する技術提携を締結した。ボッシュからのライセンス供与と生産指導によってデンソーは，競争力のある技術，品質，価格を実現していった。

　1996年には，社名を日本電装からデンソーに変更した。この背景には，事業がグローバルに拡大していたことに加えて，"日本""NIPPON"という国名が社名にあるのは貿易摩擦等の国際問題が起こった際に適切でないという判断もあった［津田（2007）：p.264］。

　現在では，日系自動車メーカーだけでなく世界の主要な自動車メーカーと取引を行い，2008年3月期では売上高4兆円を超え，世界の30以上の国・地域で事業を展開している。そして，自動車部品会社として，国内第1位，世界で

図表Ⅱ-5-1　デンソーの'07年度用途別売上高構成割合

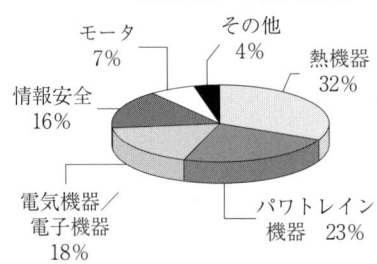

- モータ 7%
- その他 4%
- 熱機器 32%
- 情報安全 16%
- 電気機器／電子機器 18%
- パワトレイン機器 23%

出所）有価証券報告書（2008年3月期）より作成

図表Ⅱ-5-2　デンソーの'06年度顧客別売上高構成割合

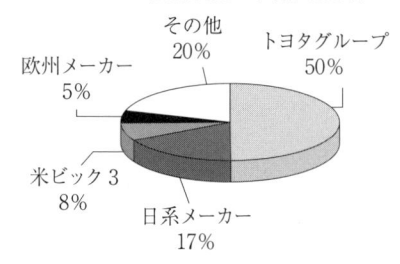

- その他 20%
- 欧州メーカー 5%
- 米ビック3 8%
- 日系メーカー 17%
- トヨタグループ 50%

出所）デンソーファクトブック（2007年3月期）より作成

は技術導入の師匠であったボッシュに次ぐ第2位となっている［http://www.rikunabi.com］。事業用途別売上高割合と顧客別売上高割合は，図表Ⅱ-5-1，Ⅱ-5-2のとおりである。

Ⅱ　デンソーの経営理念・戦略・計画

1　経営理念

2009年1月20日時点で，デンソーのウェブサイトに下記のとおり基本理念が掲げられている［http://www.denso.co.jp/ja］。

「私たちは『デンソー基本理念』を行動の指針とし，世界中の人々から信頼され，期待される企業であり続けます」。

デンソーの基本理念は，会社の使命として「世界と未来をみつめ」「新しい価値の創造を通じて」「人々の幸福に貢献する」となっている。経営の方針として「1．魅力ある製品で　お客様に満足を提供する。2．変化を先取りし世界の市場で発展する。3．自然を大切にし　社会と共生する。4．個性を尊重し　活力ある企業をつくる」，社員の行動として，「1．大きく発想し　着実に実行する。2．互いに協力し　明日に挑戦する。3．自己を磨き　信頼に応える」等の理念が掲げられている。

デンソーはトヨタグループでありながらも，社名にトヨタや愛知がついていない。上記の理念からも，独自で独特の企業文化をもっていることがわかる。

2　経営戦略

(1)　経営環境

日本は2006年度に米国を抜き，世界第1位の自動車生産国になった［http://www.jama.or.jp］。これは，国内の自動車販売数は減少傾向にあるもののトヨタをはじめとする日系自動車メーカーの海外販売台数が増加したことによるものである。また，新興国を中心に世界全体での自動車生産台数も増えつづけており，グローバルでの事業展開を進めてきたデンソーにとっては市場の拡大を意味している。しかし，2008年の米国発の金融危機により状況は激変した。世

界の自動車販売台数は急減した。世界最大の自動車会社であり，デンソーの売上の約半分を占めているトヨタでさえも，2008年度（2009年3月期）決算が赤字に転落する見込みとなった。また，自動車会社に勤務していた非正規雇用者の失業は，世界中で大きな社会問題となっている。日系自動車メーカーだけでなく，欧州の自動車メーカーや経営危機に陥っている米国のビッグ3を顧客にもつこともあり，デンソーの経営も大きな影響を受け急激な業績の悪化が見込まれている。

(2) 経営戦略

デンソーの戦略はトヨタグループの部品メーカーとしてトヨタの成長に合わせて事業の展開をするとともに，デンソー独自の経営判断で市場競争力のある商品を開発し，トヨタ以外の自動車メーカーにも商品を売り込むことである。実際に，デンソーのトヨタグループ向け売上は50％程度で推移し，ホンダ，スズキ，GM等，世界の主要な自動車メーカーに商品を供給している［http://www.denso.co.jp/ja］。

(3) 選択・集中戦略

デンソーは，自動車部品に事業を集中し，業界内で卓越した，技術力，競争力，効率性をもち世界ではボッシュにつぐ第2位の自動車部品会社となっている。事業領域の拡大や企業買収，合弁事業等も自動車部品産業のなかで行われている。

また，事業拡大においては，グローバル展開を重視している。たとえば，北米では1966年3月8日，シカゴ営業所を開設した。米国ビッグスリーへの営業をつづける一方で，トヨタ向けのエアコン事業なども順調に拡大していった。

デンソーの北米事業は，その後も拡大をつづけ，1996年にはメキシコでメータの生産を開始，1999年にはカナダでエアコンの生産を開始するなど米国以外にも地域を拡大している。

北米での事業展開に成功し，海外事業運営のノウハウを蓄えたデンソーは，その知識と経験を活用して欧州やアジア，その他の新興市場に広げている。デンソーは，どの市場においても自社の文化・価値観を守りながらも現地化を進

めることに成功してグローバル企業となった。そして海外事業展開の拡大による企業価値の向上を実現した。

3　経営計画

「DENSO VISION2015」を実現するための実行計画として，2006年7月27日にデンソー「2010　長期構想」が下記のとおり発表された。数値目標としては，2005年度の売上高3兆1,883億円，ROE9.4％から2010年の到達点として売上高4兆円超，ROE10％となっている。

この目標は，2010年を待たずに2007年度（2008年3月期）の実績が，売上高4兆250億円，ROE11.28％となり前倒しで達成された［http://www.denso.co.jp/ja］。

4　経営管理手法

トヨタグループとしてトヨタ自動車と共存共栄を図っており，「カイゼン」，「見える化」，「ジャストインタイム」等のトヨタ式経営を共有している。海外に事業展開を行う場合もデンソー式の「独自の経営方式」をつくっている。

デンソー・タイランドでは，ダンボールシミュレーションを実施した。「可能な限り源流に遡った徹底的なムダの排除」や「全員参加による愛着の持てるラインづくり」を方針としてダンボールや木材を使用して生産ラインをシミュレーションする取り組み，タイ人社員にも受け入れられ800件の改善提案があがった。ムダを省くことにより生産ラインの面積が7割圧縮でき，設備費を5割以上削減した。この方式はインドなどでも採用されている［津田（2007）：p.207］。

こうした試行錯誤を重ねた世界での取り組みが成功し，デンソーはグローバルな事業展開に成功している。現在の課題は，日本人社員への依存度を減らし，「真のグローバル企業」になるために，現地採用の社員を海外グループ会社の経営幹部に育成するシステムをつくり上げることである。

Ⅲ　デンソーの企業価値創造会計による分析

1　企業価値概念

デンソーでは，10年ごとの新しいビジョンを決定し，それを実現するための5ヵ年計画を策定している［津田（2007）：p.338］。

2004年4月に，「DENSO VISION 2005」を継承する「DENSO VISION 2015」が，発表された。デンソーでは，「"うれしさ"と"やさしさ"を世界の人々へ」というテーマのもと，事故がなく環境にやさしいクルマ社会や快適なドライブを実感できる自動車づくりに貢献することをめざしている。そして，このビジョンを達成するために育んできた「デンソースピリット」の共有に取り組んでいる。このスピリットは「先進・信頼・総智総力」というキーワードにまとめられ，海外31カ国138拠点を含む世界中の全社員で共有し，真のグローバル企業への変革に挑戦している［http://www.rikunabi.com］。

上記のビジョン「VISION 2015」からは，デンソーが企業価値を環境や安全などの社会への価値提供，社員を大切にする社員への価値創造，新技術による顧客への価値提供など本質的企業価値（人的価値，顧客価値，社会・環境価値）を重視していることが読み取れる。

2　会計的企業価値

トヨタ自動車の成長とともにデンソーも売上と利益を増加させてきた。また，トヨタ自動車だけでなく，世界中の主要な自動車メーカーと取引があり，トヨタグループへの売上比率は約50％で推移している。これは，同じくトヨタグループのアイシン精機ではグループ売上比率が65.9％［http://www.aisin.co.jp/index.php］と比較するとデンソーがトヨタグループだけでなく市場での競争力のある商品開発，販売力をもっていることがわかる。

1999年度の売上高1兆8,834億円，営業利益1,167億円，当期純利益619億円から，2007年度には，売上高4兆251億円，営業利益3,487億円，当期純利益2,444億円と大幅に増加した。

第5章 デンソーの企業価値創造会計に基づく事例分析　81

図表Ⅱ-5-3　デンソーの会計的業績等推移

(単位：原則億円)

項　目	'99(年度)	'00	'01	'02	'03	'04	'05	'06	'07
売上高	18,834	20,150	24,011	23,328	25,624	27,999	31,883	36,097	40,251
営業利益	1,167	160	162	229	311	537	534	640	768
利益率(%)	6.2	0.8	0.7	1.0	1.2	1.9	1.7	1.8	1.9
経常利益	1,160	1,343	1,431	1,663	1,963	2,248	2,831	3,221	3,683
利益率(%)	6.2	6.7	6.0	7.1	7.7	8.0	8.9	8.9	9.2
当期純利益	619	608	723	1,110	1,100	1,326	1,696	2,052	2,444
利益率(%)	3.3	3.0	3.0	4.8	4.3	4.7	5.3	5.7	6.1
総資産	21,543	23,433	23,610	23,547	25,265	27,810	34,120	37,651	36,434
純資産	13,044	14,512	14,212	13,979	15,095	16,432	19,704	22,870	22,827
自己資本比率(%)	60.6	61.9	60.2	59.4	59.8	59.1	57.8	57.7	59.3
自己資本利益率(%)	4.9	4.4	5.0	7.9	7.6	8.4	9.4	9.9	11.3
営業CF	1,960	2,021	2,067	2,673	2,318	2,733	3,686	4,065	5,727
投資CF	-1,821	-1,587	-1,563	-2,106	-1,947	-2,688	-3,189	-3,129	-3,637
FCF	139	435	504	567	372	45	496	936	2,089
財務CF	-217	-280	-832	-739	-490	-201	255	-799	-1,219
現金等	2,839	3,035	2,779	2,598	2,445	2,318	3,136	3,370	4,087
従業員数(人)	80,795	85,371	86,639	89,380	95,461	104,183	105,723	112,262	118,853

出所) 有価証券報告書より作成

図表Ⅱ-5-4　デンソーの業績推移

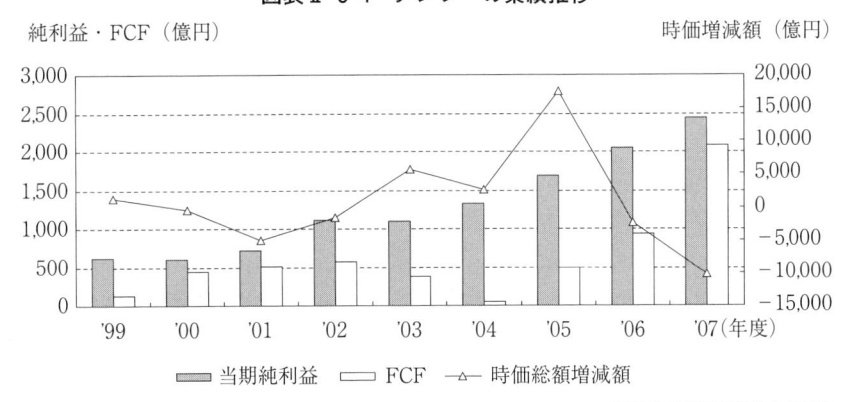

純利益・FCF (億円)　　　　　　　　　　　　　　　　時価増減額 (億円)

■ 当期純利益　　□ FCF　　—△— 時価総額増減額

出所) 有価証券報告書より作成

デンソーは，自動車生産台数世界一の日本市場をトヨタとともに確実に固め，グローバルに事業を展開することによって企業価値を高めていることが会計的数値にも表れている。ただし，2008年の世界的な金融危機による不況の影響は，欧米市場で事業を展開し，米国のビッグ3をはじめとする欧米自動車メーカーを顧客にもつデンソーにとって大きく，今後の会計的企業価値の増加はしばらく難しいと思われる。

3 市場的企業価値

デンソーが，市場的企業価値を最重視しているとは考えられないが，株主に対する責任があり，長期的には時価総額は着実に増加している。

また，研究開発費に大きく投資をしており，2005年度2,563億円，2006年度2,789億円，2007年度3,114億円と売上高比率で8％程度の投資をつづけている。

自動車メーカーの意向に合わせて部品を低価格で供給するだけでなく，デンソーが独自に将来必要になる商品を開発している（2008年現在では，2030年までに開発するべき商品のロードマップを作成している）。そして，その独自に開発した商品を自動車メーカーに提案するスタイルが特徴である。

図表Ⅱ-5-5　デンソーの株式時価総額等推移

(単位：原則円)

項　目	'99(年度)	'00	'01	'02	'03	'04	'05	'06	'07
株　　価	2,445	2,400	1,953	1,732	2,370	2,670	4,650	4,380	3,220
発行済株式数（万株）	91,428	91,428	86,628	88,407	88,407	88,407	88,407	88,407	88,407
時価総額（億円）	22,354	21,943	16,918	15,312	20,952	23,605	41,109	38,722	28,467
時価総額増減額（億円）	1,304	-411	-5,024	-1,606	5,640	2,652	17,505	-2,387	-10,255
1株純利益	68.2	66.5	80.2	128.4	130.0	159.0	204.8	249.9	300.0
調整後1株純利益	66.7	65.5	78.9	126.7	130.0	159.0	204.6	249.6	299.7
1株純資産	1,427	1,588	1,642	1,657	1,810	1,990	2,384	2,669	2,658
株価収益率（倍）	35.9	36.1	24.4	13.5	18.2	16.8	22.7	17.5	10.7

出所）有価証券報告書より作成

図表Ⅱ-5-6　デンソーの投資・R&D 推移

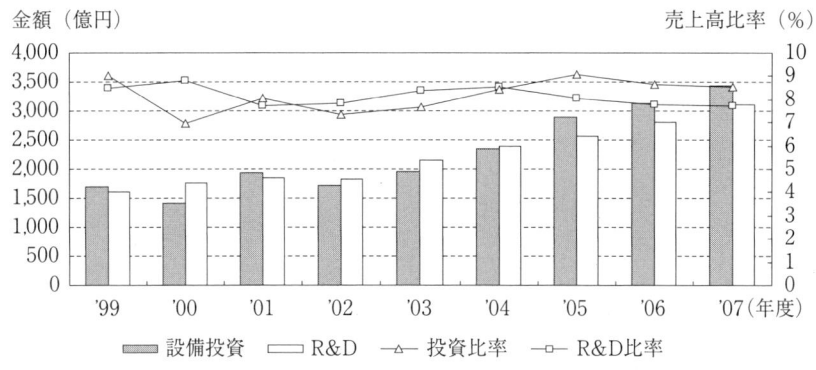

出所）有価証券報告書，会社年鑑より作成

4　本質的企業価値創造

(1)　株主価値創造

　デンソーはトヨタグループのメンバーとして株式の相互持合いを行っており，トヨタ自動車は 24.53％，トヨタ自動織機が 8.53％となっている。デンソーに企業価値が高まることはトヨタ自動車グループ全体としての企業価値の向上に貢献する。一方で，世界第 1 位の自動車部品メーカーであり，提携先であると同時に最大の競合相手となるボッシュもデンソーの 5.84％の株式を保有する大株主である。

(2)　人的価値創造

　連結従業員数は，毎年増加をつづけており 2006 年度では，11 万 2 千人を越えている。2007 年度は，さらに増加し 11 万 8,853 人となった。

　デンソー本体の給与はトヨタには及ばないが，完成車メーカーと遜色のない水準である。

　ワークライフバランスについては，女性が育児と仕事の両立できるように，託児所を設立し，ママ社員が休日出勤や残業にも対応できるように運営を開始した［『日本経済新聞』(2008 年 7 月 21 日)］。

　また，北米をはじめとするグローバルな事業展開を行っているために，年齢

や性別，人種による差別のない職場環境を提供する責務が国内のみで事業を行っている企業よりも求められている。

(3) 顧客価値創造

　最大の顧客であるトヨタ自動車は，売上の50％を占めているが，トヨタだけでなく世界中のほぼすべての自動車メーカーと取引を行っている。トヨタにとっても，デンソーが市場で競争力のある商品を開発し生産できることがトヨタ自動車グループとしての強みになると理解をしている。

　最近（2008年）では，インドの「28万円カー　ナノ」用に，ワイパーを開発して供給した。このワイパーは，タタ自動車とともにインドの市場にあわせた低価格で2本ではなく1本の仕様のタタ向けの独自商品となっている。

　デンソーは，顧客にとって単なる部品供給業者ではなく，自動車開発の初期段階から顧客と技術交流することにより，要望に応える最適な部品，価格，技術など価値創造のパートナーとなっている。

(4) 社会・環境価値創造

　社会価値創造については，デンソーが業績を向上させ，雇用を増やしていくことで地域が財政にも貢献し，出生率も高める効果が期待される。デンソー本社のある愛知県刈谷市では，「住みよさ」で愛知県内首位，「財政健全度」で全国トップとなった。

　環境価値創造については，デンソーエコビジョン2015を策定し，「デンソーグループは，環境を重視した経営が，21世紀の新しい企業活動スタイルの創造をもたらすとの認識のもと，持続可能な社会の実現と，社会の共生に向け，常に環境のトップランナー企業であり続けるため，デンソーグループの総智・総力を結集し，環境との調和をめざした研究・開発と自然環境の保全を通じて，人々の幸福に貢献することを宣言する」とのコミットメントを掲げている。

　この宣言から具体的な課題の設定もなされており，ハイブリッド車や次世代燃料電池車用部品の開発や生産・物流段階でのCO_2の削減，リサイクル促進のための梱包用資材の削減等に取り組んでいる。

　デンソーはグローバルに事業を展開しており，環境先進国である欧州諸国の

事業も理解したうえで，企業として真剣に環境問題に具体的に取り組んでいる。

Ⅳ　デンソーの企業価値創造会計総括

　デンソーは，トヨタ自動車から分離して設立されたが，創立時よりトヨタに依存するのではなく，市場で競争し自立することを求められていた。そこから，デンソーの独自の文化が形成されていった。結果として，デンソーはトヨタグループのなかでは，トヨタ自動車に次ぐ事業規模をもつ世界第2位の自動車部品メーカーに成長した。またその過程において，自社による展開だけでなく合弁事業や事業買収も成功させている。

　トヨタグループ全体にいえることであるが，東京に本社を移すこともなく，愛知県の三河地方でトヨタグループ全体として独自の文化，経営スタイルを発展させつづけている。そして，世界のどこに進出する場合でも基本的な価値観は譲らず，場合によっては提携を破棄するほどデンソー流にこだわりをもって

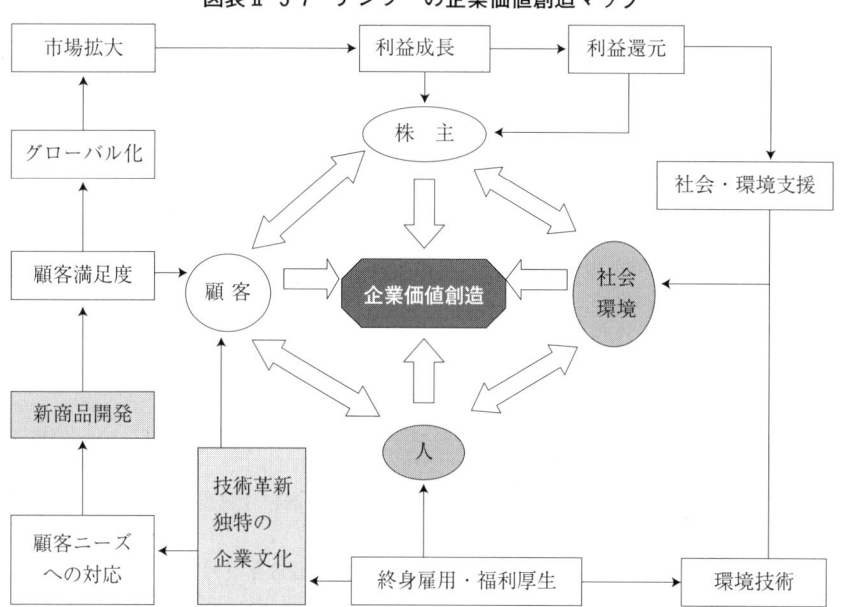

図表Ⅱ-5-7　デンソーの企業価値創造マップ

いる。デンソーは，あくまでも労使協調やチームワークを重視したデンソー流の経営で企業価値を向上させていくだろう。

今後のトヨタ自動車との関係についても，資本，人，歴史的な信頼関係からも，トヨタ自動車を尊重しながらも自社で道を切り開く経営をつづけていくと思われる。トヨタは売上の約50％を占めており，創立以来の歴史的なつながり，大株主であり役員を派遣されている現状から判断すると，マイクロソフトとIBMの関係が逆転した事例のようにはならず，あくまでもトヨタグループのデンソーでありつづけるだろう。

(主担当：土屋尚示)

■ **主要参考文献** ■

鈴木一正 (2007)『みんな DENSO が教えてくれた』ダイヤモンド社
津田一孝 (2007)『世界へ　デンソーの海外展開』中部経済新聞社
溝上幸伸 (2005)『トヨタが世界一になる日』バル出版
Hettinger, James F. and Stanley D. Tooley (1994) *Small Town, Giant Corporation: Japanese Manufacturing Investment and Community Economic Development in the United States.*（竹内秀夫訳 (1998)『デンソーと小さな町バトルクリークの挑戦』日本能率協会マネジメントセンター）
『週刊東洋経済』(2007)「トヨタの先で待ち受ける　それがデンソーウェイです」2007年9月15日号
『週刊東洋経済』(2007)「電機業界が丸ごとトヨタの下請けに!?」2007年9月22日号
『週刊東洋経済』(2007)「スーパースター作らないトヨタ　日産の管理職は2〜3割の格差」2007年10月6日号
『週刊東洋経済』(2007)「カネもヒトも集まる三河　地盤を支える優良企業たち」2007年11月10日号
『週刊東洋経済』(2008)「インドから飛び出した28万円カーの威力」2008年3月22日号
『週刊東洋経済』(2008)「トヨタ，非トヨタでも顧客尊重に変わりはない」2008年7月5日号
『日経ビジネス』(2006)「デンソー　強さを当たり前にする会社」2006年2月27日号
『日経ビジネス』(2008)「28万円カーで地殻変動」2008年2月25日号

『日経ビジネス』(2008)「トヨタもホンダも低価格車へ参入」2008年2月25日号
有価証券報告書
http://www.denso.co.jp/ja
http://www.forbes.com
http://www.jama.or.jp
http://www.kyohokai.gr.jp
http://www.oica
http://www.toyota.jp

第6章　京セラの企業価値創造会計に基づく事例分析

I　京セラの概要

　京セラ株式会社は，1959年に創業者稲盛和夫を中心とした28名の従業員で京都市にファインセラミックを製造・販売する会社（「京都セラミック株式会社」）として資本金300万円で創業された。その後，1960年代から1970年代にかけて順調に全国に出張所や工場を開設し，米国，ドイツ，香港に現地法人を設立しグローバルな展開を行い，企業買収を通じて事業の拡大と多角化を進めていった。1982年に新社名を「京セラ株式会社」とし，1984年には第二電電株式会社（現在のKDDI）を設立した。中核事業は，創業から現在まで経営のファインセラミック関連事業となっている。1970年代前後には半導体用多層パッケージ，積層コンデンサを相次いで製品化してその後の成長を支える。また積極的な多角化を掲げカメラ，情報機器，携帯電話などへも事業拡大を行い，売上高1兆円を超える企業に成長した。

図表Ⅱ-6-1　京セラの'07年度部門別売上高構成割合

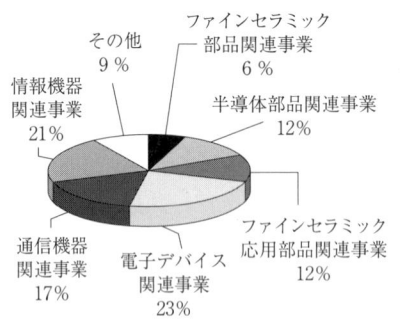

- その他 9%
- ファインセラミック部品関連事業 6%
- 半導体部品関連事業 12%
- ファインセラミック応用部品関連事業 12%
- 電子デバイス関連事業 23%
- 通信機器関連事業 17%
- 情報機器関連事業 21%

出所）有価証券報告書（2008年3月期）より作成

図表Ⅱ-6-2　京セラの'07年度部門別営業利益構成割合

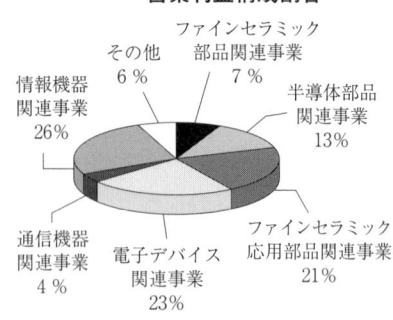

- その他 6%
- ファインセラミック部品関連事業 7%
- 半導体部品関連事業 13%
- ファインセラミック応用部品関連事業 21%
- 電子デバイス関連事業 23%
- 通信機器関連事業 4%
- 情報機器関連事業 26%

出所）有価証券報告書（2008年3月期）より作成

Ⅱ 京セラの経営理念・戦略・計画

1 経営理念

創業以来,「敬天愛人」の社是のもと「全従業員の物心両面の幸福を追求すると同時に,人類,社会の進歩発展に貢献すること」を経営理念としている。稲盛の経営哲学である京セラフィロソフィの本質について,「『人間として何が正しいか』という基準を会社経営の原理原則として,それをベースにすべてを判断する事にしたのである。それは,公平,公正,正義,勇気,誠実,忍耐,努力,親切,思いやり,謙虚,博愛,といったような言葉で表される。世界に通用する普遍的な価値観である」[稲盛(2006)]と記している。京セラには健全な企業風土がその経営哲学によって強く根づいている。京セラフィロソフィを企業文化として大切にしていき,「人間として何が正しいか」という原理原則に基づきながら経営体制を整えコーポレートガバナンスを達成することで,企業価値の一層の向上につながると考えられる。

2 経営戦略
(1) 経営環境

サブプライム問題を契機に昨年の夏以降,米国経済の後退が次第に鮮明となった。また,原油や原材料価格の高騰に加え,2008年に入ると急速な円高ドル安が進行するなど経済環境は一層厳しくなっている。エレクトロニクス業界においては,携帯電話端末やフラットパネルテレビセットを中心に堅調な需要拡大が見られたものの,携帯電話端末の生産調整や部品価格の下落が進み,事業環境は悪化。現在好調な太陽電池事業を除いては,ファインセラミック部品は,半導体や液晶製造装置向けへの回復の目処が立たず若干の減速感がある。こういった状況のなかで,ファインセラミック関連の回復状況,太陽電池の収益性・増産の進捗動向,三洋電機の携帯電話事業買収にともなう携帯端末の採算性などについて,収益をいかに確保し伸ばしていくかが今後の課題であると考える。

(2) 経営戦略

「価値ある多角化」を掲げながら，携帯電話端末などのデジタルコンシューマ機器の需要が増加する市場環境のもと，カメラ，情報機器，携帯電話などへも事業を拡大し売上高1兆円を超える企業へと成長した。2006年4月より新たな新体制のもと，「さらに成長し続ける創造企業」という経営方針の実現に向けた取り組みを開始し，「アメーバ経営管理システムの強化」「事業ポートフォリオの見直し」の実施による持続的な売上拡大と高い収益率を実現して，企業価値の向上を示している。2007年4月発表の経営戦略によれば，「さらに成長し続ける創造企業」という経営方針に加え，3つの経営基本方針，①お客様第一主義を貫く，②グローバル経営の推進，③高収益体質の構築を掲げている。2006年より進めていた「アメーバ経営」の強化のほかに，それぞれの事業の競争力を高め持続的な売上成長と高い収益率を実現するため「新たな創造」にむけて，さらなる品質向上，生産拠点の最適化および整備，シナジーによる新市場・新事業の創造への取り組みを行い，中長期的な業績成長による企業価値向上に向けた取り組みが述べられている。京セラは，高収益性だけでなく事業の多角化で伸びてきた会社であるため，そこにいる社員の誇りも経営戦略に反映させて，目標達成による企業価値向上に向け強く意識ができるようにしていると考えられる。

(3) 選択・集中戦略

2005年に，京セラは国内デジタルカメラ市場から撤退した。今後はより採算性の高い携帯電話向け光学モジュール事業などに事業を集中させる。また，2008年1月には三洋電機の携帯電話事業を買収し携帯電話・PHS関連の事業強化をめざしている。京セラ川村誠社長は「通信機器関連事業は，現状でも連結売上高の約4分の1を占める大切な事業だ。今回の買収には国内市場での競争力を高めるとともに，海外市場を攻める体質をつくる狙いがある。買収によって，同事業の売上高は約4,000億円と当社グループで最大の部門になり，中核事業に位置づける。開発力強化や顧客確保などの面で相乗効果を発揮したい」[『産経新聞』(2008年1月28日)]。さらに，太陽電池市場は今後，地球温暖化や

資源問題などを追い風に，年率38％で成長する急成長市場と見込まれているという。年間生産能力を，発電量換算で現在の240メガワットから，2010年3月末までに倍以上の500メガワットへと引き上げる計画を明かした。設備投資は，500億円程度だと見られる。現在，全売上高のうち数％にすぎない太陽電池事業だが，5年後には10％を超える主力事業になると見込まれる。

　京セラは，価格動向など市場の変化に即応するため，事業の多角化による独立採算の事業をいくつもつくる京セラ流の「アメーバ経営」を実践している。現在の経営環境においては，グループシナジーによる高い収益率が今後も持続できるかが企業価値の向上のための課題となるだろう。

3　経営計画

　京セラは，明確な経営計画を開示していない。決算説明会による，2008年度の通期業績計画では京セラグループがめざす「継続的な売上拡大」と「高い収益率の実現」をめざし拡大に向けて取り組むセグメントとして，通信機器関連事業，ソーラーエネルギー事業，情報機器関連事業，半導体事業がある。京セラグループがめざす高収益企業の実現のために達成すべき継続的な経営目標の数値として，部品事業の税引き前利益率15％が設定されている。2007年度は届かなかったが高水準で推移を続けている。

4　経営管理手法

　京セラ創業者の稲盛和夫・名誉会長が確立した「アメーバ経営手法」が同社の経営管理手法となっている。「アメーバ経営とは確固たる経営哲学と精緻な部門別採算管理をベースとした経営手法である」［稲盛（2006）］と記している。具体的には，組織を小集団に分け，市場に直結した独立採算制により運営し，経営者意識をもったリーダーを育成し，全従業員が経営に参画する「全員参加経営」を実現する経営手法であり，大きく3つの目的がある。第1の目的は市場に直結した部門別採算制度の確立，第2の目的は経営者意識をもつ人材の育成，第3の目的は全員参加経営の実現，である。京セラは独自の経営フィロソ

フィに基づくアメーバ経営によってこれまで企業価値向上を遂げてきた企業といっても過言ではない。

Ⅲ　京セラの企業価値創造会計による分析

1　企業価値概念

　IR 会社説明会にて,「企業価値増大に向けた収益性及び資産効率の向上」を掲げている。具体的には，アメーバと呼ばれる小集団単位で1時間当たりの付加価値増大を追求し収益向上を図ると同時に，資産効率の向上をめざし，売掛債権の早期回収や，棚卸資産の適正化，設備投資を含む固定資産の効率化により，投下資本額の低減を行う。この結果として企業価値増大をめざしているため企業価値は会計的な側面が中心である。また,「企業価値が増大することで強固な財務基盤が築かれ，この財務基盤のもと，価値ある会社を自社のグループに現金や株式交換により組み入れ，さらに企業価値を向上させることが可能となる。そのためには，常に企業価値を高める経営を行い，自社の株価が市場によって正当に評価される状況を保持する必要があります」とも述べられている。現実は別として会計的結果を市場に反映させる方向性が見受けられる。

　CSR において，京セラグループは京セラフィロソフィの実践をベースにコーポレートガバナンスなどの経営基盤の強化をはかり，経済性，社会性，環境の3つの観点からバランスのとれた CSR 活動を行い企業価値向上をめざしている。

2　会計的企業価値

　会計的企業価値の推移は，2000年度を除き少しずつ上昇している。2000年度は，第二電電株式会社 (DDI) が KDD 株式会社 (KDD)，日本移動通信株式会社 (IDO) を合併した事により KDDI 株式会社の純資産の増加にかかる当社持分の増加を当期純利益に981億円計上。特徴は，純利益がマイナスの年度はなく常にプラスを維持しつづけている。CF もプラスを維持し堅実な経営を行っている。京セラフィロソフィ，つまり経営の考え方・人間の生き方・強い倫

第6章 京セラの企業価値創造会計に基づく事例分析

図表Ⅱ-6-3 京セラの会計業績等推移

(単位：原則億円)

項目	'99(年度)	'00	'01	'02	'03	'04	'05	'06	'07
売上高	8,126	12,851	10,346	10,698	11,408	11,807	11,815	12,839	12,904
営業利益	922	2,072	516	834	1,090	1,010	1,032	1,351	1,524
利益率(%)	11.3	16.1	5.0	7.8	9.6	8.6	8.7	10.5	11.8
税引前純利益	975	4,002	554	760	1,150	1,075	1,214	1,565	1,748
利益率(%)	12.0	31.1	5.4	7.1	10.1	9.1	10.3	12.2	13.5
当期純利益	503	2,195	320	412	681	459	697	1,065	1,072
利益率(%)	6.2	17.1	3.1	3.8	6.0	3.9	5.9	8.3	8.3
総資産	12,172	17,281	16,455	16,350	17,948	17,455	19,315	21,305	19,767
株主資本	7,985	10,221	10,395	10,035	11,537	11,749	12,891	15,146	14,512
株主資本比率(%)	65.6	59.2	63.2	61.4	64.3	67.3	66.7	71.1	73.4
株主資本利益率(%)	6.3	21.5	3.1	4.1	5.9	3.9	5.7	7.0	7.4
営業CF	1,079	1,492	1,409	1,608	626	1,455	1,711	1,496	1,969
投資CF	-737	-1,502	-511	-585	296	-1,325	-1,655	-1,517	149
FCF	342	-10	898	1,022	921	130	56	-21	2,117
財務CF	-199	123	-184	-747	-204	-673	-233	-206	-281
現金等	1,789	2,013	2,809	2,983	3,611	3,106	3,009	2,822	4,476
従業員数(人)	42,309	51,113	44,235	49,420	57,870	58,559	61,468	63,477	66,496

出所) 有価証券報告書, 財務情報データ集より作成

理感を基盤とし，採算向上 (P/L マネジメント) を進めることが最重要課題となっている。売上高の成長率を高め，利益率を改善し，売上高利益率15%以上を目標としている。現状では2001年以降15%の目標を達成はしていないが高水準で推移しつづけている。利益率の改善というP/Lマネジメントを行い同時に，筋肉質経営 (B/Sマネジメント) を推し進めていくことの必要性をIR会社説明会で記し，設備投資・在庫・売掛残等すべての回転率を上げる管理を行うことでキャッシュを節約し，投下資本コストを最小化しながら収益の向上をめざしている。

3 市場的企業価値

　市場的企業価値は，2000年度から2002年度にかけて減少し2003年度にもち直したかに見えたが，再び2004年度で減少した。その後2005，2006年度は

図表Ⅱ-6-4　京セラの株式時価総額等推移

(単位：原則億円)

項　目	'99(年度)	'00	'01	'02	'03	'04	'05	'06	'07
株　価	17,160	11,390	8,810	5,880	8,740	7,650	10,420	11,110	8,370
発行済株式数（万株）	19,032	19,032	19,032	19,131	19,131	19,131	19,131	19,131	19,131
時価総額(億円)	32,659	21,677	16,767	11,249	16,720	14,635	19,935	21,255	16,012
時価総額増減額（億円）	20,517	-10,981	-4,910	-5,518	5,471	-2,085	5,300	1,320	-5,243
1株利益	265.7	1,161.2	169.0	220.9	364.8	244.8	371.7	566.0	566.6
調整後1株利益	265.3	1,157.8	168.9	220.9	364.8	244.9	371.4	564.8	565.8
1株株主資本	4,222.9	5,406.1	5,498.7	5,425.4	6,153.8	6,266.5	6,865.8	8,028.5	7,659.7
株価収益率(倍)	64.6	9.8	52.1	26.6	24.0	31.2	28.0	19.6	15.8

出所）有価証券報告書より作成

図表Ⅱ-6-5　京セラの業績推移

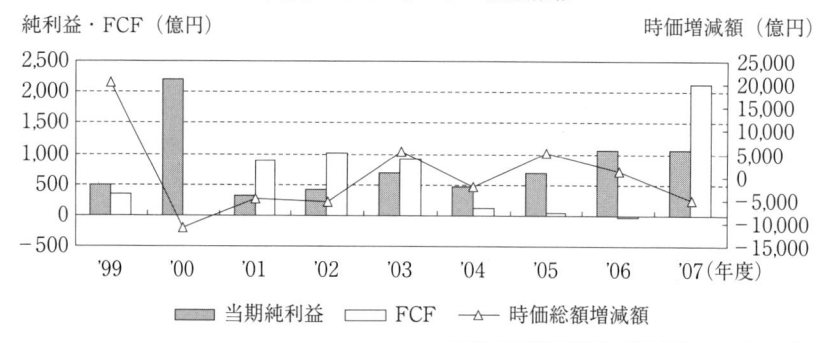

出所）有価証券報告書，財務情報データ集より作成

上昇，2007年度は減少と上下が激しい。会計的企業価値ほどには，市場的企業価値は好調に推移してはいないように見られる。会計的な数値結果が，市場にはあまり反映していないようにも見られる。

4　本質的企業価値創造

(1)　株主価値創造

京セラは，企業価値の向上をめざし株主価値を着実に増加させている。連結

図表Ⅱ-6-6 京セラの投資・R&D 推移

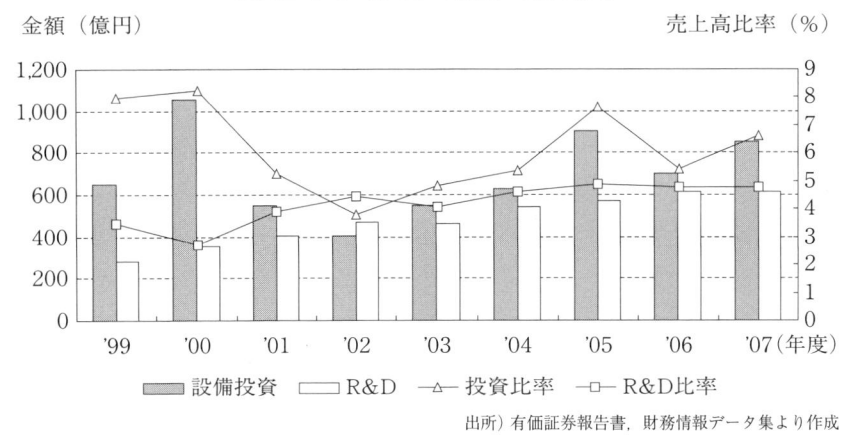

金額（億円）　　　　　　　　　　　　　　　　　売上高比率（％）

（設備投資　R&D　投資比率　R&D比率）

出所）有価証券報告書，財務情報データ集より作成

業績と配当額との連動性を重視した配当方針を定めている。具体的には連結配当性向 20％〜25％を目安として配当金額を決定している。このような配当方針に基づく年間配当額は 1 株につき 2003 年度 60 円，2004 年度 80 円，2005 年度 100 円，2006 年度 110 円，2007 年度 120 円と上昇して株主価値を向上に努めている。インターネットを利用したステークホルダーへの迅速，適正かつ公正な情報開示にも力をいれ，インターネット IR 優秀企業賞も受賞。また投資とＲ＆Ｄの売上高に対する比率をあまり増加させずに安定させ，これが利益に貢献するようにしている。安定的に将来の株主価値を向上しようとする戦略をとっている。

(2) 人的価値創造

　経営理念にある会社への誇りと仕事へのやりがいが感じられるよう，人事諸制度や人づくりに必要な教育制度の構築を行い，人材を人 "財" と位置づけ，従業員自らが自己の成長を意識し存在感を高められるよう支援している。トップのメッセージも，「お客様の満足のために最も重要となるのは，人の心をベースとする経営から生まれた『京セラフィロソフィ』と『アメーバ経営』の実践です」とし，人的価値を意識している。京セラフィロソフィに基づき人的価

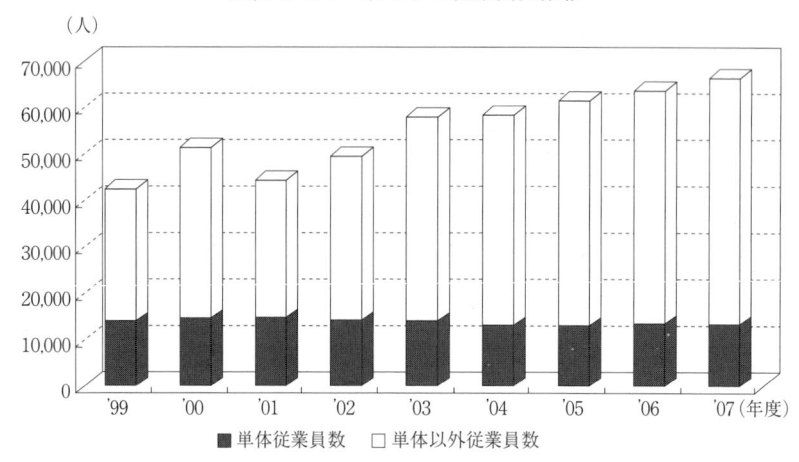

図表Ⅱ-6-7　京セラの従業員数推移

(人)

'99　'00　'01　'02　'03　'04　'05　'06　'07（年度）

■ 単体従業員数　□ 単体以外従業員数

出所）有価証券報告書，財務情報データ集より作成

値の向上をめざし，企業価値向上に向けた取り組みを行える体制を整えている。

(3) 顧客価値創造

　京セラは「お客様第一主義」を最も重要なテーマと掲げている。価値ある事業の展開を常に考えており，「お客様第一主義」をベースにお客様に満足し喜んでいただける製品やサービスを提供することで，「品質の京セラ」をめざしている。その実現に向け，京セラ品質方針を定め品質の改善向上に努めている。品質方針は3つの方針である，① 地球環境・製品安全を最優先とする，② 顧客第一に徹し，魅力ある製品・サービスを提供する，③ 最初から正しく仕事をし，品質の世界リーダーとなる，を掲げている。さらに社長を委員長とし，「全社CS向上委員会」を毎月1回開催している。一般のお客様向けには，お客様相談室を設置している。ここは完成品を担当する事業部から独立した組織として位置づけ，事業部の利害にとらわれず，お客様からの問合せや相談，苦情等について真摯で正しい迅速な対応をはかるよう努め，顧客価値の創造をめざしている。

(4) 社会・環境価値創造

環境保全，省エネルギー・地球温暖化防止，省資源，地球環境商品開発等の環境対策について総合的な取り組みを行い，より積極かつ継続的に地球環境保護に貢献するために，1991年10月1日に制定した「京セラ環境憲章」に基づき，環境保護活動を推進できる体制を整えた。現在，グループ全拠点でISO14001規格に基づくマネジメントシステムを構築し運用している。2002年には環境会計システムを構築し，環境経営指標として活用している。また，学術・研究支援，文化・芸術支援，国際交流支援，地域支援では，スポーツ支援などの社会貢献に積極的に取り組んでいる。地球環境・製品安全を最優先としたものづくりをめざし，京セラが生産・販売するすべての製品は，安全性を最優先とし，どのようなかたちであれ人の生命・身体や財産に危害を与えるものであってはならないとの考えから品質方針に加え，①製造物責任・製品安全に関する最新情報に精通する，②世界をリードする製品安全基準を保持する，③製品安

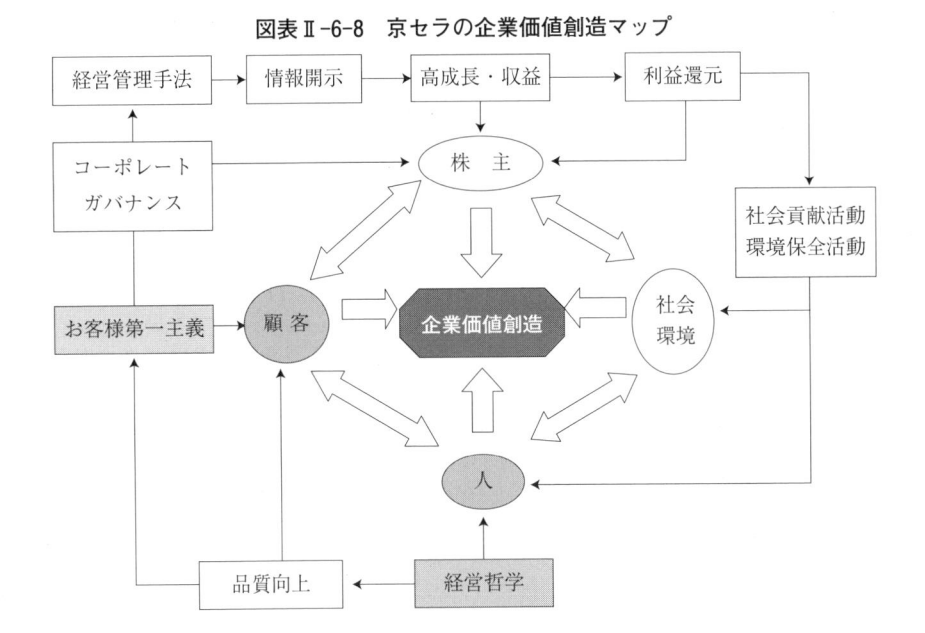

図表Ⅱ-6-8　京セラの企業価値創造マップ

全をマニュアルに従って組織的に実践する，という製品安全方針を定めている。

Ⅳ 京セラの企業価値創造会計総括

京セラは近年の経営戦略を見るかぎりは，企業価値向上のベースに会計的企業価値の創造による財務基盤構築を考えている。そのため，人的価値に基づいた多角化による売上拡大と高い収益率をめざしている。経営哲学となる京セラフィロソフィを全従業員に浸透させ経営管理手法であるアメーバ経営を実践することにより人的価値を向上させている。経営哲学に基づく高い企業倫理をもつ人材が，お客様第一主義をベースに京セラ品質方針にそった品質の高い製品やサービスを提供することで，顧客価値を創造している。さらに，コーポレートガバナンスの構築，情報開示，アメーバ経営，多角化とシナジー効果，高収益により株主価値が創造されている。また京セラ独自の経営フィロソフィに基づく経営管理「アメーバ経営」は経営哲学と株主を含むその他のステークホルダーを結びつける重要な役割を担っている。高収益による利益の還元は株主価値を向上させるだけではなく，社会・環境への活動によって，社会環境価値と人的価値を創造して，京セラグループ全体としての企業価値を創造している。

（主担当：川崎大輔）

■主要参考文献■

稲盛和夫（1998）『実学　経営と会計』日本経済新聞社
稲盛和夫（2006）『アメーバ経営』日本経済新聞社
上總康行（2005）「京セラのアメーバ経営と利益連鎖管理」『企業会計』第57巻第7号，pp.97-105
杉山泰一（2007）「京セラの原点回帰」『日経情報ストラテジー』2007年8月号　pp.199-209
寺本佳苗（2007）「経営哲学の具現化手法に関する研究」『経営会計研究』第9号，pp.35-47
谷武幸（2005）「京セラアメーバ経営」『企業会計』第57巻第7号，pp.27-34
廣本敏郎（2006）「京セラのアメーバ経営」『経済論業』第178巻第4号，pp.1-27
アニュアルレポート（2008）
決算説明会資料

CSR 報告書 (2008)
有価証券報告書
http://www.kyocera.co.jp

第7章 シャープの企業価値創造会計に基づく事例分析

I シャープの概要

　シャープ株式会社は，1912年に創業された。創業者の早川徳次は，社名の由来になった「シャープペンシル」をはじめ，さまざまな製品を発明した。そして常々「他社がまねするような商品をつくれ」といっていた。1971年には小型化と低価格化により電卓のシャープを確立し，1982年に世界初のテレビ一体型パソコンを発売し，1987年に3型液晶カラーテレビ製品化，1993年に携帯情報端末「ザウルス」を発売し，2001年に液晶テレビ「アクオス」を発売した。現在の事業内容は，AV・通信機器，電化機器，情報機器，LSI，液晶，その他電子部品などの製造・販売である。家電製品や情報機器などの「エレクトロニクス機器」と電機製品の基幹部品を提供する「電子部品等」から成り立っている。2007年度の部門別売上高では，AV・通信機器が47％と多いが，営業利益では液晶が48％と高い構成割合となっている。

図表Ⅱ-7-1　シャープの'07年度部門別売上高構成割合

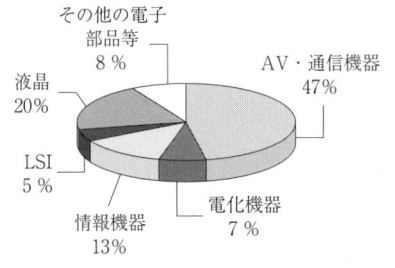

その他の電子部品等 8％
液晶 20％
LSI 5％
情報機器 13％
電化機器 7％
AV・通信機器 47％

出所）決算短信（2008年3月期）より作成

図表Ⅱ-7-2　シャープの'07年度部門別営業利益構成割合

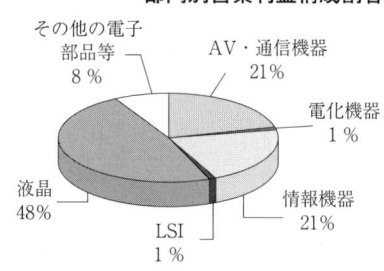

その他の電子部品等 8％
液晶 48％
LSI 1％
情報機器 21％
電化機器 1％
AV・通信機器 21％

出所）決算短信（2008年3月期）より作成

Ⅱ　シャープの経営理念・戦略・計画

1　経営理念

　1973年，創業以来不変の精神を，経営理念・経営信条として明文化した。経営理念は，「いたずらに規模のみを追わず，誠意と独自の技術をもって，広く世界の文化と福祉の向上に貢献する。会社に働く人々の能力開発と生活福祉の向上に努め，会社の発展と一人一人の幸せとの一致をはかる。株主，取引先をはじめ，全ての協力者との相互繁栄を期す」である。

　経営信条はすべての事業活動の中心となる軸であり，「二意専心　誠意と創意」この二意に溢れる仕事こそ，人々に心からの満足と喜びをもたらし真に社会への貢献となる。「誠意は人の道なり，すべての仕事にまごころを　和は力なり，共に信じて結束を　礼儀は美なり，互いに感謝と尊厳を　創意は進歩なり，常に工夫と改善を　勇気は生き甲斐の源なり，進んで取り組め困難に」と述べられている。「誠意」とは，すべての周囲の人に，どうすれば本当に役立ち，喜ばれるかを考えて仕事をすることである。「創意」とは，現状に満足せず，より高い付加価値を追求し，そのために常に工夫と改善に取り組むことである。

　経営理念の実現として，事業活動を通じた社会貢献の視点「世界の文化と福祉の向上」，従業員に対する視点「会社の発展と一人一人の幸せとの一致」，ステークホルダーに対する視点「全ての協力者との相互繁栄」を掲げている。

　シャープグループ企業行動憲章・シャープ行動規範を2005年に改定した。シャープグループ企業行動憲章を行動の指針として定め，これを実践して経済活動のグローバル化の進展や環境問題など，企業を取り巻く環境の変化により，企業の社会的責任を果たすことが一層要請される時代になっている。

2　経営戦略

(1)　経営環境

　液晶事業分野は，パネル等の電子部品は利益を出せるが，組み立てたテレビ等は競争激化により利益を出すのが困難な状況である。成長市場ではあるもの

の，期待されるだけの企業価値を創造するのに苦労している。

(2) 経営戦略

　1970年に千里（万博）より天理へと宣言し，総合開発センターを竣工した。当時資本金105億円であるのにもかかわらず，75億円を投資した。

　1977年に緊急開発プロジェクト（緊プロ）を組織した。全社横断的な技術が必要な緊急開発テーマについて，各事業部や研究所から最適な人材を集め，社長直轄で最先端技術や商品の開発に取り組む体制であり，早期事業化が必要な重点商品・技術を緊急開発するために，全社関連部門より優先的にメンバーを選出し，編成する開発プロジェクトである。テーマ・メンバーの選定にはかなりの自由と権限が与えられた。商品化を加速させ，独自商品を次々に市場に投入し，他社の追随を許さない。

　コンカレント・エンジニアリングとして，企画・技術・資材・生産と営業・サービスの一貫した体制づくりをめざしている。

　太陽電池，電卓，ポケット電訳機，パソコンテレビ，そしてビューカムやザウルスに代表される液晶応用商品など数多くの「世界初」「業界初」の商品を生み出し，得意な領域で圧倒的な競争優位を築いた。世の中にないオンリーワンのもの，すなわち，独自技術を駆使してデバイスをつくり，そして差別化された特長商品をつくっていけば勝ち残れると確信している。現在は，液晶に特化し，亀山（世界初の液晶パネルと液晶テレビの一貫生産工場）ブランドを世の中に浸透させた。面白いものも新たな需要を創造できる。オンリーワン商品をつくるのには，デバイスと商品の連携は欠かせない。キーデバイスそしてキーテクノロジーを育て，それがまた新しい商品を生み出していくという展開，すなわち商品と部品のスパイラルに進化するスパイラル戦略である。技術の融合を進め，完全防備の最新亀山工場は，真似されないものであり，設計技術を隠し，製造装置を自社でつくり，原材料もオープンにしない。システム化によるブラックボックスにし，カスタム製品で規模の争いを避けるブラックボックス戦略の推進である。オンリーワン戦略は小が大と戦う戦略である。

　企業の顔となる価値あるオンリーワン企業をめざしている。魅力的な将来の

重点戦略が不明確で，積極的投資が不足し，投資家から評価されていなかったが，現在は積極的に展開している。

(3) **選択・集中戦略**

　選択と集中でのオンリーワンの追求であり，その実行は大変難しい。どんな事業を行うかの顔を明確にする戦略である。

　特定の液晶材料サプライヤーとの長期的な取引関係を構築しており，共同開発や，自社の工場周辺にサプライヤーの工場を積極的に誘致し，一大研究開発拠点を整備している。

　「98年に05年までに国内で販売するテレビをすべて液晶に切り替える」と宣言し，テレビ液晶世界一をめざし，液晶事業に経営資源を集中投入した。ICの技術者をすべて液晶に振り向けた。生産一貫工場として，2004年亀山第一工場を稼動させ，2006年に亀山第二工場（投資額1,500〜2,000億円，追加投資2,000億円）を稼動させた。

　パネルメーカーとしての次なる戦略として，堺液晶パネル新工場に投資額約3,800億円で，2010年3月までに稼動させる計画である。部材各社を囲い込む液晶コンビナート建設を展開する。カラーフィルターやガラスの工事も同時に行われている。堺コンビナートプロジェクトは，21世紀型コンビナートとして，材料メーカーなども同じ敷地内に集める。すでに14社の進出が決定している。ソニーには34％出資してもらう合弁工場とし，東芝とは提携し，外販先になってもらう。しかも，太陽電池新工場も建設し，創業100周年に当たる2012年には，太陽電池を中心とした省エネ・創エネ事業を売上高の半分を占める大きな柱に育てたいと考えている。潜在的な産業規模は液晶よりはるかに大きい。電力などのインフラを含む総投資1兆円の「液晶コンビナート」は，需給のバランスに依存するが，そう簡単に儲かる時代ではない。世界シェアの目標はテレビでは10％だが，パネルでは30％である。中核部品としての液晶パネルと，それを組み込んだ液晶テレビなどの最終製品を同時展開する，垂直統合型の収益モデルが成果を見せはじめている。日本でモノづくりを極めるとして，国内生産へこだわり，シャープ村の効率を説いている。創業以来の最大の賭けとな

図表Ⅱ-7-3　シャープの主な事業再編

時　期（年）	内　　　容
'07	パイオニアと資本提携
'08	ルネサステクノロジと中小型液晶の駆動用IC事業を統合

出所）『日本経済新聞』（2008年2月14日）より作成

る。

　海外展開においてはブランド力が乏しく，技術力の優位性を活かしきれていないという課題がある。

　シャープの主な事業再編としては，ルネサステクノロジと中小型液晶の駆動用IC事業を統合した［『日本経済新聞』（2008年2月14日）］。過去の展開においては，あまり大きな事業再編は行われていない。すなわち，独自の一貫した事業展開が堅実に続いていることは明らかである。極めてぶれない安定した企業経営といえる。

　2005年2月16日に事業戦略が説明され，中期目標（売上，設備投資）が示された。2008年1月18日に年頭記者会見において，2012年「創業100周年」に向けてが発表された。

3　経営計画

　中長期の計画は公表されていないが，年頭記者会見で年度の目標が示される。中期的な経営指標としては，ROE10％が掲げられている［『日本経済新聞』（2006年12月12日）］。

4　経営管理手法

　2003年4月からグローバルPSI（生産・販売・在庫）マネジメント・システムを構築し，全世界の販売・生産・在庫情報を収集・管理している。SCM（サプライチェーン・マネジメント）では，総額200億円の大規模システムである［『日経ビジネス』（2003年4月Special Issue号）：p.105］。

　「バランス・スコアカード」を基本にした独自の戦略的経営管理システム

(eS-SEM: e-SHARP Strategic Enterprise Management) を2004年度から導入している。全社の経営目標を各組織から個人までブレークダウンし，社員一人ひとりの目標を明確化するとともに，その達成度を把握して会社経営への貢献度を評価するシステムである。これにより，目標の実行性が高まり，全社戦略に沿った成果が得られる。

税引き後営業利益から投下資本コストを差し引いたPCC (プロフィット・アフター・キャピタル・コスト) を活用し，各事業部門を評価している。

シャープの経営理念・戦略は，極めて明解に実行されているが，必ずしも企業価値の創造に十分に反映されてはいない。

Ⅲ シャープの企業価値創造会計による分析

1 企業価値概念

「オンリーワン戦略の強化で，企業価値の増大をめざします」と宣言しており，「株主価値の向上に向けて」においては，積極的な利益還元に努めるとしている。

企業グループをあげてCSR活動を一段と強化し，企業価値の向上に取り組んでいる。したがってシャープの企業価値は，市場的企業価値に近いと考えられる。

2 会計的企業価値

堅実経営により2003年度から当期純利益を順調に上昇させてきている。

株主への利益還元を経営上の最重要課題の1つと考え，安定配当の維持を基本としながら，配当性向30％を目処としている。

3 市場的企業価値

株式時価総額は，1999, 2003, 2005, 2006年度は増加しているが，2000, 2002と2007年度は減少し，乱高下している。

図表Ⅱ-7-4　シャープの会計業績等推移

(単位：原則億円)

項　目	'99(年度)	'00	'01	'02	'03	'04	'05	'06	'07
売上高	18,547	20,129	18,038	20,032	22,573	25,399	27,971	31,278	34,177
営業利益	745	1,059	736	995	1,216	1,510	1,637	1,865	1,836
利益率(％)	4.0	5.3	4.1	5.0	5.3	5.9	5.8	5.9	5.3
税引前純利益	540	707	199	573	1027	1,282	1,400	1,583	1,622
利益率(％)	2.9	3.5	1.1	2.9	4.6	5.0	5.0	5.1	4.7
当期純利益	281	385	113	325	607	768	887	1,017	1,019
利益率(％)	1.5	1.9	0.6	1.6	2.7	3.0	3.2	3.3	3.0
総資産	19,874	20,036	19,669	20,048	21,503	23,850	25,602	29,688	30,732
株主資本	8,966	9,435	9,268	9,021	9,435	10,043	10,989	11,831	12,316
純資産	9,586	9,435	9,269	9,021	9,435	10,043	10,989	11,922	12,418
株主資本比率(％)	46.6	47.1	47.1	45.0	43.9	42.1	42.9	39.9	40.1
株主資本利益率(％)	3.1	4.2	1.2	3.6	6.6	7.9	8.4	8.9	8.4
営業CF	2,121	1,835	1,391	2,691	2,496	2,192	2,637	3,143	3,238
投資CF	-1,364	-706	-1,641	-1,658	-1,694	-2,590	-2,294	-3,288	-3,950
ＦＣＦ	758	1,130	-250	1,033	802	-398	344	-144	-712
財務CF	-1,204	-715	321	-578	-690	575	-338	412	841
現金等	1,778	2,217	2,314	2,717	2,776	2,953	2,995	3,293	3,393
従業員数(人)	49,748	49,101	46,518	46,633	46,164	46,751	46,872	48,927	53,708

出所）有価証券報告書，環境・社会報告書より作成

図表Ⅱ-7-5　シャープ1株当たり推移

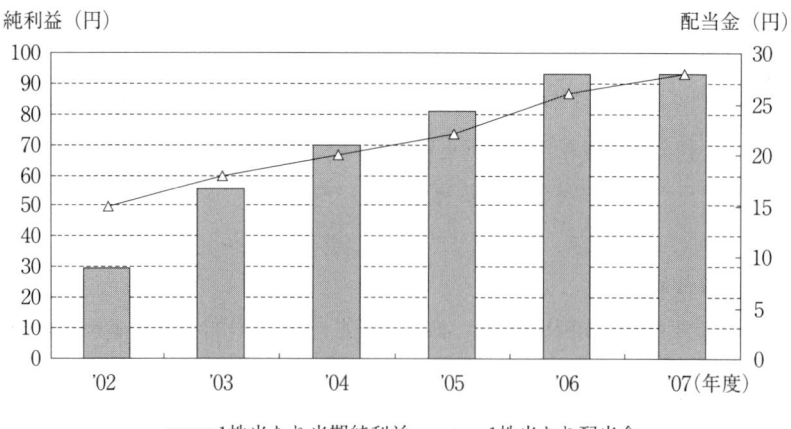

出所）ファクトブックより作成

第7章　シャープの企業価値創造会計に基づく事例分析　　107

図表Ⅱ-7-6　シャープの株式時価総額等推移

(単位：原則円)

項　目	'99(年度)	'00	'01	'02	'03	'04	'05	'06	'07
株　価	2,195	1,596	1,734	1,170	1,859	1,622	2,085	2,270	1,694
発行済株式数（万株）	112,658	112,665	111,070	111,070	111,070	111,070	111,070	111,070	111,070
時価総額（億円）	24,728	17,981	19,260	12,995	20,648	18,016	23,158	25,213	18,815
時価総額増減額（億円）	10,647	-6,747	1,278	-6,264	7,653	-2,632	5,143	2,055	-6,398
1株利益	21.4	31.0	9.1	25.6	49.8	63.5	76.5	85.1	73.8
調整後1株利益	24.8	33.9	-	29.2	54.7	69.6	-	82.1	68.9
1株株主資本	794.2	813.0	795.9	800.5	849.8	892.5	961.6	1,019.3	1,053.2
株価収益率（倍）	87.9	46.7	171.7	39.8	33.6	23.2	25.8	24.3	18.2

出所）有価証券報告書，ファクトブックより作成

図表Ⅱ-7-7　シャープの業績推移

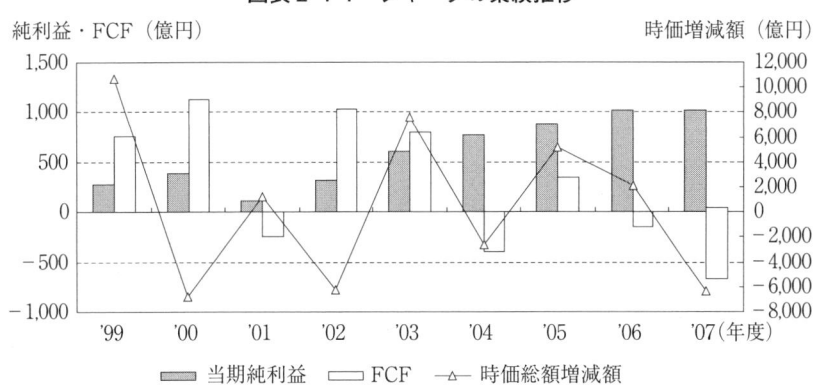

出所）有価証券報告書より作成

4　本質的企業価値創造

(1)　株主価値創造

「バランス経営」の推進と企業価値の向上をめざしている。

2003年委員会等設置会社へ移行した。

図表Ⅱ-7-8　シャープ時価総額推移

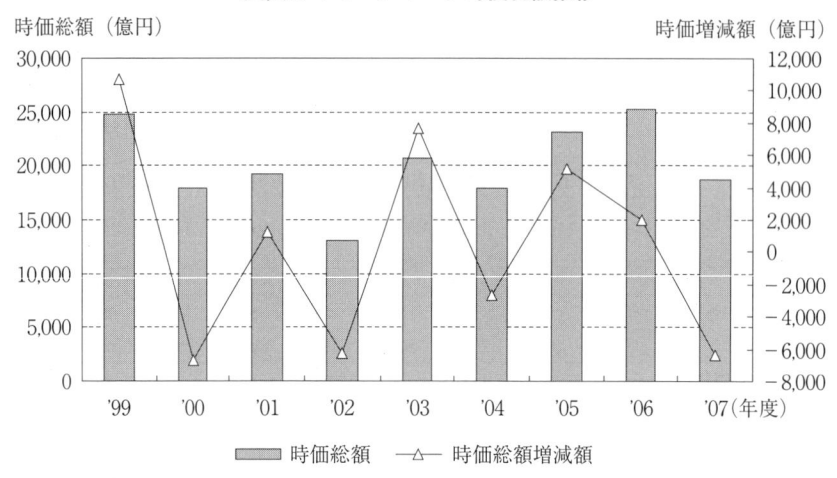

出所）ファクトブックより作成

図表Ⅱ-7-9　シャープの投資・R&D 推移

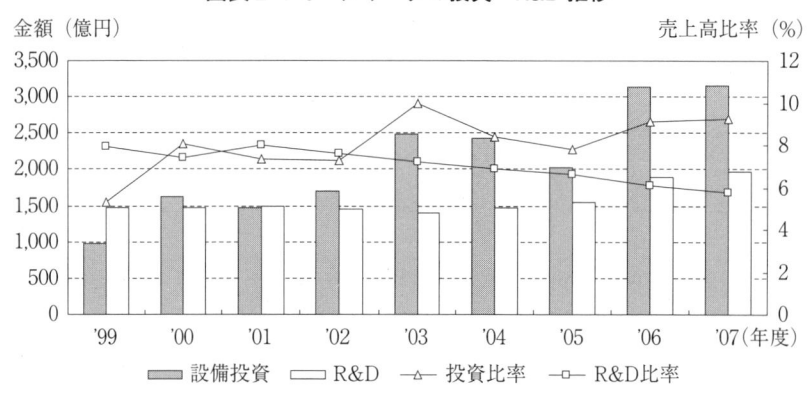

出所）ファクトブックより作成

(2) 人的価値創造

　終身雇用を守り，グループ会社を含めて社員の処遇は平等にしている。組織による差がないから，事業の好不調に合わせて人員の柔軟な再配置が可能だ。必要に応じて異なる分野の技術者を結集して新規分野の開発を効率よくおし進

図表Ⅱ-7-10　シャープの従業員数推移

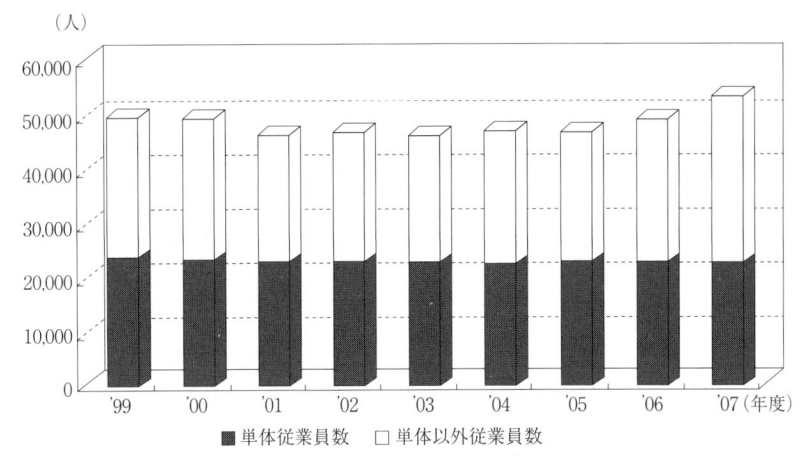

■ 単体従業員数　□ 単体以外従業員数

出所）有価証券報告書より作成

図表Ⅱ-7-11　シャープ1人当たり業績推移

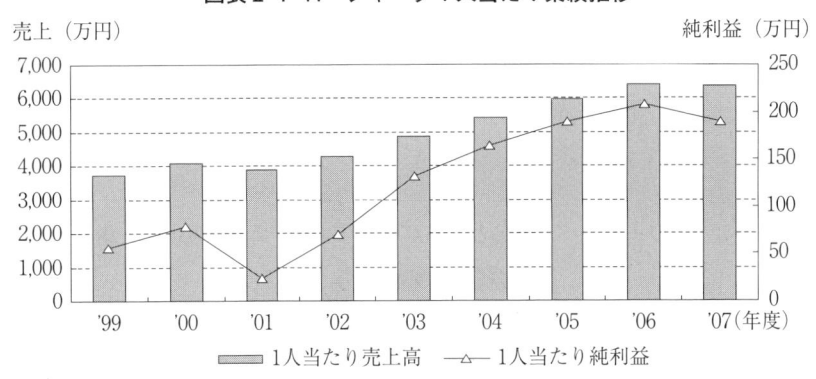

1人当たり売上高　―△―1人当たり純利益

出所）ファクトブックより作成

めることもできる［『日本経済新聞』（2004年6月4日）］。

　社長の在任期間が長いのもシャープの特徴の1つである。早川徳次（～1970/9），佐伯旭（1970/9～1986/6），辻晴雄（1986/6～1998/6），町田勝彦（1998/6～2007/4），そして49歳で就任した片山幹雄（2007/4～）である。若い

片山に長期のかじ取りを任せたのである。

また従業員数は，ほとんど増減がない。国内重視であるから，海外の従業員数も増加していない。結果として1人当たり成果は上昇傾向にある。

(3) 顧客価値創造

シャープでは，顧客がより使いやすい製品を実現するために，モニターテストや訪問調査結果，お客さま相談センターに寄せられる声を製品に反映し，改善に結びつけている。そして常に安心してご使用いただける製品とサービスを提供するため，アフターサービスや積極的な品質情報の開示を行っている。

(4) 社会・環境価値創造

社会価値については，「技術」で社会に貢献するとしている。社会福祉，地域貢献，地球環境保護，科学技術振興，スポーツ・文化支援の5分野に重点をおいている。

シャープグループ企業行動憲章およびシャープ行動規範をふまえて，CSRの社会面における重点取り組みを設定し，各種施策を展開している。

環境基本理念のもと，シャープグループ企業行動憲章およびシャープ行動規範に定めた環境への取り組み方針に沿って，事業活動のあらゆる側面で環境保全に努めている。2004年度から，経営基本方針として中期ブランド目標に「環

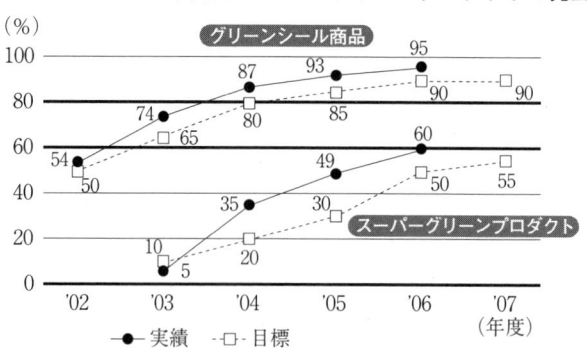

図表Ⅱ-7-12　グリーンシール商品とスーパーグリーンプロダクトの売上構成比推移

出所）環境・社会報告書より作成

境先進企業」を設定した。同時に企業ビジョン「2010年　地球温暖化負荷ゼロ企業」を掲げ，環境先進性をより一層高める「スーパーグリーン戦略」をグローバルに推進している。

　環境配慮型商品を「グリーンプロダクト」と呼び，1998年度から「省エネ性」や「安全性」など7つのコンセプトに基づいて開発・設計指針をまとめた「グリーンプロダクトガイドライン」を国内外のすべての設計・生産事業所で運用している。商品の開発にあたっては，まず企画設計段階で，あらゆる観点から環境配慮性を評価する「グリーンプロダクト基準書」にそって具体的な目標を設定し，試作・量産段階で，設定した目標の達成度を判定する。2006年度は，44項目の目標のうち90％以上を達成することをグリーンプロダクトの判定基準として，すべての新商品がこの基準を満たした。1998年度，グリーンプロダクトのなかでも特に優れた環境性能をもつ国内向け商品を「グリーンシール商品」，2004年度からはグリーンシール商品の中でも環境性能を極限ま

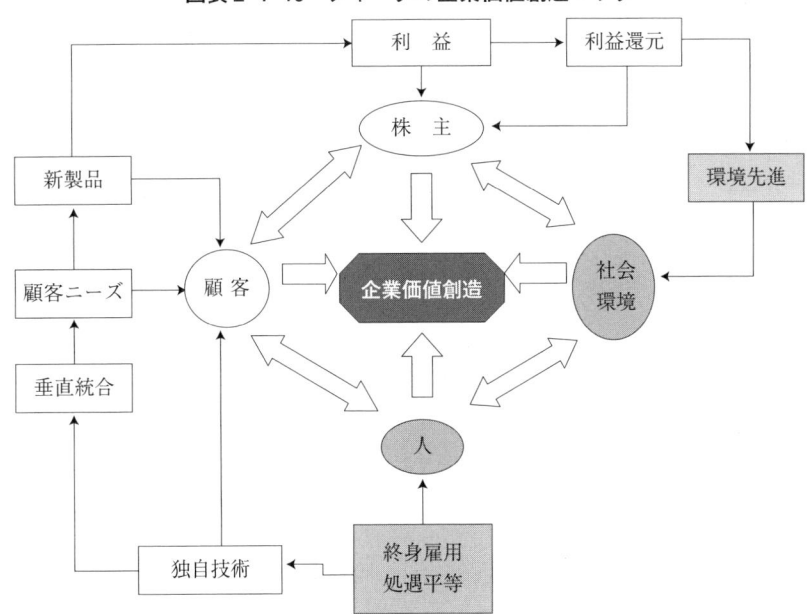

図表Ⅱ-7-13　シャープの企業価値創造マップ

で高めた商品を「スーパーグリーンプロダクト」としてそれぞれ認定している。

　企業ビジョンとして，2010年度までに地球温暖化負荷ゼロ企業（温室効果ガスの削減量が排出量を上回るようにする）をめざしている。

Ⅳ　シャープの企業価値創造会計総括

　シャープは，終身雇用，処遇平等により人的視点を高めて，独自技術，垂直統合により顧客を満足させ，顧客ニーズに応えられる新製品を次々と創出している。そして顧客価値を高めることで，利益を生み出している。その利益をバランスよく還元し，企業価値を創造している。

（主担当：紺野　剛，柴山　治）

■主要参考文献■
伊丹敬之他（2007）『企業戦略白書Ⅵ』東洋経済新報社
佐藤文昭（2006）『日本の電機産業　再編のシナリオ』かんき出版
舘澤貢次（2003）『シャープ「オンリーワン経営」』オーエス出版
浪江一公（2007）『プロフィット・ピラミッド』ダイヤモンド社
西田宗千佳（2007）『家電＆デジタルAV業界がわかる』技術評論社
宮本惇夫（2007）『シャープ　独創の秘密』実業之日本社
柳原一夫・大久保隆弘（2004）『シャープの「ストック型」経営』ダイヤモンド社
環境・社会報告書
決算短信
ファクトブック
有価証券報告書
http://www.sharp.co.jp

第8章　キーエンスの企業価値創造会計に基づく事例分析

I　キーエンスの概要

　滝崎武光が1972年に創業したリード電機を前身として，1974年に設立された。滝崎はそれまでの間に2度事業を出直しており，3度目の挑戦であった。1986年に，ブランドとの統合を図るためにキーエンスと社名変更した。この名前は，「Key of Science（科学の鍵）」からきており，科学や技術が特徴ある製品を生み出す原動力となっている。1987年に大阪証券取引場第2部に株式を上場した。光，磁気，圧力，温度，超音波など各種生産設備用のセンサーを中心に，その他自動制御機器，計測機器，情報機器等を開発，生産，販売し，コンサルティングをしながら，機器を開発するという方法で事業を急成長させた。

図表II-8-1　キーエンスの'07年度売上高構成割合

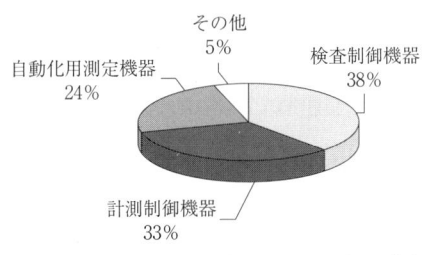

- 検査制御機器　38%
- 計測制御機器　33%
- 自動化用測定機器　24%
- その他　5%

出所）有価証券報告書より作成

II　キーエンスの経営理念・戦略・計画

1　経営理念

　経営理念は，「最小の資本と人で最大の付加価値をあげる」である。コストを掛けずに，顧客提供価値を最大化できるような製品を一から企画し，実現する方法を提案する。極めて合理的な経営理念である。

2　経営戦略

(1)　経営環境

　キーエンスの製品は，FA向けのセンサー等の成長分野であり，顧客の要望を超える開発力で市場を創造拡大してきた。企業の研究開発投資や生産設備投資関連の商品であるために，企業の投資動向に大きく影響を受ける。そして事業分野が限られているために，他社と比べると市場規模が小さい。

(2)　経営戦略

　真の競争力の源泉は，高い能力と情熱を兼ね備えた社員そのものである。世界初を生み出す開発体制，商品の付加価値を最大限に発揮するコンサルティングセールス，工場をもたないファブレス体制等が話題となっている。世界中でコンサルティングし，40カ国150拠点，現地でも安心サポート体制を構築し，グローバルに展開している。

　高い付加価値・利益を重視し，世界初・業界初や世界最小といったこれまでになかった特徴，付加価値をアピールできるものでなければ，開発に着手できない。顧客が本当に必要とするものを探し出すために，顧客のモノづくりの現場に深く入り込む。営業マンの業績は，売上高ではなく，ほぼ粗利に近い概念の「成果額」で評価される。

　4階層しかないフラットな組織で，自由に話ができる雰囲気のなかで，大きな付加価値を生む商品企画が生まれる。価値を売るために，コンサル営業により，顧客の課題解決法を提案する。多くのラインに入り込んで顧客の潜在的な本音を探り出し，製品開発に結びつける。顧客の驚くような新製品を生み出している。

　製造機能は，基本的には付加価値が小さいという判断で，ファブレス経営を採用している。100％の生産子会社のクレポに，全体生産の1割を生産させることにより，生産のノウハウを蓄積し，ここで蓄積されたノウハウは協力製造会社への生産の改善提案等に活用される。短納期で在庫を少なくするために，機種数を極力少なくしている。合理主義経営を徹底する企業文化が重んじられ，注文の翌日には発送する短納期サービスを実施し，直販で即時対応に徹してい

る。

　得意分野を深耕して高い利益率を実現するために，生産現場に深く入り込み，新製品を開発し，直販体制で市場を押さえる。開発部門とユーザー企業とが密着し，潜在ニーズを発掘し，新製品開発につなげる。お客が本当に欲しいもの，新たに気づき，喜ぶものを発掘する。現場の問題を解決できる最適な提案力が最大の決め手となっている。

　1985年から米国，欧州，アジアへと矢継ぎ早に海外拠点を整備強化して，海外売上高を急拡大してきた。今後もタイミングよく拠点を開設して，海外事業を拡大していくことが課題である。小型化へ取り組み，飛躍的に改良を繰り返している。

(3) 選択・集中戦略

　特定のお客の売上比率が極端に高くなるリスクを回避しながらも，ある程度の利益率があっても将来性がないと売却するなど，付加価値の高いセンサー分野に特化し，経営資源を集中している。しかし，将来の次の成長分野を開拓する必要性もあろう。

3　経営計画

　キーエンスは，経営計画を公表していない。

4　経営管理手法

　付加価値を重視し，一人当たりの成果（粗利，付加価値）を用いた効率経営が徹底されている。その結果として，業績連動賞与を平均300万円前後支給し，極めて高い平均給与となっている。成果報酬による効率経営が浸透している。営業利益の10％程度を賞与として社員に還元する。

　キーエンスの経営理念・戦略は簡潔で明解であり，極めて合理的に業績を上げて，企業価値を創造している。

Ⅲ　キーエンスの企業価値創造会計による分析

1　企業価値概念

キーエンスにおいては，企業価値に関する明確な記述がないが，事業活動の成果は，営業利益・付加価値に連動していると考えているので，付加価値，会計的企業価値を重視して経営していると思われる。

2　会計的企業価値創造

事業年度は3月21日から3月20日までである。2004年度は変則決算で，単純に2期分を合計して12カ月間の数値とした。

売上高営業利益率は50％を超える高収益という驚異的な業績を上げ，急成長・急拡大をつづけ，自己資本比率は90％を超え，それでも自己資本利益率は，

図表Ⅱ-8-2　キーエンスの会計業績等推移

(単位：原則億円)

項　目	'99(年度)	'00	'01	'02	'03	'04	'05	'06	'07
売　上　高	788	1,012	820	937	1,172	1,394	1,583	1,827	2,007
営業利益	338	477	333	424	591	725	814	929	1,023
利益率(％)	42.9	47.1	40.6	45.3	50.4	52.0	51.4	50.8	51.0
経常利益	340	470	330	400	602	748	844	975	1,050
利益率(％)	43.1	46.4	40.2	42.7	51.4	53.7	53.3	53.4	52.3
当期純利益	194	274	189	238	352	453	504	586	632
利益率(％)	24.6	27.1	23.0	25.4	30.0	32.5	31.8	32.1	31.5
総　資　産	1,681	2,168	2,177	2,448	2,909	3,385	3,960	4,602	5,117
純　資　産	1,594	1,859	2,033	2,248	2,617	3,064	3,595	4,170	4,700
純資産比率(％)	94.8	85.7	93.4	91.8	89.9	90.5	90.8	90.6	91.9
自己資本利益率(％)	12.3	15.9	9.7	11.1	14.5	16.1	15.2	15.1	14.3
営業CF	151	487	168	253	302	399	435	564	570
投資CF	-388	-286	96	-211	-181	-588	-724	-538	-518
F　C　F	-238	201	264	43	122	-190	-288	26	52
財務CF	-4	-10	-8	-11	-13	-8	-13	-14	-31
現　金　等	21	213	471	501	610	411	114	131	143
従業員数(人)	1,606	1,639	1,727	1,808	1,835	2,086	2,379	2,665	2,925

出所）有価証券報告書より作成

欧米優良企業並みの10%を超えている，まさに超高収益企業である。しかも安定性を保ちながら，高成長を持続している注目すべき企業でもある。

3 市場的企業価値創造

株式時価総額はITバブルで1999年度は極端に上昇したが，その後減少し，2003年度に戻し，再び増加傾向にある。会計的な業績がそのまま，市場的企業価値に反映している。2003年5月および2006年3月に1.1株の株式分割を

図表Ⅱ-8-3　キーエンスの比率推移

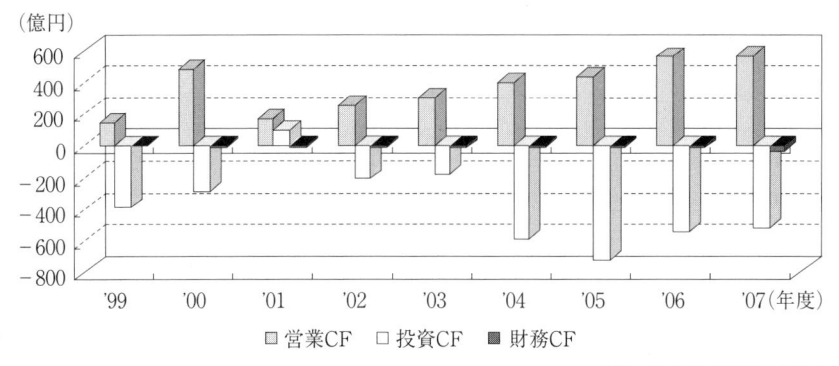

出所）有価証券報告書より作成

図表Ⅱ-8-4　キーエンスのCF推移

出所）有価証券報告書より作成

4 本質的企業価値創造

(1) 株主価値創造

生産設備用センサー開発を中心に，オートメーションのコンサルティングをしながら，機器を開発する。製品の企画・開発は自社で行うが，生産は外部企

図表Ⅱ-8-5 キーエンスの株式時価総額等推移

(単位：原則円)

項　　目	'99(年度)	'00	'01	'02	'03	'04	'05	'06	'07
株　　価	41,000	23,200	24,680	18,340	25,360	24,840	30,600	26,590	22,920
発行済株式数(万株)	3,775	4,153	4,153	4,153	4,568	4,568	4,568	5,025	5,025
時価総額(億円)	15,478	9,635	10,250	7,617	11,584	11,347	13,978	13,361	11,517
時価総額増減額(億円)	8,796	-5,843	615	-2,633	3,967	-237	2,631	-617	-1,844
1株純利益	512.9	660.8	454.7	572.7	771.0	991.2	1,104.8	1,168.7	1,259.8
調整後1株純利益	-	-	-	-	-	-	-	-	-
1株純資産額	4,221.0	4,476.2	4,895.3	5,416.1	5,732.8	6,713.2	7,878.8	8,309.6	9,367.5
株価収益率(倍)	82.9	33.3	58.9	36.2	30.4	24.4	28.8	23.1	18.1

出所) 有価証券報告書等より作成

図表Ⅱ-8-6 キーエンスの業績推移

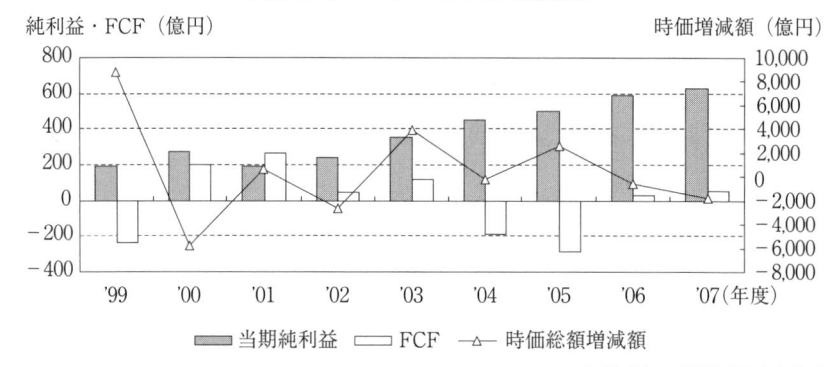

当期純利益　FCF　時価総額増減額

出所) 有価証券報告書等より作成

第 8 章　キーエンスの企業価値創造会計に基づく事例分析　119

図表 II-8-7　キーエンスの投資・R&D 推移

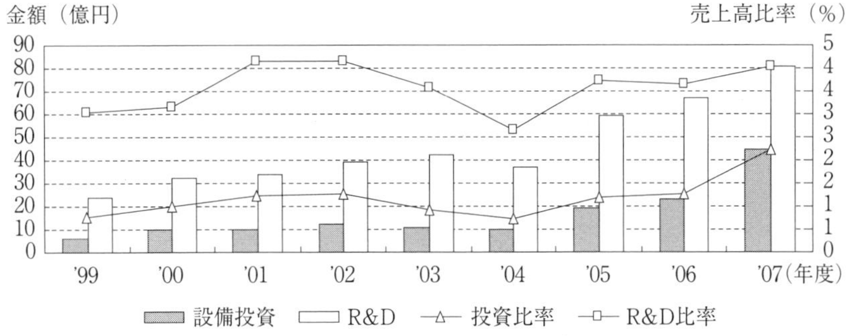

設備投資　R&D　投資比率　R&D比率

出所）有価証券報告書より作成

業に委託し，自社では生産機能をもたないファブレス経営に特徴がある。そして，高い付加価値をもつ製品を開発しているから，その製品のよさを伝えるために直販方式を採用している。この付加価値をユーザーにより正確に伝えたいという思いで，コンサルティング営業を始めた。合理性の徹底追求の文化・風土があり，メッセージとして明確化し，意図的に組織に定着させている。

世界初の製品を生み出す開発体制を備えて，顧客が本当に欲しがり喜ぶものを提供しつづけて，顧客価値を創出する。世の中にない，顕在化していない潜在ニーズを発掘することにより価値を創造している。

連結配当性向は，改善しているが，4.8％にとどまり，長期的な成長を重視して投資を優先するとしている。それにしても，あまりにも少なすぎないか。

(2)　**人的価値創造**

価値観・仕事観は，次のとおりである。

「製品を通じて，世の中のお利用を変え　最小の資本と人で最大の付加価値を顧客の欲しいというモノは創らない　夢中になって楽しむオープンな社風　目的意識を伴った行動が成果を挙げる　環境の変化を先取りし，自らも進化する」。

「人件費は経費にあらず」の理念の下，飛びぬけて高い人件費（2007 年度平均年間給与 32 歳で 1,397 万円）で還元している。社員が夢中になって働くよう

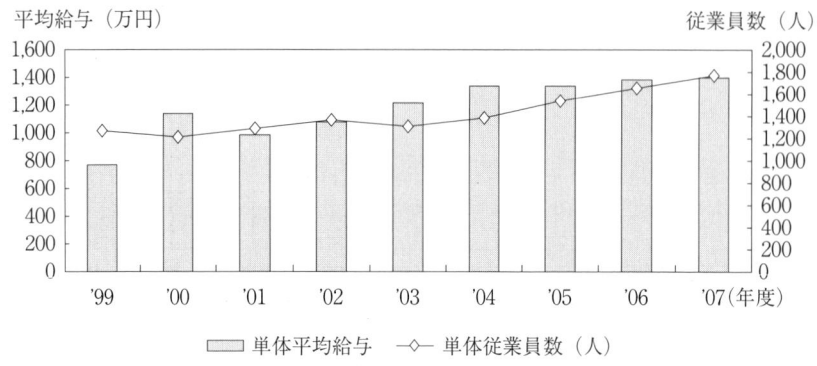

図表Ⅱ-8-8　キーエンスの単体給与・従業員数推移

出所）有価証券報告書より作成

な場をつくり，その結果社員が仕事に励み，大きな利益を上げ，その結果として高い給与を獲得できることを会社の目標としている。

　成果主義に基づき高報酬であり，年齢に関係なく，個人と会社の業績により給与は決まる。個人の力に依存するのではなく，仕組みやルール，組織で動くようにしている。「物事を合理的に，システマティックに運営するルールづくりが大切」と滝崎会長は述べている［浪江（2007）：p.20］。

　若い企業であるから，短期間で管理職レベルへとトレーニングを経験させているが，急成長に対応した人材不足も指摘される。従業員はかなりハードワークであり，平均的な退社時間は午後9時以降とのことである。激務として有名ではあるが，9時45分以降残業はさせないとしており，仕事に熱中する集団を構成している。若手主体の人材力をさらに向上させて活力のある組織にしていくことが今後の課題である。

(3)　顧客価値創造

　最小のコストでの最大の顧客提供価値の実現をめざし，競合を回避する仕組みが展開され，特定の顧客に極端に依存しないようにリスクを分散している。

(4)　社会・環境価値創造

　社会・環境に関する情報は開示されていないが，環境問題を考えない製品開

発も考えられない。環境にやさしく，省資源となる新製品を開発力で提案していると想像される。

Ⅳ　キーエンスの企業価値創造会計総括

市場原理・経済原則が判断基準であり，顧客に付加価値を提供する驚異的な合理主義経営が徹底している。キーエンスの価値は，会社という組織と顧客の信頼であり，誰も真似できない文化・風土の徹底にある。景気後退があっても，品質や安全に関する投資は増加すると予測している。海外売上高がまだ26％にすぎないから，今後のグローバル展開を強化することでさらなる成長が考えられる。

人的価値のKVDとして，教育，成果給が考えられ，それがコンサル営業と技術へと関連し，ニーズを先取りし，新製品比率を高め，短納期を実施し，付

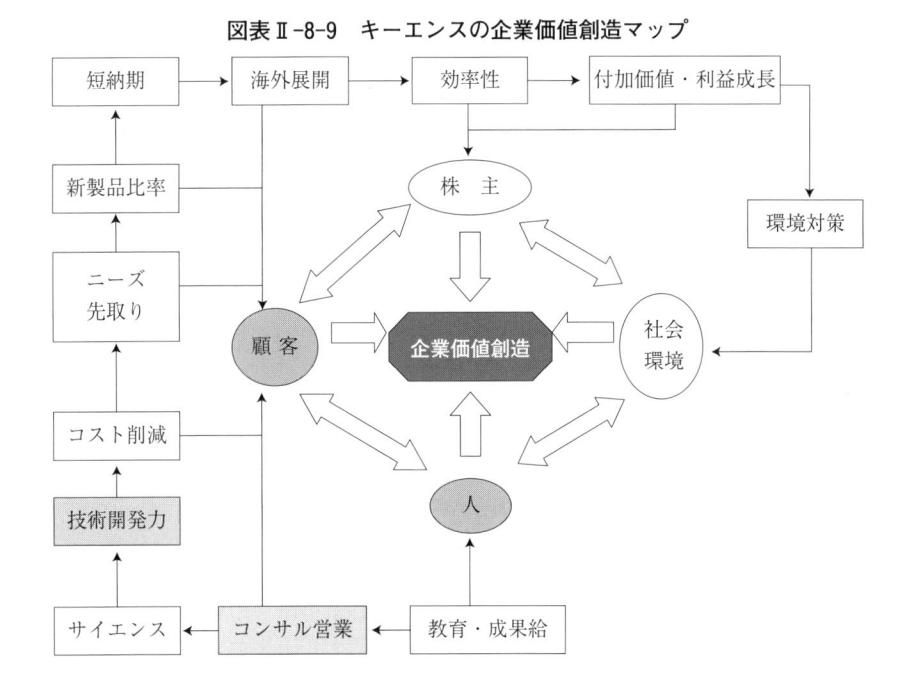

図表Ⅱ-8-9　キーエンスの企業価値創造マップ

加価値と利益を増加させて，企業価値を創造している。高収益構造は当分つづきそうであり，今後も企業価値の創造を維持できると思われる。課題は，海外販売拠点の拡充と営業力の強化，そしてそれらを支える人材力のさらなる向上ができるかである。

(主担当：紺野　剛)

■主要参考文献■

浪江一公 (2007)『プロフィット・ピラミッド』ダイヤモンド社
三菱総合研究所 (2003)『「勝ち組」企業の選択力』PHP 研究所
『日経ビジネス』(2003)「キーエンスの秘密」2003 年 10 月 27 日号　pp.30-43
決算短信 (2008 年 3 月期)
有価証券報告書
http://www.kience.co.jp

第9章　日本電産の企業価値創造会計に基づく事例分析

I　日本電産の概要

　日本電産株式会社は，カリスマ的経営者である永守重信により 1973（昭和 48）年 7 月に設立された。国内での事業展開が難しいなか，永守は海外に活路を求め，米国のスリーエムをはじめとする世界的大手メーカーとの取引に成功し，IBM の PC にも日本電産製のモータが採用されるようになると，国内の大手企業との取引も拡大していくことに成功した［http://www.nidec.co.jp］。

　1988 年には，大阪証券取引所第二部および京都証券取引所に上場し，1998 年に東京証券取引所第一部上場および大阪証券取引所第一部に昇格し，2001 年には米国でニューヨーク証券取引所にソニー，ホンダ，トヨタ等に続き日本企業として 15 社目に上場した［http://www.nidec.co.jp］。

　この間，日本電産は，日本では通常行われていなかった M&A を活用し，技術力はあるが経営が悪化した企業を買収することによって事業を急成長させた。永守社長の強烈な個性とリーダーシップ，自らが買収した企業再生を主導することで，日本電産サンキョー，日本電産コパル，日本電産トーソク，日本電産コパル電子，日本電産リード，日本サーボ等の買収を成功させ日本電産グルー

図表 II-9-1　日本電産の '07 年度製品別売上高構成割合

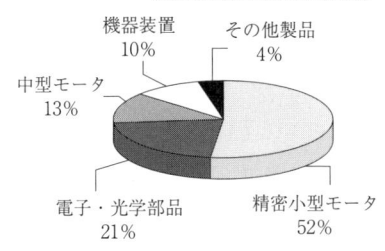

- 機器装置 10%
- その他製品 4%
- 中型モータ 13%
- 電子・光学部品 21%
- 精密小型モータ 52%

出所）http://www.nidec.co.jp より作成

図表 II-9-2　日本電産の '07 年度地域別売上高構成割合

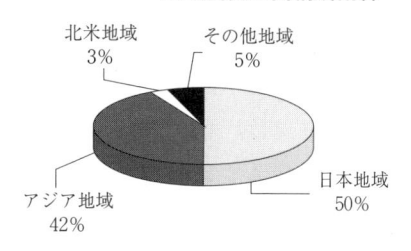

- 北米地域 3%
- その他地域 5%
- 日本地域 50%
- アジア地域 42%

出所）有価証券報告書（2008 年 3 月期）より作成

プとしての統合シナジー効果を実現している。

日本電産の主力商品は、創業以来モータおよび周辺機器「回るもの、動くもの」である。小型モータではPC用ハードディスクドライブモータの最大手であり、中型モータでは、車載用モータを拡大している。

II 日本電産の経営理念・戦略・計画

1 経営理念

日本電産は、永守が自分の思いや考えを文書に残すことが多いため、経営理念についてもユニークなものが知られている。

日本電産の三大精神は、「情熱・熱意・執念」「知的ハードワーキング」「すぐやる、必ずやる、できるまでやる」の3つである。

2 経営戦略

(1) 経営環境と経営戦略

日本電産は、創業以来モータを中心とする「回るもの、動くもの」に事業を集中し、永守の強烈なリーダーシップのもと急成長を実現した。

日本電産が急成長を実現できた鍵はM&A戦略である。M&Aを成功させるのは簡単ではないが、日本電産は2008年までに27社に資本参加し［http://www.nidec.co.jp］、開発、生産、販売でのシナジーを実現してきた。

永守は、M&Aを今後の成長のドライバーとして重要視し、国内だけでなく海外も含めたM&Aの活用による成長をめざしている。ただし、2008年の金融危機後の不況のため、自動車、電機等の主要な顧客が業績を悪化させており急激に事業環境が厳しくなっている。

(2) 選択・集中戦略

日本電産は、モータを中心とした事業に集中している。戦略の特徴として、永守はM&Aを事業戦略の大きな柱としている。これまでのM&Aの経緯の概要をまとめてみたい。まず、1974年には、取引先の兵庫県の半導体メーカー、ユニゾン社の倒産時に債権放棄と技術者を引き継ぎ、ブラシレスDCモータの

製造技術を獲得して事業領域を拡大した。

　1989年には，HDD用スピンドルモータの競合であった信濃特機を買収し，市場シェアトップの企業となった。その後も，1991年に電源装置メーカーのパワーゼネラル社を買収，1992年に日本シーゲート社ピボットアセンブリ事業の買収，1993年に電源装置メーカーの真坂電子を買収，1995年に共立マシナリとシンポ工業の第三者割当増資の引受け，子会社化とM&Aを積極的に進めた。これらのM&Aは主力・関連事業の強化をめざして行われた［日本経済新聞社編（2004）］。

　上記のM&Aはすべてが成功したわけではなく，買収からわずか数年後には，FA事業とピボット事業から撤退している。ピボットアッセンブリやFA事業は業績悪化をしたわけではないが，「（グローバルに）経営資源を最も効率的に投入し」「Made in Market」という市場の近くで生産をする理念，為替変動に耐える事業体制の構築を目指すために事業売却が行われた［日本経済新聞社編（2004）］。

　1990年代後半には，スピンドルモータ事業で国際的に不動の地位を占め，内部留保と株式市場から資金調達も問題がなくなった。この時期にM＆Aを実施した企業は，コパル，コパル電子，トーソク，三協精機製作所，リードエレクトロニクスなど，それなりの規模をもつ上場会社が目立つ。さらに，これらの企業は多数の海外子会社を展開していたため，日本電産は製造拠点と販売拠点を得て，国際的な展開を短期間に実現して高い成長率を実現することができた。これは自社のみで実行しようとしても，短期間では実現できなかったことであろう。

　2006年12月にフランスのValeo Motors & Actuators社の車載用モータ事業（買収金額約220億円，売上高約390億円，従業員数約1,700名）と2007年2月にシンガポールのBrilliant Manufacture社（買収金額約134億円，売上高約134億円，従業員数2,950名，事業・製品，HDD用ベースプレート他）の2件の海外大型M&Aを実現させた。また，経営の関り方もこれまで行ってきた不振の日本企業の再建型と違い，執行は現地の統括会社に任せて，日本電産

は経営のみにかかわる仕組みを採用している［http://www.nidec.co.jp］。本格的な海外 M&A については，国内とは違うアプローチを考えているようであり，シナジーの実現に「アジアの会社は2年，欧州は3年かかる」と語っている［http://www.business.nikkeibpco.jp］。

　直近では，2007年3月には日立製作所子会社の日本サーボに対する TOB を実施し，4月には子会社化した。日本電産は，日本サーボに対してもサンキョー精機の再建と同様の手法を使い業績を急回復させることに成功した。

　しかし，成功の事例ばかりでなく，2008年9月16日，日本電産は，鉄道機器メーカーで東証一部上場企業の東洋電機製造に対して TOB（株式公開買い付け）を実施することを発表したが，2008年12月15日，資本・業務提携の提案書の失効を発表し［http://www.nidec.co.jp］，買収を断念した。

　2008年10月1日，富士電機ホールディング傘下の産業用モータ会社である，富士電機モータの第三者割当増資を引き受け6割の出資をすると発表し，将来の子会社化も検討していた。しかし，2008年12月19日，日本電産は，リーマンショック後の事業環境の急速な悪化により富士電機モータとの資本提携を断念した。東洋電機とほぼ同時期に富士電機の M&A を断念したことになるが，日本電産は収益性を無視した M&A に走ることなく，冷静な対応をしているともとらえられる。

3　経営計画

　2008年7月現在，日本電産は，ビジョン「モータを中心とする「回るもの，動くもの」に特化した「総合駆動技術の世界 No.1 メーカー」を目指す」を掲げ，下記の数値を目標としている［http://www.nidec.co.jp］。

　　2008年度　連結営業利益1,000億円の達成
　　2010年度　連結売上高1兆円の達成
　　2012年度　車載用モータ売上高3,500億円の達成（新規 M&A1,500億円を含む）

　日本電産の2007年度（2008年3月期）の実績をもとに上記の経営目標について考察してみたい。2007年度の日本電産の連結売上高は，7,421億円，連結営

業利益は，768億円となっている。2008年度の営業利益目標を達成するためには，2007年度実績から232億円上乗せする必要があるが，サブプライムローンによるアメリカ経済の減速，原油を始めとする資源高によるコストの上昇をうけるなかでの達成は難しいのではないかと思われる。

次に，2010年度の売上高1兆円については，日本電産が既存事業を安定的に成長させ，2,000億円規模のM&Aを成功させれば十分に可能な目標と思われるが，事業環境が急速に悪化しており，これまでの日本電産のM&Aの実績を考慮しても実現可能性は50％程度ではないだろうか。

永守の大きな目標を公言して事業の拡大をめざす姿勢は株主を含めたステークホルダーにとってわかりやすく評価できると思う。

4 経営管理手法

永守独特の手法が存在する。日本電産グループのすべて企業には3Q6S委員会があり，全社で取り組んでいる。3Qとは「Quality Worker（良い社員）」，「Quality Company（良い会社）」，「Quality Products（良い製品）」であり，これを実現するための手段が6S「整理・整頓・清潔・清掃・作法・しつけ」である。日本電産は，3Q6Sの達成度を百点満点で評価し，3Q6Sの監査では，トイレ掃除も対象となり，トイレの周辺に飛び散っている水滴までチェックされる。「60点ならば事業は黒字，80点つけば最高益になる」（永守）という［日本経済新聞社編（2004）：pp.114-116］。

Ⅲ 日本電産の企業価値創造会計による分析

1 企業価値概念

永守社長は，M&Aによる経営について，2001年4月，「今後の経営は連結重視の経営へと移行していくが，どちらからといえば連邦経営といったほうがよいと考える。すなわち，各社の社風を大切にしつつ，各社が独自の経営を推進し，その結果として日本電産の連結経営結果をよくしたい。連結対象会社はそれぞれつくっている製品も異なり，また歴史や場所，社内の雰囲気も異なる

なかで，共通の目的としての3K（高収益，高成長，高株価）企業づくりに邁進したい。独自性のある企業が集まり，トータルとしてよりよい結果を残していく連邦経営こそ，これからの日本電産経営の主眼であることを認識してほしい」と語っている［http://www.business.nikkeibpco.jp］。

また，雇用についても永守は，「雇用の創出こそが企業の最大の社会貢献であるとの経営理念のもと，安定的な雇用の維持が，社員にとっても最重要であると考えております」［http://www.nidec.co.jp］と重要視している。

永守のカリスマ性と個性的なリーダーシップによる経営が日本電産の経営の肝要であり，永守個人のもっている，技術への評価，業績不振企業の文化の改革，敵対的な買収は行わないが，能力主義を掲げる独特の経営手法等が日本電産の企業価値に大きく貢献している。日本電産の企業価値は，M&Aによる事

図表Ⅱ-9-3　日本電産の会計業績等推移

（単位：原則億円）

項　目	'99(年度)	'00	'01	'02	'03	'04	'05	'06	'07
売　上　高	1,385	2,492	2,811	2,986	3,290	4,859	5,369	6,297	7,421
営業利益	144	160	162	229	311	537	534	640	768
利益率(%)	10.4	6.4	5.8	7.7	9.5	11.1	9.9	10.2	10.3
経常利益	106	188	177	178	237	573	644	656	627
利益率(%)	7.7	7.5	6.3	6.0	7.2	11.8	12.0	10.4	8.4
当期純利益	61	100	65	65	114	335	409	399	412
利益率(%)	4.4	4.0	2.3	2.2	3.5	6.9	7.6	6.3	5.6
総　資　産	1,613	3,057	2,990	3,053	4,337	4,842	5,660	6,626	6,717
純　資　産	775	822	896	901	1,047	2,070	2,637	3,050	3,196
自己資本比率(%)	48.0	26.9	29.9	29.5	24.1	42.8	46.6	46.0	47.6
自己資本利益率(%)	8.3	12.5	7.5	7.2	11.8	21.1	17.4	14.0	13.2
営業CF	126	171	288	292	342	443	559	647	948
投資CF	-69	-49	-252	-292	-436	-459	-440	-789	-437
ＦＣＦ	57	122	36	1	-94	-16	120	-142	511
財務CF	-8	51	-37	-27	374	-25	53	89	-273
現　金　等	328	519	536	493	736	701	921	888	1,008
従業員数(人)	13,337	30,147	35,115	40,932	59,140	70,169	78,721	89,070	96,897

出所）有価証券報告書より作成

業拡大を進め，売上と利益を拡大してきた事実に注視すると会計的企業価値を増加させているが，本質的企業価値も増加している。たとえば，M&Aによって得た技術を活用し顧客の満足度を高め，顧客価値を創造している。

2 会計的企業価値

M&Aを活用して増収・増益を達成した点は評価できる。1996年度の売上高906億円，営業利益69億円，当期純利益49億円の企業が，2007年度には，売上高7,421億円，営業利益768億円，当期純利益412億円と大幅に増加した。事業区分別売上高を見ても，精密小型モータが1996年度，売上高795億円，営業利益72億円から，2006年度，売上高3,179億円，営業利益420億円，中型モータが1996年度，売上高，営業利益ともに0円から，2006年度，売上高573億円，営業利益5.6億円，機器装置（電源装置）が1996年度，売上高63億円，営業損失1.8億円から，2006年度，売上高829億円，営業利益155億円，電子・光学部品が1996年度，売上高，営業利益ともに0円から，2006年度，売上高1,446億円，営業利益80億円とM&Aを活用しなければ実現できなかっただろう成長を実現した。

図表Ⅱ-9-4　日本電産の株式時価総額等推移

(単位：原則円)

項　目	'99(年度)	'00	'01	'02	'03	'04	'05	'06	'07
株　価	9,500	5,400	8,600	6,680	11,090	13,300	9,520	7,620	6,030
発行済株式数（万株）	3,172	6,355	6,356	6,357	6,502	7,125	14,466	14,478	14,499
時価総額(億円)	3,013	3,432	5,466	4,246	7,211	9,476	13,772	11,032	8,743
時価総額増減額（億円）	-1,697	418	2,034	-1,220	2,964	2,266	4,295	-2,739	-2,289
1株利益	192.2	163.7	101.7	100.1	176.2	239.9	285.5	276.0	284.0
調整後1株利益	180.4	154.9	97.1	95.7	169.7	228.3	275.1	268.3	276.3
1株純資産額	2,443	1,293	1,409	1,416	1,608	2,906	1,823	2,107	2,205
株価収益率(倍)	48.4	33.6	84.1	66.7	61.4	27.8	33.8	27.5	21.6

出所）有価証券報告書より作成

図表Ⅱ-9-5　日本電産の業績推移

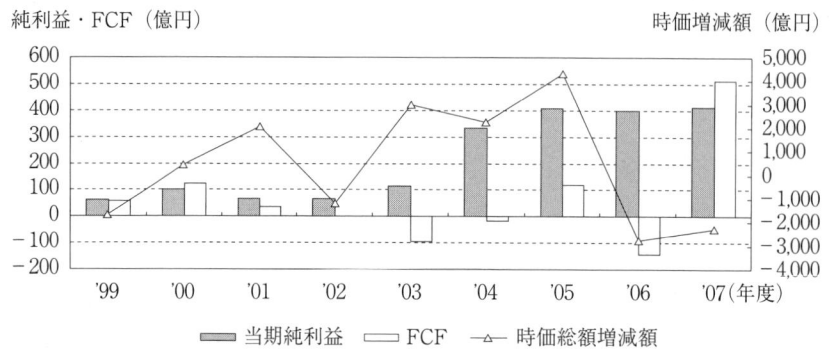

（グラフ：当期純利益、FCF、時価総額増減額、'99〜'07年度）

出所）有価証券報告書より作成

図表Ⅱ-9-6　日本電産の投資・R&D推移

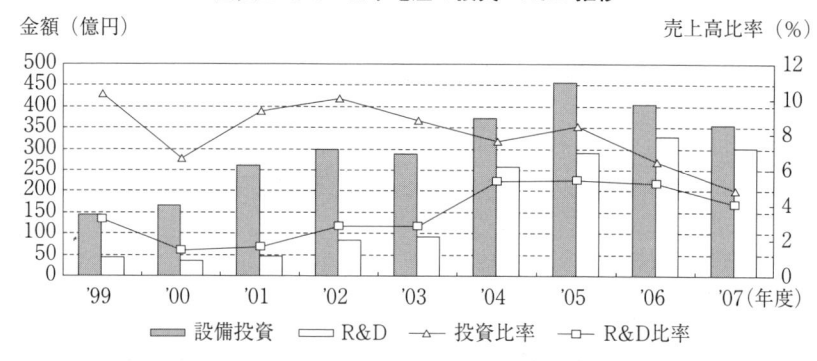

（グラフ：設備投資、R&D、投資比率、R&D比率、'99〜'07年度）

出所）有価証券報告書，会社年鑑より作成

3　市場的企業価値

　2007年度は株価が市場全体で不調であったが，2001年3月と2007年3月を比較すると3,013億円から1兆4,478億円と金額ベースで1兆1,465億円，4.81倍の上昇となった。日本電産の市場的企業価値は，市場全体の推移を考慮すると大きく増加してきたといえる。2008年3月末の時価総額は，8,743億円となっている。

4 本質的企業価値創造
(1) 株主価値創造

M&Aを活用して増収・増益を達成した点は評価できる。良くも悪くも永守の強烈な個性が特徴である。しかし，永守の経営手腕への過度の依存は，リスクともなっている。また，研究開発費も，M&Aにより規模の拡大とともに増加しているが2006年度をピークに頭打ちとなっている。2008年の金融危機後の状況を考慮すると今後は開発費や投資は絞ることが予想される。

(2) 人的価値創造

雇用の創出が社会貢献であるとする永守の経営理念のとおり，連結従業員数は2000年3月期から2008年3月期の9年間で13,337人から96,897人と7倍以上に増加している。

M&Aを実施しても，買収先の経営は被買収企業の経営陣が基本的にそのまま残ることもあり，グループの従業員数の増加に対して，単体の従業員数の増加は少ない。しかし，長時間労働や勤務時間外の清掃，サービス残業などの点で問題がないか議論されることがある。

強烈な個性のある会社であり，その社風をよしとする人にとってはチャンスのある会社であり，社員に対しても雇用の保証を掲げており，多様な働き方がありうるなかで特色をだしていることはまちがいない。

東洋電機がTOB提案を受けた際の質問は，労働条件についても多くが言及された。

(3) 顧客価値創造

顧客に対しては，「QCDSS（クオリティー，コスト，デリバリー，サービス，スピード）」［経済界ポケット社史編集委員会（1997）：p.103］を提供することを掲げている。

たとえば，プリンタの最大手企業に対しては粘り強い営業と新技術，競争力のあるコストの提案により，同業他社を退け取引が開始された［経済界ポケット社史編集委員会（1997）：pp.77-78］。

顧客にとっては，新しい価値を協力して生み出すパートナー企業となってい

る。

(4) 社会・環境価値創造

社会価値については，サンキョースケート部を廃止せず，日本電産サンキョースケート部として存続させた。また，サッカーJリーグの京都サンガにも出資している。また，地域への貢献として中学生を滋賀技術センターで体験学習をさせるなどの取り組みを行っている［http://www.nidec.co.jp］。

環境に対する取り組みとして，商品の開発から販売にいたるプロセスにおいての環境負荷の低減を図っている。また，タイの現地法人が植林に参加するなど環境問題に取り組んでいる。また，自社のブラシレスDCモータの普及が環境に貢献すると事業に直接関係する主張もしている［http://www.nidec.co.jp］。

Ⅳ 日本電産の企業価値創造会計総括

日本電産は，明確な数値目標をもち，戦略の大きな柱としてM&Aの知識，

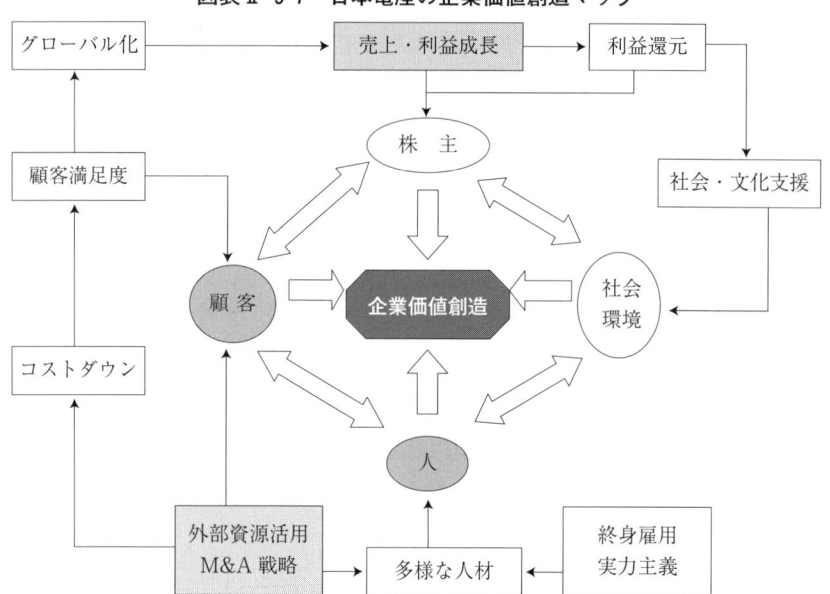

図表Ⅱ-9-7　日本電産の企業価値創造マップ

経験をもっている。また，永守の成長への執念は世間によく知られており，事業環境は急速に悪化しているが，長期的には持続的な成長は十分に可能であると思われる。現在，モータ業界での日本電産の存在は，日本およびアジアにおいては圧倒的になっている。しかし，欧米市場をみてみると，北米の売上は100億円程度にすぎない。永守の経営手法が，そのまま欧米で受け入れられるとは思われないが，欧米での現地経営に成功して欧米市場での事業拡大ができれば中期経営計画の達成に大きく貢献すると思われる。

今後の大きな課題は，フランスのバレオから買収した車載用モータ事業などの現地での経営を成功させることができるのか，それによって欧米市場での事業の拡大に成功できるかというグローバルマネジメントが1つ。もう1つは，株主と経営陣だけでなく社員を含めたステークホルダーから見た企業価値をどのようにして向上させるか，という2点ではないだろうか。永守が，これらの課題にどのように取り組み社会的に尊敬される企業へと成長できるかどうかが，日本電産の企業価値を向上させられるかどうかを決定していくことになる。

(主担当：土屋尚示)

■ **主要参考文献** ■

アンダーセン(2001)『統合的M&A戦略』ダイヤモンド社
経済界ポケット社史編集委員会(1997)『日本電産ベンチャーの雄から21世紀の世界企業へ』経済界
日本経済新聞社編(2004)『日本電産　永守イズムの挑戦』日本経済新聞社
『日経ビジネス』(2009)「日本電産　高速回転，危機も糧に」2009年1月19日号 pp.42-43
有価証券報告書
http://quote.yahoo.co.jp
http://www.asahi.com
http://www.business.nikkeibpco.jp
http://www.japanservo.jp
http://www.j-cast.com
http://www.nidec.co.jp
http://www.nidec-sankyo.co.jp

第10章　東京エレクトロンの企業価値創造会計に基づく事例分析

I　東京エレクトロンの概要

　東京エレクトロン株式会社（TEL）は，1963年に設立された。商社が発祥であり，商社DNAを有する世界2位の半導体製造装置メーカーへと成長した。2人の創業者，久保徳雄と小高敏夫は日商出身の商社マンであった。装置の据え付け電子機器の専門商社としてスタートした。米国メーカーに顧客の要望を提案するが，対応してくれないので，自分たちで改良し，そのうち自分たちでつくることになった。1980年に東証2部に上場した。事業内容は，産業用電子機器と電子部品・情報通信機器とに分けられている。産業用電子機器事業の主な製品は，半導体製造装置，FPD（フラット・パネル・ディスプレイ）製造装置等である。電子部品・情報通信機器事業の主な製品は，半導体製品，コンピュータ・ネットワーク機器，ミドルウェア・ソフトウェア，その他電子部品等である。

図表Ⅱ-10-1　TELの'07年度売上高構成割合

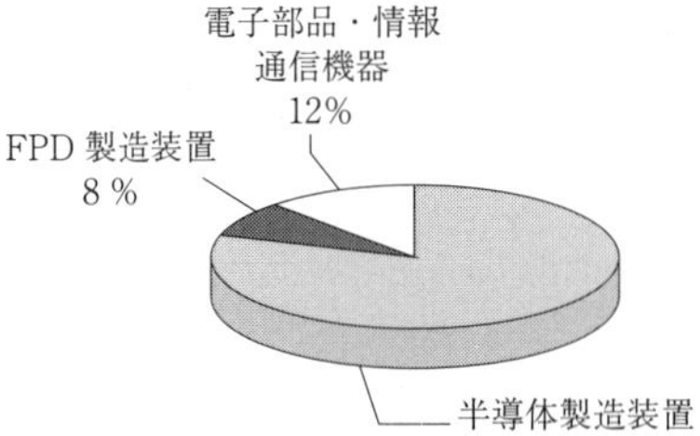

電子部品・情報通信機器　12%
FPD製造装置　8%
半導体製造装置　80%

出所）有価証券報告書より作成

図表Ⅱ-10-2　TELの'07年度営業利益構成割合

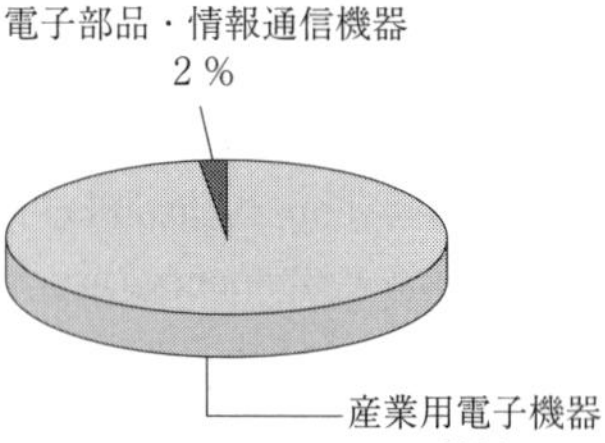

電子部品・情報通信機器　2%
産業用電子機器　98%

出所）有価証券報告書より作成

Ⅱ 東京エレクトロンの経営理念・戦略・計画

1 経営理念

　東京エレクトロンの使命は，高性能な半導体を高効率で製造する装置を提供することである。「革新」「成長」「環境」をキーワードに，新しい価値の創造を通じて社会に貢献する。

　2006年4月に，グループの価値観および行動規範となるものを「TELバリュー」として策定した。世界中のグループ社員と共有し，未来に向けての新たな成長の原動力にする。年に1度TELバリューの浸透度やモチベーションの状況を調査し，社内へフィードバックしている。内容は，次のとおりである。

　「私たちが大切にしたいこと「誇り」

　私たちは，自らが誇りを持てる高い価値を持った製品・サービスを提供します。最先端の技術製品を最高の品質・技術サービスと共に提供し，お客様の真の満足を追求します。

　利益は製品・サービスの価値の大きさを示す尺度であると考え，それを考え，それを大切にします。

　私たちが大切にしたいこと「チャレンジ」

　私たちは，世界No.1をめざし，新しいこと，人のやらないことにチャレンジします。

　変化をチャンスととらえ，柔軟かつ積極的に行動します。

　失敗に対して寛容であるとともに，そのプロセスと結果から学ぶことを重視します。

　私たちが大切にしたいこと「オーナーシップ」

　私たちは，オーナーシップを持って，考え抜き，やり抜き，やり遂げます。

　常に問題意識を持ち，課題に情熱と責任感を持って取り組みます。

　意思決定を早くし，良いと考えることはすばやく実行します。

　私たちが大切にしたいこと「チームワーク」

　私たちは，お互いを認め合い，チームワークを大切にします。

オープンに意見を交わし，風通しの良い職場をつくります。

ビジネスパートナーとお互いに信頼し，成長できる関係を築きます。

私たちが大切にしたいこと「自覚」

私たちは，社会の一員としての自覚を持ち，責任のある行動をします。

法令と社会のルールを遵守します。

安全と健康および地球環境への配慮を最優先に考えます。

地域社会から高く評価される会社であるよう心がけます。」

さらに，コーポレートメッセージとして，次のように述べられている。

「東京エレクトロンは，「People. Technology. Commitment」をモットーに，IT時代を根底から支え，皆様の豊かな未来の実現に向けて取り組んでまいります。

People　私たちは，「ひと」を大切にし，「ひと」に喜ばれる価値を提供します。

私たちは，常にお客様をはじめ，私たちをとりまく全ての人々に対して独自の付加価値を提供し，最高の評価を得るべく世界中のビジネスを展開しています。その基盤にあるのは，創業以来の「人間尊重」の理念です。社員をはじめ，人間が持つ創造性，無限の可能性を信じ，異なる文化や多様な価値観を尊重すること。人々の健康と安全を最優先し，地球環境の保全にも配慮すること。そして，情熱をもって仕事に取り組むこと。これら全てが私たちの姿勢です。

Technology　私たちは，常に世界最高水準の技術を目指します。

私たちは，数々の競争力の高い製品を，独自の開発力と技術力で創造し，万全のサービス体制とともに提供することによって，マーケットリーダーとして成長してまいりました。これからも，次世代，次々世代の技術を先取りし，お客様にご満足いただける高付加価値で独創的な技術，最高品質の製品を提供します。

Commitment　私たちは，成功に向けて責任ある対応をお約束します。

私たちは，信頼関係こそが未来を築く基礎になると考え，あらゆる経営資源を活用し，約束したことを責任をもって必ず実行します。これにより，お客様，

株主様,地域社会の皆様など,私たちを支える人々の将来にわたる成功に貢献してまいります」[環境・社会報告書(2007・2008)]。

このようにかなり明確に企業の価値観を表現している。

2 経営戦略

(1) 経営環境

エレクトロニクス業界,特に情報・通信分野は,今後の大きな成長が期待できる産業であり,その中核技術の必要性はますますその重要性が高まるであろう。複合化する技術革新を通じてさらなる成長が期待できる。受注型ビジネスであるから,半年から1年ぐらいの先の業績予想はかなり正確に把握できるが,その後は客の受注に依存する極めて不確定で変動的な不透明な業界である。受注高はハイテク産業の先行きを占う指標として投資家から注目されている。

(2) 経営戦略

中長期的な成長シナリオに基づく戦略を着実に実行している。

「当社グループは「モノづくり力を強化し,お客様と共に成長する」を中期目標に掲げ,07年4月から中期計画に基づく事業を展開しております。その基本方針として,①カスタム性の強い製品を創出 ②現場重視による製造力の強化 ③資源の最適活用,最適配備を定め,具体的な施策を実行しております。

電子部品を主な事業とする当社グループの顧客は,これら電子部品を採用,購入する企業であります。従って,顧客である企業の成長なくして当社グループの成長は望めず,顧客の成長に寄与できる製品を開発,提供してゆかねばなりません。このようなメーカーとしての使命のもと,中長期的な視点から,モノづくりが行われる現場を一段と重視,強化し,持続的な成長を目指してまいります」と示されている。

1^{st}マイルストン(中期目標)として目標営業利益率17%を設定し,2007年度には達成できた。半導体需要がピークを迎える2009年度か2010年度には20%を超えたいとしている。2008年度は大幅に悪化するので,どのようにこ

れから20％まで改善できるかが問われる。

　下請けの協力工場と，1つの屋根の下で作業することによりスピードアップを図る。搬入検査，梱包や輸送などの物流コストなどのコスト削減を含めた生産現場改革を推進している。

　次のようなフェーズごとの戦略を展開してきた。

① 2002～2004年度は，構造改革期と位置づけ，拠点の統廃合と在庫の適正化を進めた。

② 2005～2007年度は，既存事業の収益性拡大期と位置づけ，新製品創出の強化，モノづくり改革，品質強化，ポストセールスビジネス拡大を進めた。

③ 2008年度からは，さらなる成長期と位置づけ，新手法を取り入れた戦略を進めている。

　2008年度経営方針として，次の成長期に飛躍するための備えの時期と位置づけている。強化として，研究開発・製品開発（半導体技術革新，新規事業分野），モノづくり（製造リードタイム短縮，宮城新工場に向けた準備），ポストセールス事業（環境対応，改善・改良，装置延命）を掲げている。見直し／縮小として，経費の大幅削減（グローバルベースでの人員配置見直し，外注コストの低減など）である。新規事業分野として，環境・クリーンエネルギー分野を将来のもう1つのビジネスの柱にしていく。太陽電池製造装置，SiCエピ膜成長装置，環境対応装置改造である。

　2008年2月，太陽電池製造技術でトップクラスのシャープと開発合弁会社「東京エレクトロンPV」を設立した。2009年から出荷開始をめざす。製造装置トップの米アプライド・マテリアルズは2006年度から攻勢に出ており，周回遅れの感は否めない。半導体製造装置と液晶パネル製造装置いずれも先行しながら，M&Aや豊富な研究開発投資で攻められ，逆転を許してきた。どのようにスピードを上げるのであろうか。並行して，独自技術の研究開発も行っている。

　事業成長のロードマップとして，新製品の量産展開，微細化・新材料向け技術開発，生産改革，新規事業開発を考えている。

生産と財務を強化し，短期間で造りやすいように設計簡素化や部品共有化を促進して，業績を安定的に上昇させ，製造リードタイムを短縮し，在庫を減少させて，機動的な生産調整を高めてきた。

(3) 選択・集中戦略

商社的機能に関連する部分は，広範囲の分野をカバーしているが，半導体製造装置，FPD（フラット・パネル・ディスプレイ）製造装置に事業を集中している。

3 経営計画

第一次中期計画（2005～2007年度）「Innovative Challenge 20」を策定し，中間目標として営業利益率を17％とした。次の3つの方面から収益性の向上をめざす。高付加価値の新製品の創出，製造力の強化によるコストダウン，ポストセールスビジネスの拡大である。

東京エレクトロンの経営理念・戦略・計画はかなり明確に述べられているが，実行力に問題があり，必ずしも十分に企業価値の創造に結びついていない。

Ⅲ 東京エレクトロンの企業価値創造会計による分析

1 企業価値概念

いかなるビジネス環境においても企業価値を継続的に向上させることを経営の基本方針としている。東会長はトップメッセージとして，「夢と活力のある会社づくりを通して，高い企業価値を創造していきます」，「革新と成長により，さらなる企業価値の向上を目指します」と述べている。すべてのステークホルダーにとつて企業価値の最大化を図るため，コーポレート・ガバナンスの強化が重要である。

企業価値の定義に関しては明確には触れていないが，一般的な市場的企業価値に近いものと思われるが，ステークホルダーにとつて価値の高い企業になりたいと考えている点も注目される。

2　会計的企業価値創造

収益性は 2001・2002 年度の大幅な下落以降，着実に顕著な改善をつづけてきた。売上高営業利益率は 2001 年度以降，特に 2005 年度以降順調に上昇させてきた。2011 年度には，売上高営業利益率を 20％超に引き上げる目標である。2006・2007 年度の ROA・ROE は高水準に達している。業績の拡大で，2007 年度には財務体質もすこぶる強固になった。しかし，2008 年度は半導体製造装置の売上が大幅に減少し，利益も減少する見通しである。半導体メモリーの価格下落などをうけ世界の半導体メーカーは設備投資を先送りしており，製造装置の受注減少が避けられない。今後厳しい状況が予想される。

図表Ⅱ-10-3　東京エレクトロンの会計業績等推移

(単位：原則億円)

項　目	'99(年度)	'00	'01	'02	'03	'04	'05	'06	'07
売　上　高	4,407	7,239	4,178	4,606	5,297	6,357	6,737	8,520	9,061
営業利益	358	1,211	-183	11	223	640	757	1,440	1,685
利益率(%)	8.1	16.7	-4.4	0.2	4.2	10.1	11.2	16.9	18.6
経常損益	338	1,192	-195	-2	212	656	760	1,439	1,727
利益率(%)	7.7	16.5	-4.7	-0.0	4.0	10.3	11.3	16.9	19.1
当期純利益	198	620	-199	-416	83	616	480	913	1,063
利益率(%)	4.5	8.6	-4.8	-9.0	1.6	9.7	7.1	10.7	11.7
総　資　産	4,995	7,295	5,569	5,249	5,616	6,443	6,632	7,705	7,928
Ｒ　Ｏ　A(%)	1.1	2.5	-2.8	0.2	4.1	10.7	11.7	20.2	21.7
純　資　産	2,736	3,333	3,076	2,529	2,758	3,322	3,769	4,698	5,452
自己資本比率(%)	54.8	45.7	55.2	48.2	49.1	51.5	56.8	59.7	67.5
自己資本利益率(%)	7.5	20.4	-6.2	-14.8	3.1	20.3	13.5	21.8	21.4
営業 CF	251	-294	776	214	79	1,144	789	543	1,169
投資 CF	-162	-624	-358	-73	-85	-75	-105	-253	-302
Ｆ　Ｃ　Ｆ	89	-918	418	141	-7	1,069	683	290	868
財務 CF	236	772	-572	-99	-103	-343	-434	-347	-270
現　金　等	795	653	484	530	426	1,154	1,400	1,344	1,935
従業員数(人)	8,946	10,236	10,171	10,053	8,870	8,864	8,901	9,528	10,429

出所) 有価証券報告書より作成

3 市場的企業価値創造

株式時価総額は，ITバブルで1999年度には上昇したが，その後減少しつづけ，2005年度に多少戻した。会計的な業績悪化そして回復がそのまま，市場的企業価値に反映している。

図表Ⅱ-10-4　東京エレクトロンの株式時価総額等推移

(単位：原則円)

項　目	'99(年度)	'00	'01	'02	'03	'04	'05	'06	'07
株　価	15,500	8,280	9,010	4,640	6,950	6,110	8,120	8,240	6,060
発行済株式数（万株）	17,566	17,569	17,569	17,570	18,061	18,061	18,061	18,061	18,061
時価総額(億円)	27,226	14,547	15,830	8,152	12,552	11,035	14,665	14,882	10,945
時価総額増減額（億円）	16,523	-12,680	1,283	-7,678	4,400	-1,517	3,631	216	-3,937
1株純利益	113.5	353.8	-113.9	-238.6	46.4	343.6	267.6	511.3	594.0
調整後1株純利益	110.6	344.8	-	-	45.8	343.5	267.3	509.8	592.7
1株純資産	1,560.3	1,901.4	1,756.7	1,456.2	1,543.7	1,863.3	2,112.3	2,573.7	2,989.7
株価収益率（倍）	136.5	23.4	-	-	149.9	17.8	30.3	21.8	18.1

出所）有価証券報告書等より作成

図表Ⅱ-10-5　東京エレクトロンの業績推移

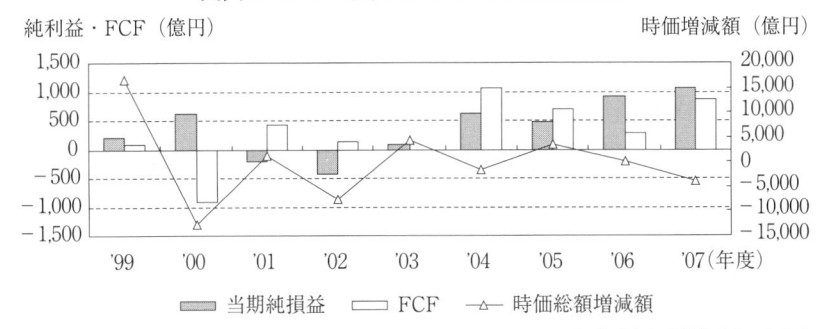

出所）有価証券報告書等より作成

図表Ⅱ-10-6　東京エレクトロンの投資・R&D推移

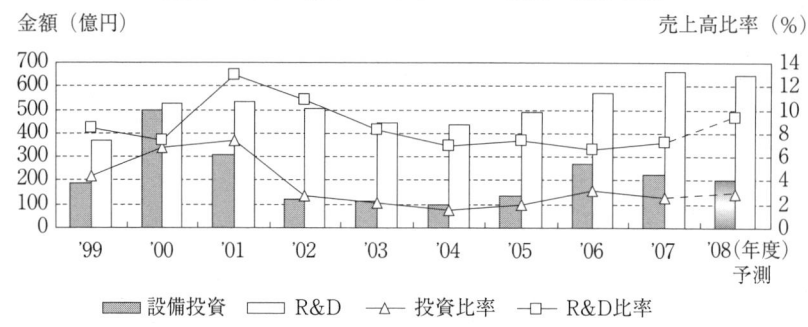

金額（億円）　　　　　　　　　　　　　　　　　　　　売上高比率（%）

■ 設備投資　□ R&D　—△— 投資比率　—□— R&D比率

出所）有価証券報告書より作成

4　本質的企業価値創造

(1)　株主価値創造

業績連動型の配当を継続的に行うことを株主還元の基本方針とし，配当性向20%を目途とする配当政策を実施している。厳しい環境下でも，R&Dは高水準を維持している研究開発型企業へ変身中であり，2005年度以降増加傾向をつづけている。2008年度R&Dの3割を新たな柱づくりに振り向ける。大量に，安定して，安価に生産できる製造装置の開発に取り組んでいる。

『知的財産報告書（2006）』には，半導体製造装置群世界市場シェア，年度別出願件数，年度別保有件数が開示されている。知的財産活動の目的は，自社技術の差別化，保護にあると考え，特許の出願および権利保有数は，マーケットでの売上に応じたものであるべきと考えている。コータ／デベロッパ，エッチングシステム，サーマルプロセスシステムにおけるシェアと特許の優位性が指摘される。熱処理装置，枚葉装置，コータ／デベロッパ（塗布・現象装置），プラズマエッチング装置，FPDプラズマエッチング装置は，世界トップシェアである。

(2)　人的価値創造

社員一人ひとりの挑戦意欲，自主性を尊重する企業として，社員がチャレンジできる会社をめざし，そのために，①加点主義，②公平な人事，③公平な

報酬の分配，の3つの視点での環境づくりを展開している。「TELの宝は社員」という理念のもと，中長期的に人材育成を強化し，働きやすい職場環境の整備に取り組んでいる。

人事制度は，組織の活性化と社員一人ひとりの成長を目的とし，成果だけでなく，成果を生み出したプロセスも重視する観点で設計されている。プロセスを評価するための力量，個別の役割，役割に基づいた成果という3つを柱としている。

徹底した能力主義を採用しており，業績・指導力・専門知識等の総合能力によって判定される。若くても有能な人が昇進し，社員間でも年収にはかなりの差が生じている。同じような考えの集団とならないように，中途採用を積極的に行っている。賞与は，業績連動の仕組みである。賞与前営業利益の15％を賞与原資とし，直接連動させる。プロセスも重視する観点で評価している。

「役員等の業績連動報酬（年次賞与）は，総額の上限を連結当期純利益の3％としている」［Annual Report（2008）：p.22］。

中長期的に人材育成を強化し，2007年にTELユニバーシティを設立し，必要な知識・技能，マネジメント力の強化や次世代リーダー育成の場，経営層と社員との交流の場，TELバリューの理解を深める場としての役割を担っている。

「07年3月に新工場の建設を決め，世界一の工場を目指す「世界でいちばん

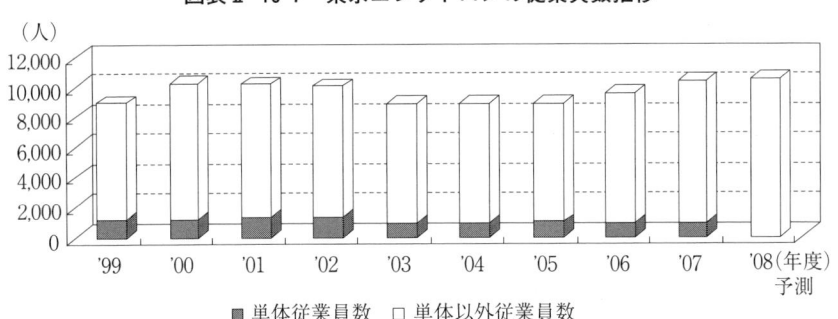

図表Ⅱ-10-7　東京エレクトロンの従業員数推移

■ 単体従業員数　□ 単体以外従業員数

出所）有価証券報告書より作成

プロジェクト」を発足させた。社員の希望を反映させた新工場を建設する。開発力や生産コストなど世界一の工場にする「世界でいちばんプロジェクト」の一環で，生産性向上や納期短縮に有効な社員のアイデアを建物の構造に盛り込む。敷地内に託児施設の設置を検討しており，社員の声を生かして働きやすい環境を整える。生産ラインのレイアウトを見直し残業せずに生産量を現在の8割増にする。新工場は10年4月に稼動させる。半導体製造に使うエッチング（食刻）装置の開発・量産拠点で，09年4月に宮城県大和町で建設を始める。投資額は200〜300億円，生産スペースを広げ，下請けの協力会社を招き入れ，スピードアップを図る」[『日経金融新聞』(2007年9月20日)，『日本経済新聞』(2008年6月16日)]。

(3) 顧客価値創造

顧客の要望に応える製品を開発・供給している。信頼性と生産性の高い装置の開発，製造をとおして真の顧客満足を追求している。

(4) 社会・環境価値創造

社会価値創造としては，地域社会との共生をめざし，信頼関係を築いている。産業人材育成を目的とした講師派遣，体験学習，工場見学の受け入れ，地元地域の行事への協賛・寄付，献血活動への協力などを積極的に行っている。

東京エレクトロンは，地球環境を大切にし，環境との調和を考えた社会を実現するために，先進的な技術やサービスを提供することで貢献している。

EHS (Environment, Health and Safety；環境・健康・安全) 活動を経営の重要課題ととらえ，推進している。技術で環境問題に取り組むとして，TEL装置の省エネルギー化を促進，省電力・高効率デバイスを作る製造装置の提供，クリーンエネルギー関連の製造装置の提供を掲げている。高成長が期待される太陽光発電市場を重視し，太陽電池製造装置市場に参入する。環境負荷の少ない，中でも消費電力の削減できる装置を開発する。1998年に「環境に関する基本理念／方針」および「安全・健康に関する基本理念／方針」を制定した。2015年に環境負荷を2007年対比半減することを目標として定めた。

Ⅳ 東京エレクトロンの企業価値創造会計総括

　東京エレクトロンは，微細化，低消費電力化に技術力で勝負するとして，そして新規事業分野に参入する。成長投資（R&D，M&A等）および生産性向上のための投資はつづける。顧客の求める最先端技術を提供し，高生産性を維持できるかが今後の企業価値創造に大きく影響すると考えられる。素早い対応，活性化・能力主義により人的価値を創造し，特許，技術により性能・品質を高め，新製品を生み，リードタイムを短縮し顧客価値を創造する。新規事業にも積極的で，以上の結果として利益を生み，株主価値を創造している。

　市場的企業価値が本質的企業価値よりかなり弱気のように思われる。2008年度の会計的企業価値は大幅に下落するが，受注が回復し，企業価値創造力が再認識されれば，確実に企業価値を創造できる可能性は高いと思われる。課題としては，R&Dの確実な成果を上げられるための推進能力であろう。顧

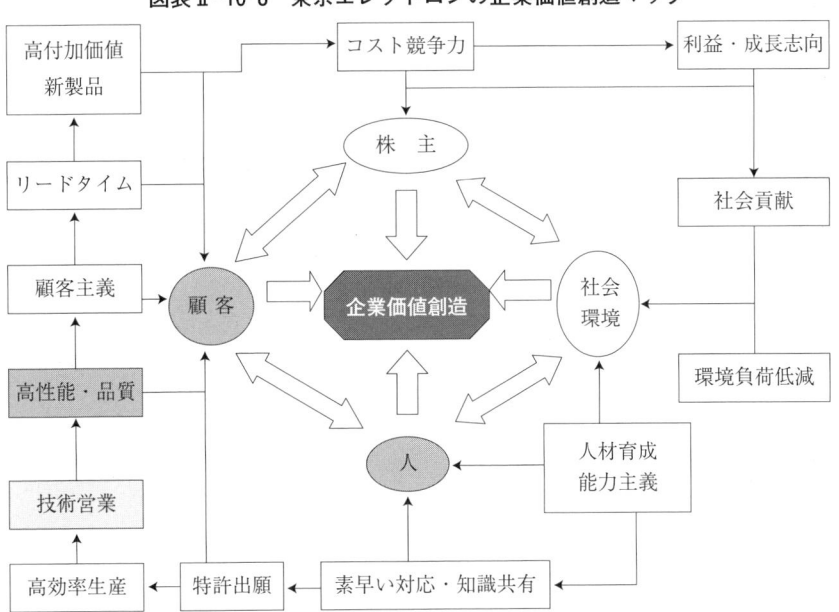

図表Ⅱ-10-8　東京エレクトロンの企業価値創造マップ

客の視点からのより積極的な対応を強化し，顧客との関係をさらに密接にすることが必要不可欠と考えられる。

（主担当：紺野　剛）

■主要参考文献■

『週刊東洋経済』(2007)「「商社DNA」で昇りつめた東京エレクトロンの転身」
　2007年6月16日号　pp.90-93
Annual Report (2007・2008)
環境・社会報告書 (2007・2008)
経営方針等資料
決算説明会資料
決算短信
知的財産報告書 (2004・2005・2006)
FACT BOOK (2007・2008)
有価証券報告書
http://www.tel.com

第11章　村田製作所の企業価値創造会計に基づく事例分析

I　村田製作所の概要

　株式会社村田製作所は，第二次世界大戦中の1944年に村田昭が個人経営でセラミックコンデンサ製造を開始したのを契機とし，1950年に株式会社として設立された。電子部品および関連製品の開発・製造販売を業態としており，商品としてはコンデンサ，圧電製品，高周波デバイス，モジュール製品などを扱う。主な客先は各種エレクトロニクス製品を生産する電子機器メーカーである。

　事業区分は1つで，大半の製品が生産工程の一部を共有しているため事業の種類別セグメント情報は非開示である。開発から販売まで関係部門と協力しつつ事業運営を行う組織として，コンポーネント事業本部（圧電製品・センサ）とモジュール事業本部（高周波製品・モジュール）の2事業本部がある。

　2007年度連結の製品別売上高および用途別売上高割合を次に示す。村田製作所は特定の製品や用途に依存することなく売上高を分散させているが，製品ではコンデンサが，用途では通信が，そのうちの約4割を占める。

図表Ⅱ-11-1　村田製作所の'07年度製品別売上高構成割合

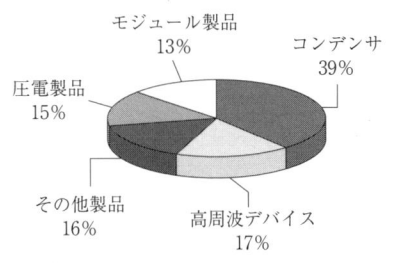

- コンデンサ　39%
- 高周波デバイス　17%
- その他製品　16%
- 圧電製品　15%
- モジュール製品　13%

出所）有価証券報告書（2008年3月期）より作成

図表Ⅱ-11-2　村田製作所の'07年度用途別売上高構成割合

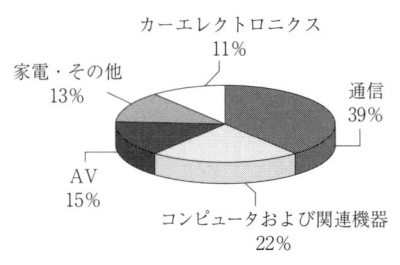

- 通信　39%
- コンピュータおよび関連機器　22%
- AV　15%
- 家電・その他　13%
- カーエレクトロニクス　11%

出所）有価証券報告書（2008年3月期）より作成

Ⅱ　村田製作所の経営理念・戦略・計画

1　経営理念

　村田製作所の社是は,「技術を練磨し　科学的管理を実践し　独自の製品を供給して文化の発展に貢献し信用の蓄積につとめ　会社の発展と協力者の共栄をはかり　これをよろこび感謝する人びととともに運営する」である。

　この社是は初代社長により提唱され,すべての従業員が行動の規範とすべき考えを表したもので,社是の実践が企業の社会的責任でもあるとされている。

　最近では,社是の精神に基づきCS（顧客価値）とES（従業員のやりがいと成長）が「今あらためてムラタが大切にするべき価値」だとされ,"Innovator in Electronics"がスローガンに掲げられている。

2　経営戦略

(1)　経営環境

　電子機器業界では,先進地域での高機能化と,振興地域での普及促進による数量増加が同時に起こり,機器1台当たりに搭載するコンデンサの個数が増加傾向にあり,需要が大きく拡大する方向にある。この業界では日系企業は全体的に強いが,殊にセラミックコンデンサ産業における世界シェアが高い。

　その一方,技術革新のスピードが加速し,製品のライフサイクルが短期化しているうえに価格競争が厳しく,市場予測が難しいという懸念材料がある。また,原材料の高騰や,為替リスク,景気の動向なども不安定な要素である。

(2)　経営戦略

　村田製作所は,①　多様な人材の育成・活用,②　営業・マーケティング能力の最大化,③　ものづくり重視,④　戦略重視の技術開発,⑤　成長に向けた組織／体制／仕組の整備,という5つの経営のための活動指針をもつ。

　中長期的な会社の経営戦略については,まず今後拡大が予想される市場（無線通信機器,情報・コンピュータ関連機器,カーエレクトロニクス機器および民生用デジタル機器）を重要なターゲットに据え,材料・高周波・回路設計技

術並びにプロセス技術などの主要技術に重点的に資源を投入し，電子機器の小型化，高周波化，デジタル化に対応した新製品の迅速な開発・生産・販売体制を一層強化する。そして特定地域に偏ることなく，主要な地域すべてに販売網を整備，充実していこうとしている。特に需要の大きな地域においては，その市場における現地生産も志向する。

(3) 選択・集中戦略

村田製作所は電子部品事業に軸足をおいており，競争力・効率・収益を確保することにより，経営資源を集中させている。設備集約型の製品が多く，労務費の比率が少ないため，どこでつくってもコストの大きな相違はないと考え，半製品・それを加工した製品の生産拠点は国内に集中させており，日本で製造する割合は80％もある。一方で販売拠点は世界各国に分散させており，海外売上高比率は約75％と高い。1963年にニューヨークに駐在員事務所を開設するなど，早くから海外に目を向けてきた。

企業買収や業務提携については，昔から積極的に展開している。以前は生産・販売拠点が必要な国の企業を買収し，生産・販売会社とするケースが多かったが，最近では買収する企業のもつ技術やノウハウなどが狙いのことが多いようだ。2003年の沖電気からの表面波（SAW）デュプレクサ事業譲渡，2007年のロームからのセラミックコンデンサの営業権譲渡，2008年の富士フィルム仙

図表Ⅱ-11-3　村田製作所の主な事業再編

時期 (年)	内　　　　容
'78	台湾の生産・販売会社を買収
'80	カナダの多国籍企業グループを買収し，フランス・イタリアの販売会社等を取得
'82	電気音響㈱に資本参加（'89年に吸収合併）
'97	スイスの販売会社を買収
'04	住友金属エレクトロデバイスの製造子会社（現　大垣村田製作所）に資本参加
'06	米国の開発・設計・販売会社 SyChip, Inc. を買収
'07	米国 C&D Technologies, Inc. の Power Electronics 事業部他17社を買収

出所）有価証券報告書（2008年3月期）より作成

台市内の土地・建物の譲渡など，他社の撤退に当たり拡張を図っている事例も目立つ。

3 経営計画

村田製作所は長期の経営計画を策定しており，直近では2007年1月に「Murata Way 2015」を発表，2007年4月から開始している。この長期経営計画での主要数値目標は，2015年の売上高目標が1兆円，営業利益目標が1,700億円である。

これらは後述する研究開発長期構想（TRM）とも密接なかかわりをもっている。

4 経営管理手法

村田製作所は30年以上マトリックス経営を実行している。現在は，職能横断的な製品別縦割り組織（トップは事業部長）と，工程別横割り組織（トップは場所長といい，実質子会社の経営責任者）による二次元マトリックスに水平調整の本社機能スタッフを加えた，三次元マトリックス経営を行っている。

経理制度は，① 予算，② 部門損益と連結品種別損益，③ 標準原価計算，④ 設備投資経済計算，の4つから構成される。経営者は，毎日連結ベースで製品別・地域別の受注量を確認，収益や財務データは月次で確認している。②は業績評価にも使われ，成果主義による賞与の支給などにも反映される。④の設備投資計画においては，定量評価と定性評価が必ず行われ，判定基準が高めに設定してあり，それを超えないと投資しない。

また，研究開発を効率よく進めていくため，戦略的開発プロセス管理（SMPD）を行っており，各プロセスの段階や階層で判断が加えられ，各レベルの審査をパスしなければ商品を量産させない仕組みになっている。

設備投資については，需要の変動に振り回されないため，平時から15～20％の増産に対応できる体制を整えていて，多少の変動には通常の体制で応対する。増産能力を超えてしまうと予測されるときにのみ，新たな設備投資をする。

Ⅲ 村田製作所の企業価値創造会計による分析

1 企業価値概念

村田製作所の考える企業価値の定義について，明確なものはないが，ウェブサイト上では「長期的な企業価値の拡大（を図りながら配当の安定的増加に努める）」という表現がよく使われている。また，「顧客の視点に立った価値」や，（ストックオプション実施の理由として）「当社の中長期的な業績向上に対する意欲や士気を高め，企業価値の増大に資する」といった表現が見受けられる。

関西経済連合会の企業経営委員会 関西企業価値研究会報告書によれば，「企業価値評価の視点や具体的な取り組み」について各企業にたずねたところ，村田製作所からのヒヤリング結果は，「① 開発者に理解があり，長期的研究開発を積極的に推進，② 社長のリーダーシップの下，市場，製品，技術の3つのロードマップのすり合わせ，③ 人材重視での経営，国内生産比率を高くすることにより商品品質維持を意図，④ 社外取締役を中心とする意思決定体制の早急な導入よりも社内の多面的チェックによる規律でガバナンス維持」であった。

要約すると，村田製作所は3つのロードマップや多面的チェックなどによる計画的な管理の実践，長期的な研究開発の推進，品質維持によるCS重視，人材重視などの方法により，長期的な企業価値の向上をめざしているといえよう。

2 会計的企業価値

村田製作所の連結会計的企業価値の特徴として，2000年度が過去最高の業績であったこと，翌2001年度にはITバブルが崩壊し前年と比べかなり落ち込んだこと，その後回復の兆しは見られるものの，ゆっくりとしたペースであること，自己資本比率が高いことなどがあげられる。

CF推移については，設備投資計画・買収などにより投資CFの支出は期によって大きな増減がある。財務CFの内訳は自己株式の取得と配当が主で，近年は特に株主還元の方向性が明確になっている。

図表Ⅱ-11-4 村田製作所の会計業績等推移

(単位:原則億円)

項　目	'99(年度)	'00	'01	'02	'03	'04	'05	'06	'07
売　上　高	4,591	5,840	3,948	3,950	4,142	4,245	4,908	5,668	6,317
営業利益	1,008	1,742	510	592	742	695	898	1,134	1,158
利益率(%)	21.9	29.8	12.9	15.0	17.9	16.4	18.3	20.0	18.3
経常利益	1,081	1,739	524	591	787	729	917	1,180	1,218
利益率(%)	23.5	29.8	13.3	15.0	19.0	17.2	18.7	20.8	19.3
当期純利益	616	1,049	350	395	485	466	584	713	774
利益率(%)	13.4	18.0	8.9	10.0	11.7	11.0	11.9	12.6	12.3
総　資　産	7,552	8,768	8,394	8,343	8,441	8,507	9,096	10,150	10,303
純　資　産	5,853	6,964	7,262	6,921	7,009	7,123	7,554	8,229	8,442
自己資本比率(%)	77.5	79.4	86.5	83.0	83.0	83.7	83.0	81.1	81.9
自己資本利益率(%)	11.0	16.4	4.9	5.6	7.0	6.6	8.0	9.0	9.3
営業CF	999	1,518	880	1,367	807	903	920	1,161	1,064
投資CF	−1,049	−798	−1,557	−778	−513	−220	−375	−1,248	−656
ＦＣＦ	−49	720	−678	589	294	683	545	−87	408
財務CF	−77	−123	−155	−579	−412	−385	−259	−138	−325
現　金　等	971	1,589	791	778	619	937	1,264	1,062	1,101
従業員数(人)	25,427	27,851	27,386	26,435	26,469	25,924	26,956	29,392	34,067

出所)有価証券報告書より作成

図表Ⅱ-11-5 村田製作所の株式時価総額等推移

(単位:原則円)

項　目	'99(年度)	'00	'01	'02	'03	'04	'05	'06	'07
株　価	24,950	10,490	8,520	4,610	6,720	5,740	7,920	8,550	4,950
発行済株式数(万株)	24,051	24,261	24,426	24,426	23,426	22,526	22,526	22,526	22,526
時価総額(億円)	60,007	25,450	20,811	11,260	15,742	12,930	17,841	19,260	11,150
時価総額増減額(億円)	45,113	−34,557	−4,639	−9,551	4,482	−2,812	4,911	1,419	−8,110
1株利益	256.5	434.5	143.9	163.5	208.5	205.0	262.5	322.0	349.1
調整後1株利益	252.7	429.8	143.3	163.5	208.5	205.0	262.5	321.2	349.1
1株株主資本	2,434	2,871	2,973	2,939	3,052	3,170	3,404	3,707	3,848
株価収益率(倍)	97.3	24.0	59.1	28.1	31.7	28.1	30.4	26.8	14.2

出所)有価証券報告書より作成

図表Ⅱ-11-6 村田製作所の業績推移

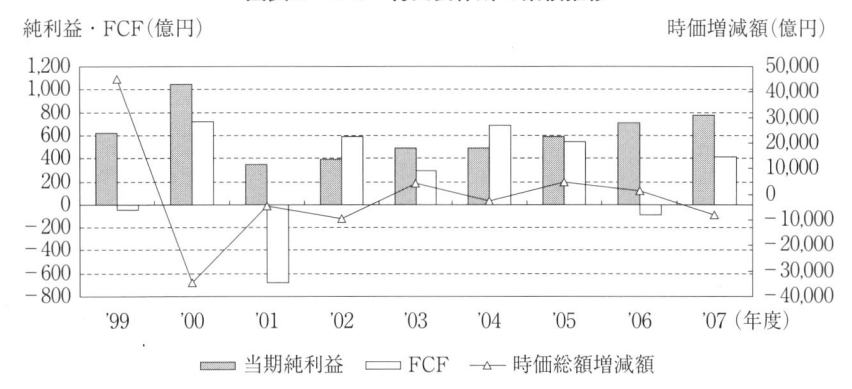

純利益・FCF(億円) / 時価増減額(億円)

当期純利益 ／ FCF ／ 時価総額増減額

出所）有価証券報告書より作成

3 市場的企業価値

2000年度に過去最高の当期純利益を記録したが，同時にITバブルの崩壊により株価が半値以下になり，2000年度の時価総額増減額は20社のうちで最低値となった。以来株価は2000年度の水準まで回復できずにいる。当期純利益は2002年度から連続で増加しているものの，時価総額は上昇傾向を見せていない。

4 本質的企業価値創造

(1) 株主価値創造

R&Dについては，研究開発長期構想（TRM）により，3つのロードマップ（10年先を見越した技術のロードマップ，それを使った製品のロードマップ，その製品を使用する顧客の最終商品のロードマップ）を元に長期事業計画を立てている。現在は技術開発本部が策定した2001年から2010年までの10年計画を年度ごとに修正しながら進めている。

また，研究開発費の5％程度を上限に，既存の事業部や製品の枠にとらわれない夢のあるテーマを追いかけさせている。新技術に対する報償制度もある。

研究開発費は材料，生産設備および工法，設計の3つの要素にほぼ均等に振

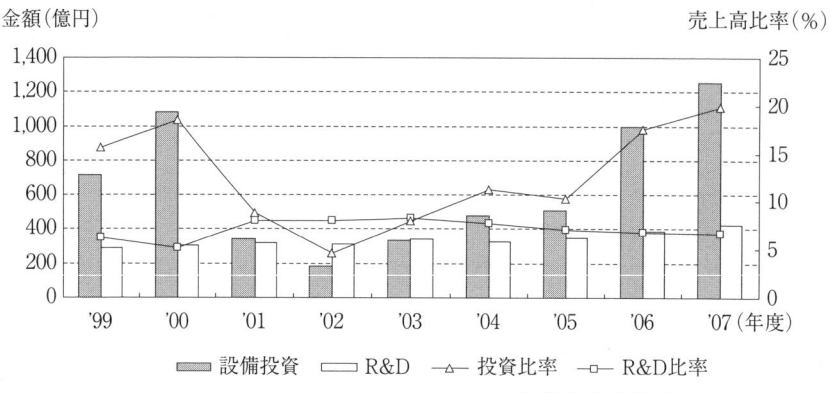

図表Ⅱ-11-7　村田製作所の投資・R&D 推移

金額(億円)　　　　　　　　　　　　　　　　　　　　　売上高比率(%)

■ 設備投資　□ R&D　─△─ 投資比率　─□─ R&D比率

出所) 有価証券報告書，会社年鑑より作成

り分けられ，オリジナリティーを守る努力がなされている。メーカーで原材料から開発をしているところは少なく，村田製作所は原材料の研究開発，特に誘電体材料の研究開発についてはトップレベルにあると自負している。

　村田製作所では，対売上高比率で毎年 6 ～ 8 ％を研究開発費に投入し，新製品比率の引き上げに努めている。その結果，発売から 3 年以内の新製品の売上が年商の 30％以上を占める。価格競争にまきこまれにくい新製品の比率を高めることにより利益を得る構造になっており，そのため国内生産比率も高い。

　設備投資額については，IT バブル後に激減したが，近年はまた対売上高比率を上げてきており，生産設備の増強等に積極的であることが見てとれる。

(2)　人的価値創造

　村田製作所は ES (従業員のやりがいと成長) を重視している。早くから人事制度に業務目標管理制度を取り入れ，能力・成果主義を導入していた。しかし 2004 年に組織風土改革推進委員会が設置され，2005 年に従業員意識調査を実施した結果，部下に閉塞感が広まっていること，現場の管理職がそのことを把握していないことが判明した。収益や組織の効率性を重んじる一方，個人の達成感や部門連携に乏しいと分析され，人事評価制度を変更，業績よりも管理・指導能力を評価する比率を高めることにした。2007 年には試験的に部下が管

第11章　村田製作所の企業価値創造会計に基づく事例分析　155

理職の目標到達度を評価する試みを行うなど，現在もさまざまな意識改革に努めている［『京都新聞』(2008年6月4日)］。ほかに，キャリア形成プログラム，高度専門職制度，社内公募制度がある。ESについては，いまだ改革途上であり，今後の企業価値向上に結びつくかどうかが焦点であるといえよう。

　人材採用については，1989年から人材採用に的を絞ったB to B企業独自のブランディングを展開してきた結果，認知度が高まり人材が関西以外からも集まるようになった。現在，若手約200人のリクルーターが理工系の大学院生をターゲットに活動している。

　従業員数については，ほぼ安定推移を見せているが，2007年度は大規模な買収に伴う連結子会社の増加および増産に伴う4,675人の増加があった。なお，世界的不況の煽りを受け，2008年12月に派遣社員約800人を削減したが，正社員の雇用は維持するようである。

(3)　顧客価値創造

　村田製作所の顧客に対するブランド力は今のところ絶大で，積層セラミックコンデンサの世界シェアは推定1位である。製法や工程をブラックボックス化し，技術のコアコンピタンスを守るかたちで，競争力は保持できている。しかし，価格競争や技術革新のスピードが速い市場のため，たゆまぬ努力が必要となる。

　業績回復の遅れに危機感を抱いた経営陣は，CS向上を経営の最重要課題と位置づけ，2004年に組織風土改革を宣言した。2007年には組織風土改革を浸透させる仕組みとしてBSCを導入，「財務の視点」「顧客の視点」「業務プロセスの視点」「従業員の学習と成長の視点」の4種の数理目標を管理する手法で，風土改革の浸透度を5段階で定義する。

　ほかにも顧客価値向上のため，デミングサークルを回し，ISO品質マネジメントシステムの認証を取得して品質改善を継続したり，技術サポートサービスを設置したり，クレーム情報の一元管理による再発防止をはかったりしている。また，新製品の開発・設計段階から両者の技術者が連携する「デザイン・イン活動」に取り組み，製品開発の初期段階から客先と技術交流することにより，

客の要望に応える最適な電子部品の提供を可能にしている。

(4) 社会・環境価値創造

社会価値について，「そこにムラタがあることが地域の喜びであり誇りであるように」という方針のもと，各拠点でのさまざまな社会貢献活動を行っている。1985年に設立された村田学術振興財団の助成金交付事業のほか，子どもたちに科学の面白さを伝える理科授業，工場見学開催，小学生の環境学習受け入れ，ロボット"ムラタセイサク君"の出張など，「子どもの理科離れ」に対して積極的に地域で活動を行い，理科好きな子どもたちを増やすのに貢献している。2008年9月には"ムラタセイコちゃん"もお披露目された。

環境に関しては，村田製作所はISO環境マネジメントシステムを導入し，直近では2010年をターゲットにした第4次環境行動計画を策定，推進している。また，2003年に環境コストマネジメント制度を導入，環境会計を実施している。

Ⅳ 村田製作所の企業価値創造会計総括

村田製作所は，長期的な企業価値の拡大を重視している。1番のKVDは社是にある「科学的管理」であろう。市場・製品・技術の3つのロードマップや研究開発長期構想などによる長期的な視野に立った研究開発計画や経営計画が策定・管理され，その結果，高い新製品比率や規律だった組織を保つことができている。2番目のKVDは科学的管理の結果開発される「独自製品」の供給であり，その結果CS向上がはかられ，企業価値の向上につながっている。そのほかに，組織や体制の整備・人材育成によるES向上や，子どもたちの理科離れを防ぐ活動などによる地域社会貢献などが企業価値の向上に関係している。

最後に企業価値と経営理念・戦略・計画との関係について言及する。経営理念はトップの代替わりにより少しずつ変遷してきているため，たとえば前述のESが近年になって重要な価値と位置づけられたが，改革途上なのでまだ長期戦略や計画・企業価値に直結できていないように見受けられる。一方，科学的管理の実践という理念は文化として根づいているようである。戦略は企業価値向上のため中長期的に構築され，そこから綿密な計画が導き出されている。戦

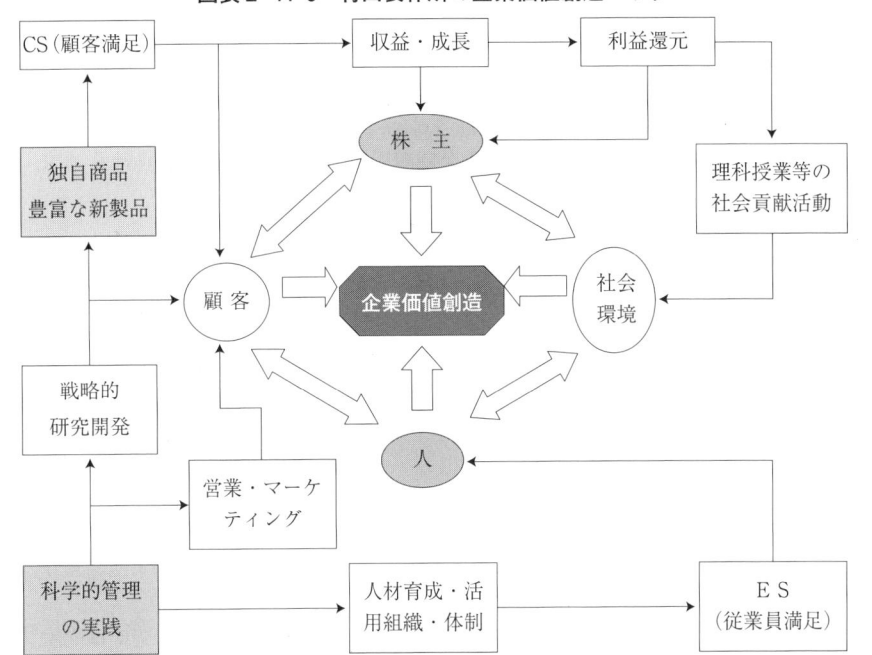

図表Ⅱ-11-8　村田製作所の企業価値創造マップ

```
CS(顧客満足) ──→ 収益・成長 ──→ 利益還元
  ↑                    │              │
  │                    ↓              ↓
独自商品           ┌ 株 主 ┐      理科授業等の
豊富な新製品       │       │      社会貢献活動
  │          ↘  ↓   ↙          │
  ↓            ┌─────┐  ↗      │
顧 客 ←──→  │企業価値│ ←──→ 社会環境
  ↑            │ 創 造 │             │
戦略的         └─────┘             │
研究開発      ↗   ↑   ↖             │
  │          ┌  人  ┐ ←─────────┘
  ↓
営業・マーケ
ティング
  ↑
科学的管理 ──→ 人材育成・活 ──→ ＥＳ
の実践          用組織・体制      (従業員満足)
```

略と計画は密接に関連し，その結果企業価値の向上に結びついているといえよう。

　村田製作所は，短期的な企業価値を追うのではなく，将来を見据えた長期的な視点での計画的・組織的・安定的な経営による企業価値向上をめざしているといえよう。ES向上の改革途上ではあるが，自社の課題について冷静に分析し外部に公表することができる優れた企業であり，課題には真摯に取り組む姿勢をみせている。2008年からの不況を乗り越え，今後各種の改革が功を奏しESが向上すれば，さらなる企業価値向上に結びつくのではないかと考える。

（主担当：大川美奈）

■主要参考文献■
泉谷裕（2001）『"利益"が見えれば会社が見える　ムラタ流"情報化マトリックス

経営"のすべて』日本経済新聞社
大島幸男 (2007)「B to B 企業　村田製作所におけるブランディング活動　主目的は人材確保のための知名度向上」『Business Research』2007 年 4 月号　pp.14-23
上總康行・浅田拓史 (2007)「村田製作所のマトリックス経営と管理会計—正味投資利益と割引回収期間法」『企業会計』Vol.59, No.1, pp.150-159
高木清 (2003)「村田製作所の研究開発戦略　コア技術を深耕し独自性を追求」『Business Research』2003 年 6 月号　pp.22-29
日本経済新聞社『会社年鑑』
『エコノミスト』(2007)「電子部品　日本企業の独壇場セラミックコンデンサ 8000 億円市場」2007 年 8 月 13 日号　pp.24-25
『週刊ダイヤモンド』(2002)「編集長インタビュー 453　村田製作所社長　村田泰隆　ロードマップで 10 年先を読みつつ自社技術から滲み出す独自性を追う」2002 年 8 月 3 日号　pp.92-95
『週刊ダイヤモンド』(2007)「新社長　村田恒夫　営業・技術に精通した"エース"の危機感」2007 年 7 月 21 日号　p.101
『東洋経済　臨時増』(2001)「"部品王国"の王座は簡単には明け渡さない」2001 年 11 月 5 日号　pp.112-113
『日経産業新聞』(2008)「村田製作所編(2)三代目の課題は"社内"(電子部品ガリバー実力診断)」2008 年 1 月 11 日　p.7
『日経ビジネス』(2003)「編集長インタビュー　村田泰隆氏　中国一辺倒は危険」2003 年 4 月 14 日号　pp.84-87
『日経ビジネス』(2006)「管理職を再生せよ」2006 年 11 月 6 日号　pp.34-37
『日経ビジネス』(2007)「村田製作所　風土刷新へ 10 年計画」2007 年 9 月 10 日号　pp.60-64
『日本経済新聞』(2007)「村田製作所，センサー，海外 2 社と提携　—携帯端末向け，部品事業すそ野拡大」2007 年 10 月 5 日　p.13
『プレジデント』(2003)「村田泰隆　二代目社長の"熱きロジカル経営"」2003 年 6 月 16 日号　pp.14-19
有価証券報告書
http://www.murata.co.jp

第12章　東芝の企業価値創造会計に基づく事例分析

I　東芝の概要

株式会社東芝は，1875年田中製作所として創業したわが国最古の電機メーカーであり，1904年設立された。1939年に芝浦製作所と東京電気が合併して東京芝浦電気となった。1984年に東芝と商号変更した。

現在の事業内容は，デジタルプロダクツ（パソコン，液晶テレビ），電子デバイス（フラッシュメモリー，システムLSI），社会インフラ（原子力発電，医療機器），家庭電器（冷蔵庫，エアコン），その他である。営業利益は，社会インフラと電子デバイスで86％を占めている。

図表II-12-1　東芝の'07年度部門別売上高構成割合

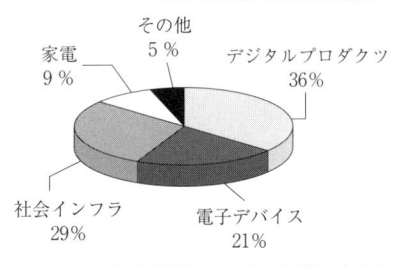

- その他 5％
- 家電 9％
- デジタルプロダクツ 36％
- 社会インフラ 29％
- 電子デバイス 21％

出所）決算短信（2008年3月期）より作成

図表II-12-2　東芝の'07年度部門別営業利益構成割合

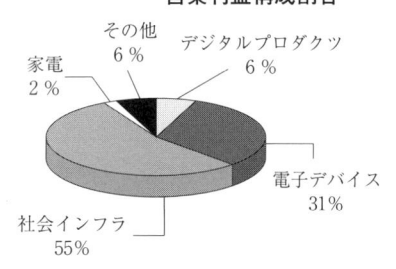

- その他 6％
- 家電 2％
- デジタルプロダクツ 6％
- 社会インフラ 55％
- 電子デバイス 31％

出所）決算短信（2008年3月期）より作成

II　東芝の経営理念・戦略・計画

1　経営理念

東芝はコーポレート・アイデンティティとして「E&E（エネルギーとエレクトロニクス）のそれぞれの高度化と融合化」を掲げて経営展開してきている。東芝グループの経営理念体系が表明されている。東芝では，東芝グループが共有すべき行動規範を「経営理念」のもと，「東芝グループ経営ビジョン」「東芝

ブランド・ステートメント」「東芝グループ行動基準」で規定している。

(1) 東芝グループ経営理念

東芝グループの経営理念は，東芝グループが永続的にめざすべき，企業集団としての使命として位置づけている。グループの経営理念は次の通りである。

「東芝グループは，人間尊重を基本として，豊かな価値を創造し，世界の人々の生活・文化に貢献する企業集団をめざします。

① 人を大切にします。

東芝グループは，健全な事業活動をつうじて，顧客，株主，従業員をはじめ，すべての人々を大切にします。

② 豊かな価値を創造します。

東芝グループは，エレクトロニクスとエネルギーの分野を中心に技術革新をすすめ，豊かな価値を創造します。

③ 社会に貢献します。

東芝グループは，より良い地球環境の実現につとめ，良き企業市民として，社会の発展に貢献します」

経営理念の趣旨を一文に要約したのが，「東芝グループスローガン」，すなわち「人と，地球の，明日のために」である。

(2) 東芝グループ経営ビジョン

使命を果たすために仕事に取り組む際，東芝グループ全員が共有する価値観と目標を示している。それによって顧客や社会に約束する価値を表している。東芝が築き上げてきた技術，品質，そして信頼は，いつも個人の熱い情熱から始まった。飽くなき探究心を忘れず，視野を広げ，一人ひとりが目標達成への強い意志と実行力をもったプロとして，今，行動する。時代の先を読み，組織の力を高め，機動力をもった経営で，適正な利潤と持続的な成長を実現する。人々の夢をかなえ，社会を変える商品・サービスをとおして，お客様に安心と笑顔を届けつづける。今ある事業を，そしてこれから創り上げる新しい事業を，もっと大きな，世界に誇れる事業に育て，躍動感あふれる東芝グループを次の世代に引き継いでいく。イノベーションへの新たなる挑戦「実行」である。

(3) 東芝ブランド・ステートメント

　東芝ブランドのアイデンティティと，それによって顧客や社会に約束する価値を表しています。TOSHIBA Leading Innovation。私たち，東芝の使命は，お客さまに，まだ見ぬ感動や驚きを，次々とお届けしていくこと。人と地球を大切にし，社会の安心と安全を支えつづけていくこと。そのために私たちは，技術・商品開発，生産，営業活動に次々とイノベーションの波を起こし，新しい価値を創造しつづけます。

(4) 東芝グループ行動基準

　事業活動を展開するにあたり，法令を守るだけでなく社会規範や倫理に従い，公正で透明性のある経営体制のもとで社会的使命を果たすために，一人ひとりが遵守するべき具体的な行動基準として位置づけている。

2　経営戦略

(1) 経営環境

　東芝は，総合電機からデバイスと重電に事業を集中している。デバイスは市況に大きく左右され，過当競争がつづいている。重電は長期的な事業であり，原子力発電は大きなリスクをかかえている。このようななかで，東芝は安定的に収益をいかに確保するかが課題である。

(2) 経営戦略

　1997年12月のトップ経営会議で次の戦略（1998～2000）が採択された。経営変革の推進として，①経営の仕組みの変革，②事業構造変革（選択と集中），③業務効率改善，企業風土・文化の変革が掲げられた。

　2000年6月に次の戦略（2001～2004）として，3つの経営方針すなわち，①市場直結型経営，②経営のダイナミズム，③リスクセンシティブな経営を掲げた。

　2005年7月に経営方針（2005～2007）が示された。成長に軸足を移し，攻めの経営。3つの経営方針，①「持続的成長」の実現，②「イノベーションの乗数効果」，③「CSR」の遂行。開発・生産・営業各部門のイノベーションによ

る乗数効果を求めるために，イノベーション「I」をとってこれを「iの3乗 (i cube)」として展開する。

成長事業領域は，電子デバイスとデジタルプロダクツであり，安定事業領域として社会インフラを掲げている。

2007年4月12日発表の「経営方針・中期計画」(2007～2009) によれば，東芝グループでは，主力事業ドメインに，①デジタルプロダクツ事業，②電子デバイス事業，③社会インフラ事業の3事業を位置づけ，高い成長性と安定的な収益性を両立できる経営をめざし，2005年の方針は継続する。

(3) 選択・集中戦略

1988年以降，東芝は総合電機メーカーから，「強い専門的集団」による複合電機（重電・半導体集中）へと脱皮することをめざした。したがって，東芝の戦略の基本は事業の選択と集中による強化戦略である。

3　経営計画

1976年に策定された第一次中期経営計画「選択経営の道」と題して，ポートフォリオ管理を導入した。第六次中期経営計画（1991～1993年度）では，グロース，グローバル，グループの3Gがキーワードである。第七次中期経営計画は1994年度から1996年度までであり，以降の計画は次のとおりである。

① 中期経営計画（1997～2001年度）を策定した。目標は毎年売上高8％増，2001年度8兆円，ROE10％以上，負債比率100％以下，海外売上高比率50％，海外生産比率36％，パソコンや半導体で収益を牽引する［『日本経済新聞』(1997年7月28日)］。

② 中期経営計画（2000～2002年度）はIT分野を中心に高い成長と収益を実現し，グローバルな競争を勝ち抜く。2002年度売上高7.8兆円，営業利益4,200億円，当期純利益2,000億円をめざす。

③ 2001年3月21日に，3カ年中期経営計画（2001～2003年度）を策定した。2003年度売上高7兆9,000億円，営業利益4,500億円，最終利益2,000億円を目標とする。2000年策定した計画を見直し，1年先送りした。IT関

連分野の投資を活発化するための「コーポレート戦略資金枠」を設定する。カンパニー制深耕等による企業価値の増大，TVC (Toshiba Value Created) の導入等を掲げている。
④ 2003年3月7日中期計画発表 (2003～2005年度)。成長と安定の実現，財務体質の強化，2005年度売上高6兆6,000億円，営業利益2,700億円，D/Eレシオ150％台。
⑤ 2006年5月12日，中期経営計画 (2006～2008年度) を発表した。2008年度目標は売上高7兆8,000億円，営業利益率5％以上とする。3年間の設備投資額は2兆400億円で，5割を半導体に充てる [『日本経済新聞』(2006年5月11日，5月12日)]。
⑥ 2007年4月経営方針説明会において，中期経営計画 (2007～2009年度，2010年度目標) を発表した。設備投資額2007～2009年度の3年間1兆7,500億円，6割を半導体に，2009年度に営業利益率4.6％以上，連結売上高8兆7,000億円，営業利益4,000億円 [『日本経済新聞』(2007年4月13日)]。グループ別事業目標，ビジョン目標として，2010年度に連結売上

図表Ⅱ-12-3　中期経営計画 (2008～2010年度)

項　　目	'07年度実績	'10年度目標
売上高	7.7兆円	10兆円
デジタル家電		4.1兆円（2007年度比39％増）
電子デバイス		2.43兆円（2007年度比40％増）
社会インフラ		2.81兆円（2007年度比16％増）
家庭電器		0.94兆円（2007年度比21％増）
営業利益	2,381億円	5,000億円
ROE	12％	15％以上
負債資本倍率	1.23倍	1倍以下
設備投資	1.7兆円 （2005～2007）	2.2兆円（2008～2010） 電子デバイス分野に6.7割
R&D	1.16兆円 （2005～2007）	1.4兆円（2008～2010，2005～2007年度より約2,400億円増） 電子デバイス分野に4.4割

出所) http://www.toshiba.co.jp

高 9 兆 5,000 億円，営業利益 4,800 億円 [『日本経済新聞』(2007 年 10 月 25 日)]。内部目標として，時価総額 5 兆円 [『日本経済新聞』(2007 年 7 月 28 日)]。

⑦ 2008 年 4 月経営方針説明会において，新中期経営計画を発表した。国際競争を優位に展開するために主力各分野で規模拡大と利益増大をめざす [『日本経済新聞』(2008 年 5 月 9 日)]。

4 経営管理手法

TVC を経営管理手法として用いている。

TVC＝支払利子控除前期間利益－投下資本コスト（投下資本×資本コスト率）[門坂 (2001)：p.87]

TVC＝利払い前税引後利益－（借入金＋資本金＋剰余金）×資本コスト率
[6～18％]

カンパニーの業績評価，カンパニー自主裁量事業投資枠の判断・決定指標，資本コストを意識したカンパニー経営，グループの企業価値増大をめざしている。

評価項目として，ROI40％，資金収支 40％，そして成長性 20％である。

東芝の経営理念・戦略・計画は，極めて明解で的確であるが，あまり会計的企業価値創造に結びついていない。外部環境がマイナスに作用し，この変化に適応できず，選択の不徹底も考えられる。市場的企業価値創造に結びついていないのは，経営理念・戦略・計画が実績に結びついていないことが反映し，将来性にも疑問が生じているのであろう。

Ⅲ 東芝の企業価値創造会計による分析

1 企業価値概念

2000 年 6 月発表の 3 つの経営方針の②経営のダイナミズムとして，「企業価値増大を志向した経営」という表現が用いられている。資本コストの重視と TVC 導入が考慮されている。

図表Ⅱ-12-4　東芝の会計業績等推移

(単位：原則億円)

項　目	'99(年度)	'00	'01	'02	'03	'04	'05	'06	'07
売　上　高	57,494	59,514	53,940	56,558	55,795	58,361	63,435	71,164	76,681
営業利益	1,010	2,321	-1,136	1,155	1,746	1,548	2,406	2,584	2,381
利益率(%)	1.8	3.9	-2.1	2.0	3.1	2.7	3.8	3.6	3.1
税引前純利益	-3.92	1,975	-3,742	557	1,358	1,112	1,782	2,985	2,556
利益率(%)	-0.7	3.3	-6.9	1.0	2.4	1.9	2.8	4.2	3.3
当期純利益	-329	962	-2,540	185	288	460	782	1,374	1,274
利益率(%)	-0.6	1.6	-4.7	0.3	0.5	0.8	1.2	1.9	1.7
総　資　産	57,800	57,246	54,078	52,389	44,622	45,714	47,271	59,319	59,356
純　資　産	10,601	10,479	7,053	5,711	7,550	8,155	10,021	11,083	10,222
株主資本比率(%)	18.3	18.3	13.0	10.9	16.9	17.8	21.2	18.7	17.2
株主資本利益率(%)	-3.0	9.1	-29.0	2.9	4.3	5.9	8.6	13.0	12.0
営業CF	4,359	4,536	1,491	2,716	3,226	3,055	5,014	5,614	2,471
投資CF	-2,932	-1,767	-3,256	-1,480	-1,895	-2,431	-3,034	-7,128	-3,227
Ｆ　Ｃ　Ｆ	1,428	2,769	-1,764	1,236	1,332	624	1,980	-1,513	-756
財務CF	-1,587	-2,856	535	-1,598	-1,327	-923	-2,353	1,548	466
現　金　等	4,652	4,876	3,704	3,271	3,193	2,950	2,709	3,093	2,486
従業員数(人)	190,870	188,042	176,398	165,776	161,286	165,038	171,989	190,708	197,718

出所) 有価証券報告書, 財務・業績データより作成

図表Ⅱ-12-5　東芝の株式時価総額等推移

(単位：原則円)

項　目	'99(年度)	'00	'01	'02	'03	'04	'05	'06	'07
株　価	1,046	732	564	313	472	448	684	787	666
発行済株式数(万株)	321,901	321,901	321,903	321,903	321,903	321,903	321,903	321,903	323,703
時価総額(億円)	33,671	23,563	18,155	10,076	15,194	14,421	22,018	25,334	21,559
時価総額増減額(億円)		7,629	-10,108	-5,408	-8,080	5,118	-773	7,597	3,316	-3,775
1株利益	-10.2	29.9	-78.9	5.8	9.0	14.3	24.3	42.8	39.5
調整後1株利益	-10.2	29.7	-78.9	5.8	9.0	13.5	22.4	39.5	36.6
1株株主資本	329.3	325.5	219.1	177.5	234.7	253.6	311.8	344.9	315.9
株価収益率(倍)	-	24.5	-	54.4	52.7	31.3	28.1	18.4	16.9

出所) アニュアルレポート等より作成

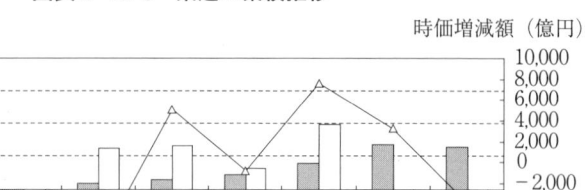

図表Ⅱ-12-6　東芝の業績推移

純利益・FCF（億円）／時価増減額（億円）

（横軸：'99～'07年度）

■ 当期純損益　□ FCF　—△— 時価総額増減額

出所）有価証券報告書，財務・業績データより作成

　主要財務データの推移のなかで，企業価値の推移として，キャッシュ・フローと時価総額が開示されている。企業価値は株主価値で広義の市場的企業価値と考え，その源泉に会計的企業価値があるという位置づけであろう。

2　会計的企業価値

　2004年度から攻めの成長をめざし，かなり改善し，会計的企業価値を創造してはいるが関係者の期待には十分に応えられていない。2005年度までは，順調にCFを増加させ，財務CFを減少させつづけてきたが，2006・2007年度は投資が増加し，財務CFを増加させている。

3　市場的企業価値

　2005・2006年度は株価が上昇し，株式時価総額を増加させた。

4　本質的企業価値創造

(1)　株主価値創造

　1998年に執行役員制を導入し，取締役会長とCEOの分離などコーポレートガバナンスの強化をつづけてきた。

第12章 東芝の企業価値創造会計に基づく事例分析

図表Ⅱ-12-7　東芝の投資・R&D推移

出所）財務・業績データより作成

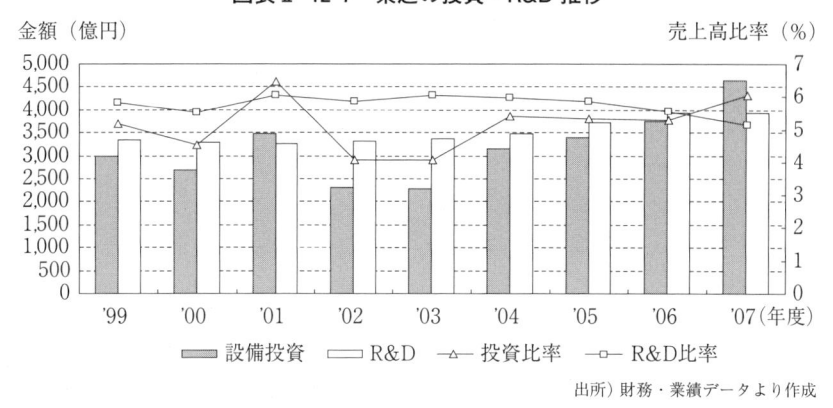

図表Ⅱ-12-8　東芝のセグメント別設備投資推移

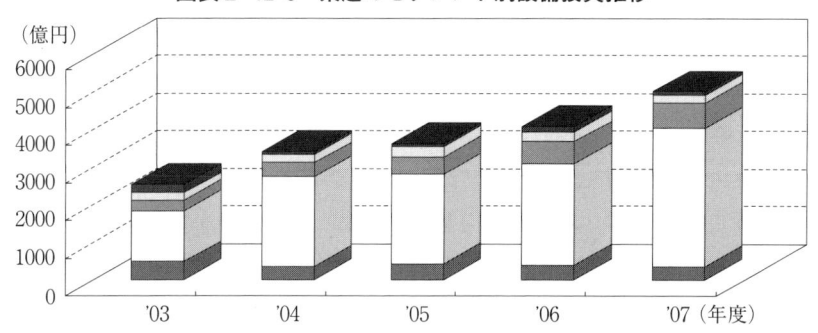

■デジタルプロダクツ　□電子デバイス　■社会インフラ　□家庭電器　■その他

出所）アニュアルレポートより作成

　基礎技術に優れており，半導体での基礎・技術開発力を強化している。R&Dも設備投資も電子デバイスに集中している。

　設備投資とR&Dは継続的に安定して投入しているが，これが必ずしも利益に貢献していない。将来への積極性がみられ，安定的に企業価値を確実に維持しようとする戦略展開である。

図表Ⅱ-12-9　東芝の従業員数推移

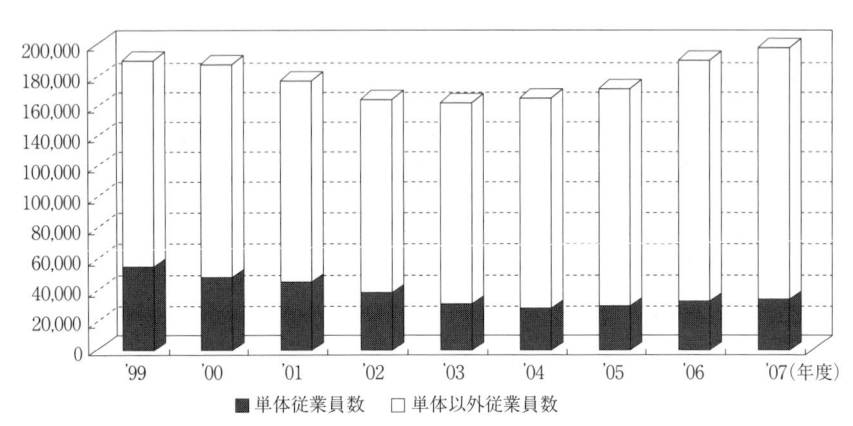

(人)

| | '99 | '00 | '01 | '02 | '03 | '04 | '05 | '06 | '07(年度) |

■単体従業員数　□単体以外従業員数

出所）有価証券報告書より作成

(2) 人的価値創造

　人間を尊重し，その多様性を認め，また安心して快適に働ける環境を提供する。従業員が常に目的意識をもって行動し，プロフェッショナルとしての実行力を発揮できる仕組みづくりに取り組んでいる。1973年に「人事管理基本方針」を制定し，人間こそ当社の最高資産であり，基本的人権や各国・地域の社会的規範を尊重する。従業員意識調査を実施し，従業員から直接意見を収集している。

　2008年度の中途採用を800人と前年比2倍に増やす。半導体と原子力発電の主力二事業で技術者が不足しているのに対応する。国内連結ベースでも，半導体，原発関連を中心に2007年度の約1.5倍の1,940人を見込む。2010年度までに海外のグループ企業でも，従業員数を2007年度比で16,000人増やす方針だ［『日本経済新聞』(2008年5月17日)］。

(3) 顧客価値創造

　お客様の声をすべての原点とし，お客様に満足いただける製品，システム，サービスを提供する。2003年に策定した「CS推進方針」に基づき，製品，シ

ステム,サービスの提供や,お客様とのコミュニケーションを通じて,お客様満足の向上をめざしている。

(4) 社会・環境価値創造

社会を構成する一員として,よき企業市民となるべく,「社会貢献基本方針」に基づき社会貢献活動を行っている。地域社会のニーズに応える活動を推進している。社会貢献活動への支出額としては,2007年度約40億円で,科学技術教育(29％),国際親善(26％),社会福祉(15％)とスポーツ・文化振興(12％)等に使われている。

環境で先導的役割を果たすために,2007年に2050年のあるべき姿を見据えた新ビジョンを策定し,環境負荷を低減するとともに,新しい豊かな価値を創造していくことが,地球内企業としての使命だと考えている。東芝グループ各社の環境経営推進状況を評価し,その結果を業績評価に反映している。総合環境効率の目標を定め,新たな項目目標を新設し対処している。

温暖化ガス排出量の削減目標を生産額当たりに排出量から総量目標に切り替える。2025年度に京都議定書の基準年の1990年度比37％減の約410万トンにする。原単位目標だけでは企業イメージの維持が難しいと判断した[『日本経済新聞』(2008年10月3日)]。

Ⅳ 東芝の企業価値創造会計総括

東芝の企業価値は株主の立場からの企業価値であり,市場的企業価値である。その源泉として,会計的企業価値創造を考えている。そのためには,積極的な事業の選択と集中を行い,高成長・高収益と収益基盤の強化を図る必要がある。人材活用育成により,人的価値を創造する。人材が技術革新,生産革新,顧客満足をとおして顧客価値を創造している。情報開示,収益基盤,そして高成長・高収益により,株主価値が創造される。社会環境貢献により,社会環境価値を創造し,これらを統合して全体として企業価値を創造している。

(主担当:紺野 剛,柴山 治)

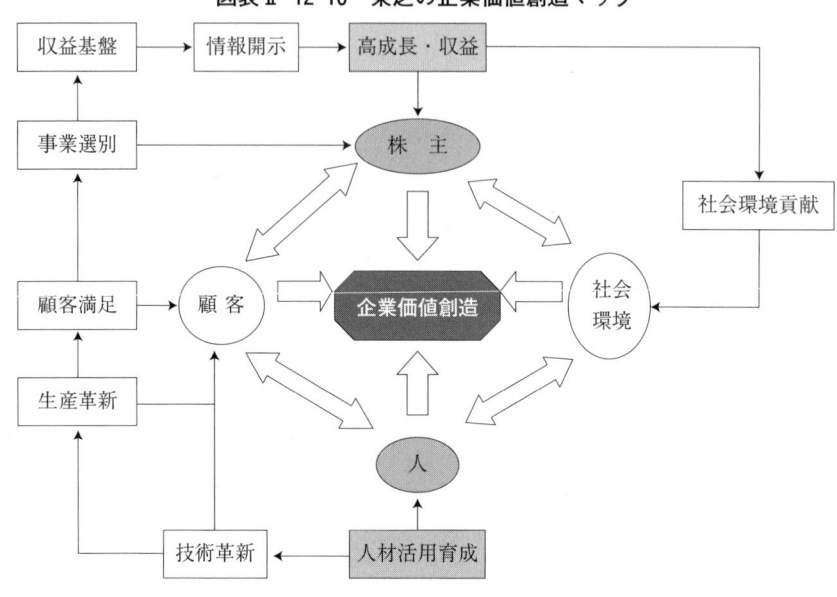

図表Ⅱ-12-10　東芝の企業価値創造マップ

（収益基盤 → 情報開示 → 高成長・収益 → 株主 → 企業価値創造 ← 社会環境 ← 社会環境貢献；事業選別、顧客満足、生産革新 → 顧客；技術革新 ← 人材活用育成 → 人）

■ 主要参考文献 ■

岩井正和（1991）『東芝「グローバル化」戦略』ダイヤモンド社
門坂康彦（2001）「連結経営管理の進化と資本コストマネジメント」『企業会計』
　　Vol.53, No.12, 中央経済社
佐藤文昭（2006）『日本の電機産業　再編のシナリオ』かんき出版
永池克明（2007）『電機産業の発展プロセス』中央経済社
浪江一公（2007）『プロフィット・ピラミッド』ダイヤモンド社
西田宗千佳（2007）『家電&デジタル AV 業界がわかる』技術評論社
日本経営分析学会編（1993）『日本のトップカンパニー』日本経済新聞社
アニュアルレポート
決算短信
財務・業績データ
CSR 報告書 2008
有価証券報告書
http://www.toshiba.co.jp

第13章　ソニーの企業価値創造会計に基づく事例分析

I　ソニーの概要

　ソニー株式会社は，1946年に東京通信工業として設立された。現在の社名である「SONY」は1958年に変更された。「SONY」とは，「音」を意味する"Sonic"と"Sound"の語源であるラテン語の"Sonus"と「可愛い」という意味の"Sonny"を合わせた造語である。「SONY」が生まれた背景としては，世界に進出するにあたり，ブランドを構築するためであった。「東京通信工業」では，世界の人々からすると発音がしにくく，わかりにくい。そこで発音しやすくわかりやすい「SONY」とすることになった。

　ソニーは現在，①エレクトロニクス，②ゲーム，③エンターテイメント，④金融，⑤その他の5つの事業を営んでいる。

図表Ⅱ-13-1　ソニー '07年度部門別売上高構成割合

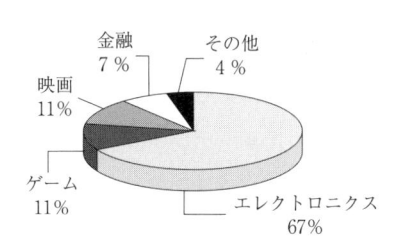

（金融 7％，その他 4％，映画 11％，ゲーム 11％，エレクトロニクス 67％）

出所）決算短信（2008年3月期）より作成

図表Ⅱ-13-2　ソニー '07年度部門別営業損益

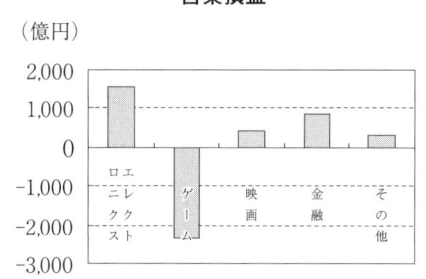

（億円）

出所）決算短信（2008年3月期）より作成

Ⅱ　ソニーの経営理念・戦略・計画

1　経営理念

　ソニーは，戦後に井深大と盛田昭夫により設立された焼け跡ベンチャー企業

と定義できる。つまり，成長意欲の強い起業家に率いられ，リスクを恐れない若い企業で，製品や商品の独創性，事業の独立性，社会性，さらに国際性をもった，なんらかの新規性のある企業である。東京通信工業は焦土と化した日本で設立されたため，井深は自分たちの技術を世の中に役立てたいという純粋な高い志をもっていた。それゆえ東京通信工業設立の際，井深は，設立趣意書を作成し，そのなかでめざす方向性を次のように定めた。「真面目なる技術者の技能を，最高度に発揮せしむべき自由闊達にして愉快なる理想工場の建設」。上記のような設立趣意書をはじめとする井深，盛田の崇高な志がソニースピリッツの原点となっている。このソニースピリッツにより，自由で，闊達な，ソニー独特の企業風土を生み出した。つまり，人がやらない，未知なる物に挑戦し，高い壁に挑みつづけるという企業文化を生み出したといえる。

2　経営戦略
(1)　経営環境

　ソニーのエレクトロニクス分野は，全世界のコンシューマー向けオーディオ・ビジュアル商品の市場において確固たる地位を築いているが，ソニーの地位は新たなメーカーの参入により以前にも増して脅威にさらされている。アナログ時代においては，エレクトロニクス製品の高度な機能は多様な部品を複雑に組み合わせることで成り立っており，ソニーは長年の経験により，これらの部品の設計および生産において競争上の優位性をもっていたが，デジタル時代においては，高度な機能は半導体やその他の主要デジタルデバイスに集約されている。これらの半導体やデバイスは大量生産が可能なため，市場への新規参入者も簡単に入手できるようになっており，以前は高いプレミアムのあった技術がより安価に手に入るようになったことで，コンシューマー向けオーディオ・ビジュアル製品の価格低下が激化している。また，ソニーは，少数のディーラーおよび小売業者による市場の寡占化がもたらす販売価格低下の脅威にもさらされている。

(2) 経営戦略

　ソニーは，これまでさまざまな戦略をとってきたが，最も顕著な戦略が新市場創造戦略といえる。新市場創造とは，確立した市場の既存顧客によりよい製品を提供するということではない。顧客がこれまで気づいていなかった新しい用途を提案することで，新たな顧客ニーズを喚起し，購買意欲をそそるような製品を提供することにより，既存の市場とは，まったくことなる新市場を創造することである。新市場を創造することで，業界リーダーを打ち負かし，業界リーダーへ昇りつめる機会を得ることになる。クリステンセンによれば，新市場破壊戦略と定義しており，従来の製品では性能は劣るが，製品を購入する金やスキルをもっていなかった顧客に対して，低価格で製品を提供することとしている。これにより，新市場型破壊製品は，従来の製品よりも手ごろな価格で入手でき，しかも使いやすいため，それまで消費者でなかった新しい人々が購入するようになるとしている。そして，新市場型破壊製品は，改良を重ねることにより，従来製品の性能を上回るようになり，業界リーダーを無力化することになる。

　ソニーは1950年から1982年までの間に，12の新市場創造型製品を生み出している。1955年に発売された初代の電池式小型トランジスタラジオや，1959年に発売された持ち運び可能なソリッドステート白黒テレビなどがある。ビデオカセットレコーダー，携帯型ビデオレコーダー，そして1979年に発売され，いまやどこでも見かけるウォークマン，1981年発売の3.5インチフロッピーディスクドライブなどである。たとえば，ソニーのウォークマンにおいては，従来型製品では，音楽を一定の場所で聴いて楽しむものであったが，どこでも持ち歩いて好きなときに聞けるという新たな用途を提案した。そして，新たな顧客ニーズを呼び起こし，携帯型ステレオ市場という新たな市場を生み出したのである。このようなソニーの戦略は過去においては，企業価値を増大することができていたと考える。

　しかし，近年ソニーは新市場創造型製品を生み出すことができず，低迷していた。そのようななか，ソニーショックなどで業績が低迷していた2005年3

月にハワードストリンガーがソニーグループCEO、中鉢がエレクトロニクスCEOに就任した。彼らがとった戦略は、本業であるエレクトロクスの復活を最重要課題とし、成長戦略と構造改革の2つをめざした。成長戦略としては、エレクトロニクス事業のリソースをHD関連商品群、モバイル商品群、およびこれらの商品の差異化につながる先端半導体、デバイスの開発・製品化に集中的に投入し、競争力強化と収益性向上を目標とした。特にエレクトロニクスの成長施策として、「ホームモバイルプラットフォームの構築」「半導体・デバイスへの集中投資」「次世代ディスプレイデバイスの開発強化」「ソフトウェア開発体制の強化」を掲げた。また、ソニーはテレビビジネスの収益改善が、エレクトロニクス分野における最優先課題と掲げ、2007年度において、市場が縮小しているブラウン管テレビ事業および液晶リアプロジェクションテレビ事業から撤退し、液晶テレビ事業に経営資源を集中することを決定した。液晶テレビ事業においては、液晶テレビの販売台数の増加を見込むにあたっては、液晶パネルの安定的な調達が重要であり、ソニーは、Samsung Electronics Co., Ltd.(以下「サムスン電子」)との韓国拠点の合弁会社であるS-LCD Corporation(以下「S-LCD」)において、2005年4月に第7世代製造ラインによるアモルファスTFT液晶パネルの生産を開始した。また、ソニーは、シャープ株式会社(以下「シャープ」)との間で、第10世代製造ラインによるアモルファスTFT液晶パネルおよびモジュールの製造を行う合弁会社を設立することになった。これにより、ソニーは、液晶テレビの世界シェアが2007年第4四半期において、1位となった。テレビ全体部門は、サムスン電子が18.6%で1位、ソニーが14.4%で2位、LG電子が9.4%で3位となった。

　構造改革としては、2007年度末までに2,000億円のコスト削減を実施することを目標とした。これは事業の絞り込み、モデル数の削減、製造拠点の見直し、ならびに組織・ビジネスプロセス重複排除による間接部門の効率化等の施策により実現するものであった。これらの施策により、2007年度末までに全世界で10,000人(本社・間接：5,000人、直接：5,000人／国内：4,000人、海外：6,000人)のグループ人員削減を行うこととした。2007年度末時点で、2,070億

第13章　ソニーの企業価値創造会計に基づく事例分析　175

図表Ⅱ-13-3　液晶テレビ世界シェア

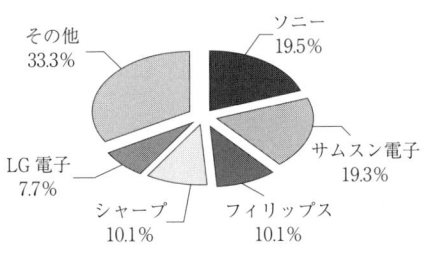

- その他　33.3%
- ソニー　19.5%
- サムスン電子　19.3%
- フィリップス　10.1%
- シャープ　10.1%
- LG電子　7.7%

出所）2007年第4四半期・ディスプレイサーチ調べ

円のコスト削減を達成し，人員についても2006年度末時点で計画を達成した。これらにより，2007年度末の営業利益率が4.2%（エレクトロニクスの営業利益率5.4%）となり，エレクトロニクス事業の建て直しに成功したといえる。

3　経営計画

ソニーは2008年～2010年の中期経営計画で，「ネットワーク対応のコンスーマーエレクトロニクスとエンタテインメントを提供するグローバルなリーディングカンパニー」をビジョンとして掲げている。「コアビジネスの更なる強化」「ネットワーク関連施策の推進」，ならびに「急成長する国際市場でのビジネス拡大」を重要施策と位置づけ，さらなる成長と利益創出の実現を目標としている。具体的には，「コアビジネスの更なる強化」「ネットワーク関連施策の推進」「急成長する国際市場でのビジネス拡大」の3つを掲げている。

「コアビジネスの更なる強化」とは，すでに売上高1兆円を越える4事業（液晶テレビ，デジタルイメージング，ゲーム，携帯電話）に加え，PC，ブルーレイディスク関連商品，コンポーネント・半導体の各事業を1兆円規模のビジネスに拡大し，グループ内に7つの1兆円事業を創出することを目標としている。「ネットワーク関連施策の推進」は，2010年度までに製品カテゴリーの90％をネットワーク機能内蔵およびワイヤレス対応，2008年夏のPLAYSTATION® Network上でのビデオ配信サービス開始を皮切りに2010年度までに主要製品に展開することを目標としている。「急成長する国際市場

でのビジネス拡大」は，BRICs 諸国（ブラジル，ロシア，インド，中国）での年間売上高を 2010 年度末までに倍増の 2 兆円に拡大することを目標としている。

また，営業利益率 5 ％を，業界をリードし，イノベーションをつづけるうえでの資金を生み出すための収益性のベースラインとして位置づけ，2010 年度までに ROE（株主資本利益率）10 ％を目標としている。

4　経営管理手法

2000 年 1 月，上場 3 子会社を吸収し，株式交換で 100 ％子会社化した。これは，ソニーグループの全体最適を図り，ソニーグループの企業価値，あるいは株主価値を向上させることが目的であった。また，他の株主のことを考えず支配力を一段と強化して，スピードある意思決定ができ，ソニーの企業価値を高めることができると考えた。

そして，ソニー本社を，長期的な視野から投資先の成功を求める積極的な投資家という意味の「アクティブインベスター」と定義した。これは子会社の事業部門に日常の経営や製品戦略の権限を与える代わりに，本社がそれら全体のグループ戦略の立案，各事業の監督を担うというものであった。また，それぞれの事業の投資効率を図るため，経営指標として「EVA（経済的付加価値）」を導入した。EVA に関してはメリットとデメリットがある。メリットとしては，コスト意識の徹底，資産効率の向上，株主に対するアカウンタビリティーの明確化などがあげられる。ただし，デメリットとしては，投資効率を重視するあまり，成長投資に消極的になり，新たな商品企画やプロジェクトが生まれにくくなる。そして，短期的に効果が出やすい経費削減に走りやすくなる。また，各事業部に目標となる数値が設定され，部門間連携が弱体化する。ソニーから新市場創造型の製品が生み出されなくなったのは，この EVA 導入も 1 つの原因と考えられる。EVA により，現場のアイデアを切りすてる機会が増え，ソニーからイノベーションが消えてしまった。

III ソニーの企業価値創造会計による分析

1 企業価値概念

ソニーは，2008年度～2010年度までの中期経営方針のなかで，「2010年度までにROE（株主資本利益率）10％達成を目標とします。安定かつ高水準の利益を確保するとともに，更なる株主価値の向上を図っていきます」としており，株主価値を重視していることがうかがえる。

2 会計的企業価値

ソニーショックが発生した2001年度以降業績は低迷したものの，構造改革により2007年，徐々に業績が向上しつつある。

図表Ⅱ-13-4 ソニーの会計業績等推移

(単位：原則億円)

項　目	'99(年度)	'00	'01	'02	'03	'04	'05	'06	'07
売 上 高	66,867	73,148	75,783	75,060	75,306	71,913	75,106	82,957	88,714
営業利益	2,232	2,253	1,346	2,178	1,331	1,456	2,264	718	3,745
利益率(%)	3.3	3.1	1.8	2.9	1.8	2.0	3.0	0.9	4.2
当期純利益	1,218	168	153	1,155	885	1,638	1,236	1,263	3,694
利益率(%)	1.8	0.2	0.2	1.5	1.2	2.3	1.6	1.5	4.2
総 資 産	68,072	78,280	81,858	83,705	90,907	94,991	106,078	117,164	125,527
純 資 産	21,829	23,155	23,704	22,809	23,780	28,703	32,039	33,707	34,651
株主資本比率(%)	32.1	29.6	29.0	27.2	26.2	30.2	30.2	28.8	27.6
株主資本利益率(%)	6.1	0.7	0.7	5.0	3.8	6.2	4.1	3.8	10.8
営業CF	5,541	5,448	7,376	8,538	6,326	6,470	3,999	5,610	7,577
投資CF	-4,246	-7,190	-7,671	-7,064	-7,618	-9,312	-8,713	-7,154	-9,104
F C F	1,296	-1,743	-295	1,474	-1,292	-2,842	-4,714	-1,544	-1,528
財務CF	-681	1,344	850	-931	3,133	2,052	3,599	2,479	5,055
現 金 等	6,322	6,132	6,890	7,167	8,539	7,791	7,031	7,999	10,864
従業員数(人)	189,700	181,800	168,000	161,100	162,000	151,400	158,500	163,000	180,500

出所) IRヒストリカルデータより作成

図表Ⅱ-13-5　ソニーの株式時価総額等推移

(単位：原則円)

項　目	'99（年度）	'00	'01	'02	'03	'04	'05	'06	'07
株　価	14,500	8,900	6,700	4,200	4,360	4,270	5,450	5,990	3,970
発行済株式数（万株）	45,364	91,962	91,974	92,239	92,642	99,721	100,168	100,290	100,444
時価総額（億円）	65,778	81,846	61,623	38,740	40,392	42,581	54,592	60,074	39,876
時価総額増減額（億円）	20,835	16,068	-20,223	-22,883	1,652	2,189	12,011	5,482	-20,197
1株利益	144.6	18.3	16.7	125.7	96.0	175.9	122.6	126.2	368.3
調整後1株利益	131.7	19.3	16.7	118.2	87.0	158.1	116.9	120.3	351.1
株価収益率（倍）	110.1	461.1	401.2	33.4	45.4	24.3	44.5	47.5	10.8
株価純資産倍率（倍）	3.0	3.5	2.6	1.7	1.7	1.5	1.7	1.8	1.1

出所）IRヒストリカルデータより作成

図表Ⅱ-13-6　ソニーの業績推移

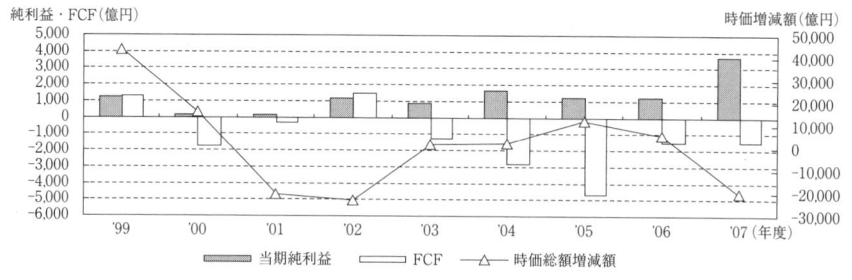

出所）IRヒストリカルデータより作成

3　市場的企業価値

株式時価総額は，ソニーショック以降2005年度と2006年度に多少上昇したものの，下降の一途をたどっている。

4　本質的企業価値創造

(1)　株主価値創造

ソニーは，2010年度までにROE10％の達成を目標としており，ROEは，企業の収益性，資産効率性，財務レバレッジに分解でき，これら3つの要素を高

図表Ⅱ-13-7　ソニーの R&D 推移

金額（億円）／売上高比率（%）

設備投資　R&D　投資比率　R&D 比率

出所）IR ヒストリカルデータより作成

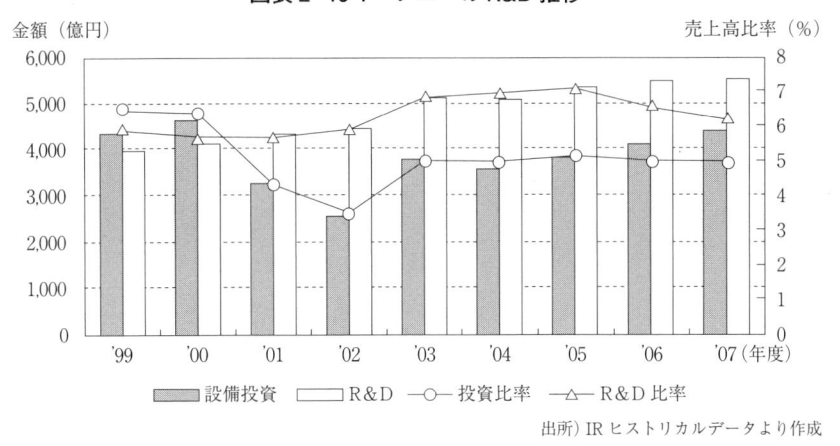

図表Ⅱ-13-8　ソニーの従業員数推移

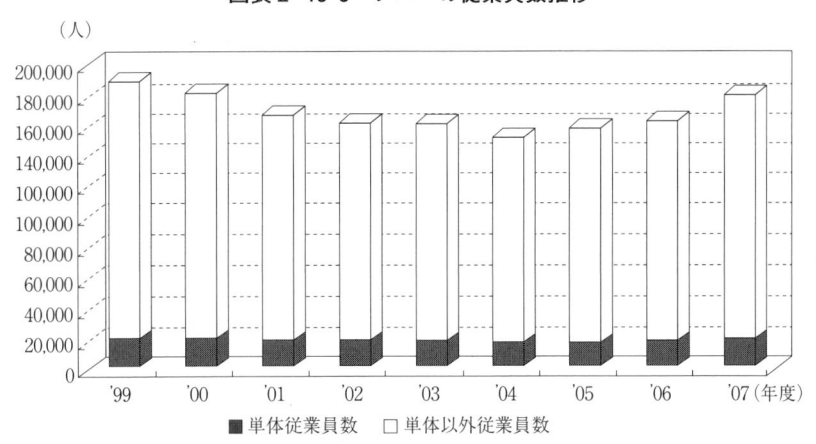

（人）

■ 単体従業員数　□ 単体以外従業員数

出所）有価証券報告書より作成

めることにより，株主に貢献していこうとする総合力をチェックする指標である。ROE を高めるためにはこれらの要素を向上していく必要がある。ソニーは，本業であるエレクトロニクスを復活させ純利益を向上させ，ROE を向上させようとしている。そのために研究開発を重視し，多くの投資を実施しているが，

過去にあった新市場創造型製品を生み出せずにいる。今後，金融危機にともなう経営環境が悪化しているなか，ROE を向上し株主価値を生み出せるかは不透明である。

(2) 人的価値創造

人的価値向上としては，従業員がソニーで働くことの喜びを提供している。設立趣意書にあるように自由で，闊達な，ソニー独特の企業風土を生み出し，つまり，人がやらない，未知なる物に挑戦し，高い壁に挑みつづけるという企業文化が，仕事を通じての社会貢献や自己実現といった仕事のやりがいを提供している。また従業員数も比較的安定して推移しており，人的価値はある程度維持できていると考えられる。

(3) 顧客価値創造

ウォークマンなどの新市場創造型製品により，ブランド価値を向上してきた。それにより，ある一定の営業利益額を維持できていた。しかし，近年は，新市場創造型製品を生み出せずにおり，ブランド価値を低下させており，顧客価値を生み出していないといえる。

2008 年度〜2010 年度までの中期経営方針のなかで，「2010 年度までに総計 1 兆 8,000 億円の投資を実施することで今後の成長とイノベーションを加速させます」とうたっており，かつてのウォークマンといったように新市場創造型製品を生み出すことにより，顧客の満足度を高めて顧客価値を創造しようとしていることが考えられる。同時にソニーブランドの価値を向上させることを狙っている。

(4) 社会・環境価値創造

ソニーは，「For the Next Generation（次世代のために）」をテーマに，次の社会を担う世代の教育と持続可能な社会の構築への貢献をめざした活動を重点分野としている。次世代の教育に関しては，創業者の井深大の時代から重点として掲げられた科学教育のほか，エンタテインメント事業の資産を活用した音楽・映像教育分野への支援を行っている。これらの活動をとおして，次世代を担う子どもたちの科学や芸術への関心を高めるとともに，論理的思考や創造性

を育むことをめざしている。

　また，グローバルな事業展開を行う観点から，グローバルな企業市民として，緊急災害時の支援に加え，国際機関やNGO（非政府組織）等との連携を図った活動を実施している。世界各地のソニーグループ会社で，それぞれの地域のニーズに応じたボランティアプログラムを検討・企画し，社員の参加のもと実施している。2006年度は，延べ約23,000人のソニーグループ社員がボランティア活動を行った。このような社会貢献活動に関する支出は，2006年度に40億円となった。

　ソニーは，グループ環境ビジョンを設定し，「あらゆる生命の生存基盤である地球環境が保全され，現在だけでなく将来の世代にわたり，人々が健全で幸せな生活ができ，夢をもち続けられるような持続可能な社会の実現に向けて，イノベーションと健全なビジネス活動を通じ，積極的に行動します。ソニーは，限りある資源とエネルギーを効率良く使い，大きな付加価値を生み出し，環境効率の高いビジネスを目指します」と宣言している。そして，「Green Management 2010」を設定し，ソニーグループとして取り組む，環境中期目標を制定し，2010年度までに温室効果ガスの排出を2000年度比で7％以上削減するという目標を定めている。

Ⅳ　ソニーの企業価値創造会計総括

　ソニーは，成長とイノベーションを加速させ，ウォークマンといったように新市場創造型製品を生み出すことにより，ブランド価値の向上を図ろうとしている。そして，それにより，顧客の満足度を高めて顧客価値を創造しようとしている。また，社員がソニーで働くことの喜びを感じるようになり，人的価値の向上をめざしている。そして，このブランド価値向上が製品単価を上昇させ，売上高向上により，業績向上につながることになる。それにより，ROEが上昇し，株主価値向上につながることになる。したがって，ソニーの主たるKVDはイノベーションとなり，それにより新市場創造型製品をいかに生み出すことができるかということになる。

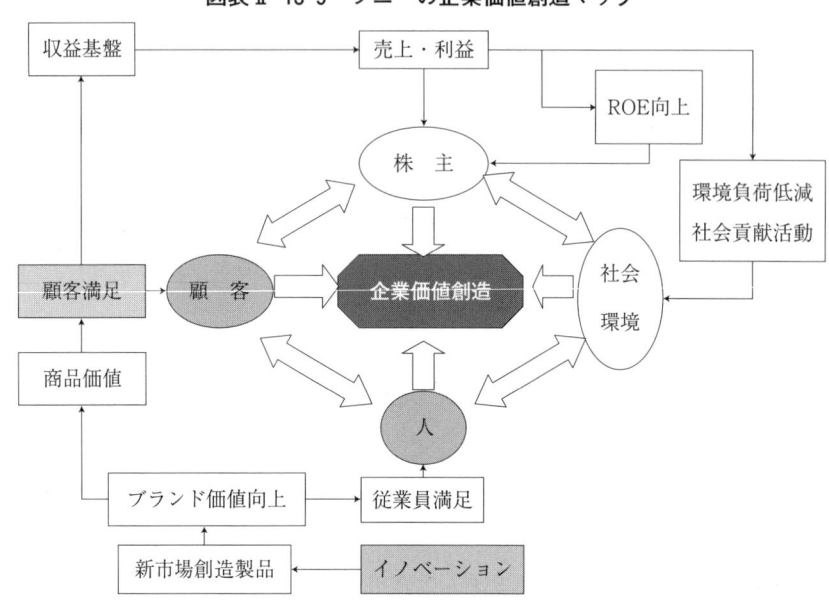

図表Ⅱ-13-9　ソニーの企業価値創造マップ

```
収益基盤 ──── 売上・利益 ──────┐
                │              ├── ROE向上
                ↓              │
               株　主           │
              ↕   ↕   ↕        環境負荷低減
                                社会貢献活動
顧客満足 ── 顧　客 ⇒ 企業価値創造 ⇐ 社会
                              環境
商品価値         ↕   ↑   ↕
                人
ブランド価値向上 ── 従業員満足
        ↑           ↑
新市場創造製品 ← イノベーション
```

（主担当：児玉信一）

■ 主要参考文献 ■

大津広一（2005）『企業価値を創造する会計指標入門』ダイヤモンド社
大河原克行（2005）『ソニースピリットはよみがえるか「愉快なる理想工場」の新たな挑戦』日経BP社
日本経済新聞社編集（2005）『ソニーとSONY』日本経済新聞社
竹内慎司（2005）『ソニー本社六階』有斐閣
長田貴仁（2006）『ソニー復活の経営学』東洋経済新報社
クリステンセン，クレイトン（玉田俊平太監修）（2003）『イノベーションへの解』翔泳社
アニュアルレポート（2008）
決算説明会資料
決算短信（2008年3月期）
有価証券報告書（2008）
IRヒストリカルデータ

http://www.sony.co.jp

第14章　アドバンテストの企業価値創造会計に基づく事例分析

I　アドバンテストの概要

　株式会社アドバンテストは，1935年に創業し，1954年武田郁夫がタケダ理研として設立した。1985年，東証1部指定がえを機に，アドバンスト・テスト・テクノロジー，つまり最先端の試験のテクノロジー，それを縮めた造語として，アドバンテストという社名に変えた。テスト高速通信機器やコンピュータの心臓部を形成する，各種半導体デバイスや電子部品の信頼性を支えるテストシステムを提供している。2001年にニューヨーク証券取引所に上場し，米国会計基準に基づいて連結財務諸表を作成している。DRAM検査装置で8割の市場シェア誇る世界最大手である。売上・利益の7割は，半導体・部品テストシステム事業部門で，メモリ半導体用および非メモリ半導体用テストシステムを製造している。メカトロニクス関連事業部門は，半導体用テストシステムに接続されるテスト・ハンドラやデバイス・インタフェース製品を製造している。サービス他部門は，その他のサービス関連である。

図表Ⅱ-14-1　アドテストの'07年度セグメント別売上高構成割合

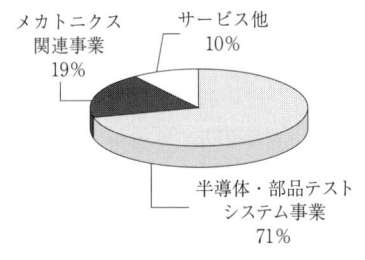

メカトロニクス関連事業　19%
サービス他　10%
半導体・部品テストシステム事業　71%

出所）決算短信（2008年3月期）より作成

図表Ⅱ-14-2　アドテストの'07年度セグメント別営業利益構成割合

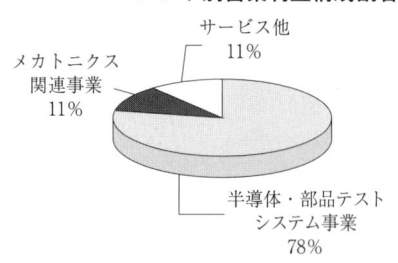

メカトロニクス関連事業　11%
サービス他　11%
半導体・部品テストシステム事業　78%

出所）決算短信（2008年3月期）より作成

Ⅱ　アドバンテストの経営理念・戦略・計画

1　経営理念

経営理念は,「先端技術を先端で支える」,「私たちは,世界中のお客様にご満足いただける技術・商品・サービスを提供するために,たえず自己研鑽に励み,最先端の技術開発を通して社会の発展に貢献していきます」である。

「本質を究める」ことを行動指針とし,「私たちは,あらゆる事象に対して,表層に現れている現象の「根源にあるものは何か」,そこに「内包される本質は何か」を厳しく追求し,正しいソリューション(解決)を見出すように努めます」としている。

経営理念,行動指針,そしてステークホルダーの尊重,社会との調和そして持続可能な社会実現への貢献を明示した「CSR基本方針」を総称し,「The ADVANTEST Way」として定着を図る。

2　経営戦略

(1)　経営環境

半導体用テストシステムが主力であり,半導体メーカー,テストハウスおよびファウンドリーの設備投資に大きく依存している。半導体の用途の広がりにより,半導体の需給動向を見通すことが困難になっており,極めて不規則な事業環境下にある。したがって,不規則に業績が大きく変動する経営環境で市場を混乱させる可能性があると,次期の業績予想も開示できない。

効率化意識が高まり,テスター(検査装置)不要論も浮上してきた。高性能で多くの検査工程を取り組むべきか,安価な簡易装置で済ますかという検査コスト削減の流れもある。

(2)　経営戦略

「情報・通信・半導体という社会基盤のテクノロジーを,試験と計測の分野で支えています。半導体の試験装置であるテスター本体はもちろん,周辺機器も含め半導体試験にかかわるあらゆる機器をワンストップで提供できることは,

誇る強みです。

　コア・コンピタンスである『計測』に軸足を置きつつ，グローバルな市場の変化に即応できる経営体制・財務体質を確立するとともに，次世代の市場ニーズを喚起する優れた製品のタイムリーな投入によるマーケット・シェアのさらなる拡大を目指し，企業価値の向上に邁進しております。そのために，欧米やアジア地域など海外での事業展開・サポート体制を強化する一方で，事業の選択と集中を進め，開発体制の強化や生産効率の改善強化に推進しております。

　お客様に対しては，テストシステムの性能を最大限に発揮し，ビジネスのあらゆる面で効率を追求していただくためのソリューションを提供し，顧客満足度の向上を図ってまいります。

　2005年10月より開始した全社運動『Activate 21』では，グローバルな視点でコストと効率に重点を置き，さらなる改革を進めるべく，2008年度を最終年度として展開している」［決算短信（2008年3月期）：p.7］。

(3)　選択・集中戦略

　「08年6月17日に，米半導体検査メーカー，クレデンス社の関連会社である独クレデンスシステムズを買収する。欧州での顧客基盤の拡大や車載用半導体検査装置に関する技術の獲得が目的で，買収額は約5億円」［『日本経済新聞』（2008年6月18日）］。

　半導体検査装置事業に限定されているために，半導体市況に大きく左右されすぎている。豊富な手元資金を活用して，半導体関連事業以外（医療関連など）への展開も模索されている。

3　経営計画

　「中期的な計画として，コア・コンピタンスである『計測』に軸足を置きつつ，次世代の市場ニーズを喚起する優れた製品をタイムリーに投入することによってマーケット・シェアの拡大を目指している。海外での事業展開・サポート体制を強化する一方で，事業の選択と集中を進め，開発体制の強化や生産効率の改善を推進する。お客様に対しては，効率を追求したソリューションを提供し，

さらなる顧客満足度の向上を図る」［CSR Report（2007）］と述べられている。詳細な内容は公表されていない。

4　経営管理手法

「目標とする経営指標は，EVA の概念をとりいれた AVA（Advantest Value Added）を，利益率，ROE，キャッシュ・フローとともに重要な経営指標として 00 年度から導入している。最低達成すべき投下資本収益率を 8％に設定し，中期的には 12％以上を目指すことにより，企業価値・株主価値のさらなる向上を図る」［決算短信（2008 年 3 月期）：p.7］。

　　AVA＝税引後営業利益÷事業別資産－（WACC［5.6％］＋市場期待利率［2.4％］）

　原価企画，ABCM（アクティビティー・ベスート・コスティング・マネジメント），API（アクティビティー・パフォーマンス・インジケーター）を導入し，原価管理を徹底させている。「ABCM は，社員一人一人がきょう一日どんな仕事にどれだけの時間を費やしたかということを，その日その日に把握しようということです。――各事業活動にかかったその人間のコストを，瞬時に計算して八つの大分類に即座にデータ化されます。その八つの分類というのは，マーケティング，開発，購買，生産，物流，販売，品質，サポートです。この八つのアクティビティーに分類，集計されたデータに基づいて本当にやっていることが価値を生み出しているかどうかを，毎月議論しています。

　API というのは，このように集計・分析される ABCM をさらに社員一人一人の活動と経営指標である AVA 向上との関連についてより鮮明にするための，活動指標とも言えるインジケーターです。この API は，社員にとって AVA 向上の道しるべとなる指標で，価値向上に直接結びつく活動目標である活動指標と，その指標を達成するために必要な活動の達成度を図る行動指標であるプロセス指標に分かれています」［大浦（2003）：pp.62-63］。

　アドバンテストの経営理念・戦略・計画は簡潔すぎ，具体的内容は多少不明であり，企業価値の創造には必ずしも貢献していない。

Ⅲ　アドバンテストの企業価値創造会計による分析

1　企業価値概念

アドバンテストは,「持続的発展と企業価値の向上を目指し,企業価値向上へ向けた資本戦略を機動的に行うための自己株式を取得する」と述べている。長期継続的に企業価値を創出することが株主の利益に貢献する基本であると考えており,連結業績をベースとした利益配分を積極的に進めている。時価総額を企業価値の1つの尺度とみている。会計的企業価値に基づく最も一般的な株主価値で,市場的企業価値を包含したものと理解しているようである。

2　会計的企業価値創造

極めて高い自己資本比率を維持しており,2004年度で有利子負債がゼロと

図表Ⅱ-14-3　アドバンテストの会計業績等推移

(単位：原則億円)

項　目	'99(年度)	'00	'01	'02	'03	'04	'05	'06	'07
売 上 高	1,671	2,622	952	977	1,742	2,394	2,539	2,350	1,827
営業利益	416	726	-365	-167	309	607	644	567	227
利益率(%)	24.9	27.7	-38.3	-17.1	17.7	25.4	25.4	24.1	12.4
税引前純利益	367	759	-367	-186	288	618	674	610	235
利益率(%)	22.0	29.0	-38.6	-19.0	16.5	25.8	26.6	26.0	12.9
当期純利益	224	471	-229	-130	173	381	414	356	166
利益率(%)	13.4	17.9	-24.1	-13.2	9.9	15.9	16.3	15.1	9.0
総 資 産	3,319	4,037	3,050	2,812	3,308	2,967	3,507	3,663	2,986
純 資 産	2,293	2,695	2,428	2,106	2,217	2,067	2,579	2,947	2,541
自己資本比率(%)	69.1	66.8	79.6	74.9	67.0	69.7	73.5	80.5	85.1
自己資本利益率(%)	10.4	18.9	-9.0	-5.8	8.0	17.8	17.8	12.9	6.0
営業CF	210	296	90	49	282	903	594	489	241
投資CF	-90	-161	-186	-84	-50	-82	-85	-80	-163
F C F	120	129	-100	-35	231	821	509	409	78
財務CF	-11	-84	-80	-144	-63	-630	-183	-36	-467
現 金 等	1,184	1,235	1,059	873	1,011	1,209	1,579	1,963	1,473
従業員数(人)	4,317	4,805	4,229	3,519	3,544	3,565	3,595	3,637	3,666

出所)有価証券報告書より作成

なる健全な財政状態で，多額の現金等をも保有している状況である。2003年以降業績が回復したが，2007年度に下降した。

欧米やアジア地域など海外での事業展開・サポート体制を強化し，外部顧客に対する海外地域の売上は，70％近くに達している。アジア地域が60％を占め，主に台湾と韓国である。

「米金融危機の深刻化で米景気が厳しくなり，徹底的にムダを取り除き，損益分岐点を引き下げる。それでも，暫くは厳しい状況であり，08年度通期では最終赤字になるとの観測も出ている」[『日本経済新聞』(2008年9月19日)]。DRAM価格の低迷で半導体メーカーが設備投資を抑制し，特に試験工程はコスト削減の対象になりやすい。固定費の圧縮を進め，損益分岐点の引き下げをめざす。回復には時間がかかりそうである。

3　市場的企業価値創造

アドバンテストの株式時価総額は，ITバブルで1999年度には大幅に上昇したが，2002年度に大幅に下落した。会計的な業績悪化がそのまま，市場的企業価値にほぼ反映している。

図表Ⅱ-14-4　アドバンテストの株式時価総額等推移

(単位：原則円)

項　目	'99(年度)	'00	'01	'02	'03	'04	'05	'06	'07
株　価	21,790	12,460	9,630	4,220	8,530	8,220	14,030	5,230	2,585
発行済株式数(万株)	9,971	9,973	9,978	9,978	9,978	9,978	9,978	19,956	19,956
時価総額(億円)	21,727	12,426	9,609	4,211	8,511	8,202	13,999	10,437	5,158
時価総額増減額(億円)	12,738	-9,301	-2,819	-5,398	4,300	-309	5,797	-3,561	-5,279
1株純利益	225.3	473.6	-230.8	-132.0	88.2	194.8	223.2	190.0	90.7
調整後1株純利益	224.6	472.5	－	-132.0	88.0	194.3	222.0	188.9	90.6
1株純資産	2,308.1	2,711.9	2,441.7	2,144.2	2,256.6	2,237.0	2,763.7	1,571.0	1,422.2
株価収益率(倍)	96.7	26.3	－	－	48.4	21.1	31.4	27.5	28.5

出所）有価証券報告書等より作成

図表Ⅱ-14-5　アドバンテストの業績推移

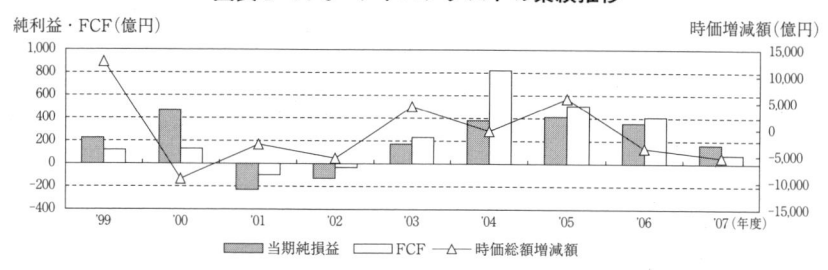

出所）有価証券報告書より作成

図表Ⅱ-14-6　アドバンテストの投資・R&D 推移

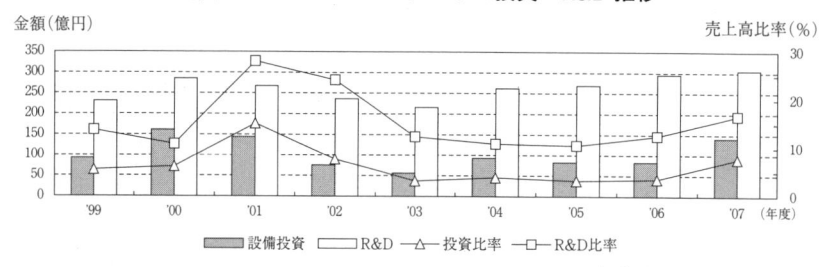

出所）有価証券報告書より作成

4　本質的企業価値創造

(1)　株主価値創造

　株主・投資家を尊重し，適正な利益還元と情報開示を行っている。連結配当性向20％以上を基本に安定配当を実施する。コア・コンピタンスである「計測」に軸足をおきつつ，グローバルな市場の変化に即応できる体制・財務体質を確立している。

　「03年から後補充生産方式を導入した。予め完成品を一定量ストックしておき，売れたものを，売れた時に，売れた量だけ作って補充する生産方式である。コスト面だけでなく，CS向上，社内労働環境の改善，省エネルギー，梱包材の削減などに効果をもたらした」[CSR Report (2007)：pp.10-11]。

(2)　人的価値創造

　「会社の財産である社員を尊重し，公正に処遇し，また，社員の多様なライ

フスタイルと個々の成長を支援し,社員が会社とともに成長できるよう心がけている。人事基本理念は,成果重視,公平性と納得性への配慮,人材開発の積極的支援である。人材育成基本方針は,チャレンジスピリット,グローバル化,マネジメントのレベルアップである」[CSR Report (2007):pp.20-22]。

「従業員の多様なライフスタイルと個々の成長を支援するため,『時間外労働時間の縮減』に労使一体で取り組んでいる。07年度の一人平均時間外労働時間は前年度比約10%縮減となった」[CSR Report (2008):pp.23-24]。

「開発プロセスを効率化し,社内のエンジニアの力が最大限に発揮できる環境をつくるために,07年4月より『技術KI (Knowledge Intensive Staff Innovation Plan) 計画』を導入した」[CSR Report (2008):p.14]。

従業員数は,2002年度からほぼ固定して推移している。単体の平均給与は2004年度に改善し,その後上昇し,かなり高い水準を維持している。

行動規範として,次の6つの行動原則を定め,行動基準の拠り所としている[CSR Report (2008):p.9]。

① 勇気を持ってチャレンジします。
② オープンマインドで,コミュニケーションを密にします。
③ 自己の能力を高め,最大限に発揮します。
④ お客さまにご満足と安心を提供します。

図表Ⅱ-14-7　アドバンテストの従業員数推移

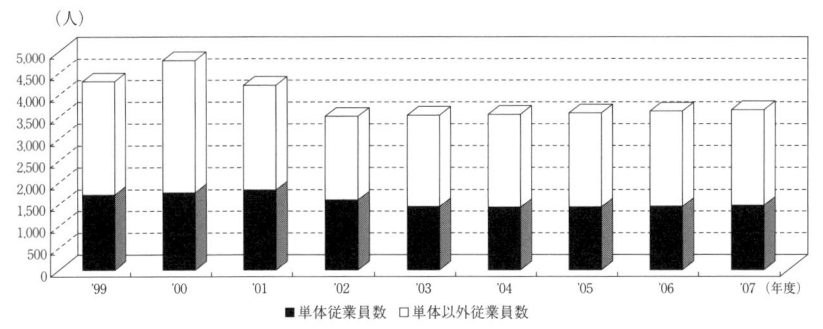

出所) 有価証券報告書より作成

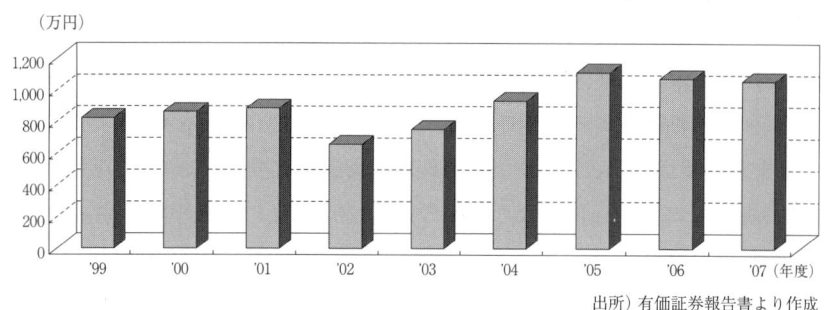

図表Ⅱ-14-8　アドバンテストの単体給与推移

(出所）有価証券報告書より作成

⑤ 社会的責任を自覚し誠実に行動します。

⑥ グローバルな視点で行動します。

(3) 顧客価値創造

顧客を尊重し，顧客のニーズを満たす高品質の製品・サービスを提供している。お客様に対しては，テストシステムの性能を最大限に発揮し，ビジネスのあらゆる面で効率を追及していくためのソリューションを提供し，顧客満足度の向上を図るために，お客様満足の向上に向けて顧客満足度調査を実施し，よい評価を受けている。

(4) 社会・環境価値創造

2006年にアドバンテストCSR基本方針を制定した。

「高い信頼性と技術を誇る製品を提供することで，企業の社会的価値を高め，成長する。そして，ステークホルダーに利益を還元し，社会に貢献していく」。

広く社会における福利厚生と社会基盤整備に力を注ぎ，また社員が自発的に行っている各種貢献活動もサポートしている。

アドバンテスト・グループ環境方針の理念は「地球環境を大切にする」である。環境活動を当たり前のものとして事業活動に取り組み，生かすことで，企業，社会，地球環境すべてに大きな利益を還元する，それがアドバンテストの考える環境経営である。2007年度から，2009年度にかけての第4期環境行動計画を策定し，対象範囲を国内・海外のグループに拡大するとともに，事業活

動に則った具体的なテーマと目標を設定し，環境負荷の低減に努めるとしている。

「03年度から製品環境アセスメントを新製品に実施してきた。製品開発では環境配慮型設計を考慮し，製品の省エネルギー化，製品廃棄情報の開示，製品に含有する有害分質排除など設計段階で強化を図っている。その効果として，製品環境アセスメントを実施し，90点以上の評価点がとれた製品を着実に増やしている」[CSR Report (2007)：p.37]。

Ⅳ　アドバンテストの企業価値創造会計総括

アドバンテストは，先端技術に基づき顧客を満足させるための製品を提供してきている。人的視点から人材を開発し，成果・公平・納得から価値を創造する。この人材が先端技術を高め，性能・品質を保証し，生産革新をとおして顧客価値を創造する。その結果，利益・AVAが増加し，企業価値を創造できる。環境負荷を削減して環境価値を創造している。顧客の求める先端技術を今後も引きつづき高められるかが最大の課題である。

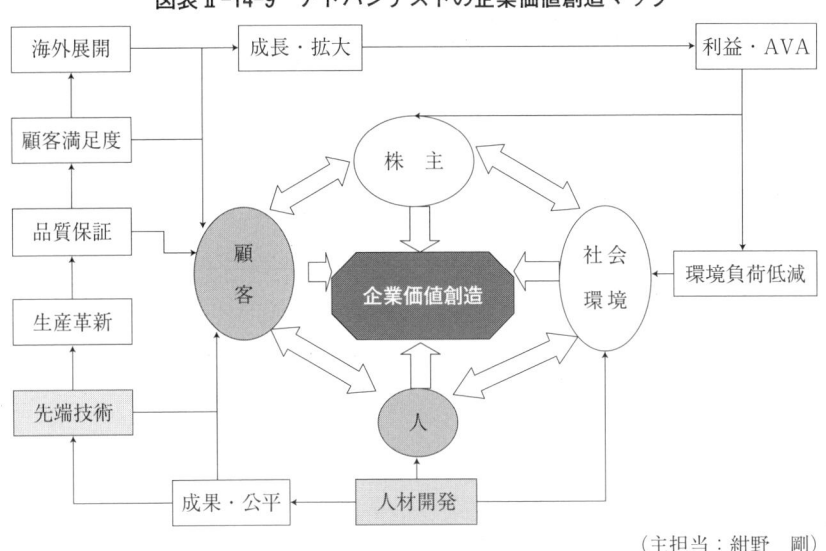

図表Ⅱ-14-9　アドバンテストの企業価値創造マップ

（主担当：紺野　剛）

■主要参考文献■

大浦　溥（2003）「企業価値を高める経営」大阪経済大学編『21世紀の日本を拓く』
　　日本経済新聞社
Annual Report（2007）
会社説明会資料
決算説明会資料
決算短信（2008年3月期）
CSR Report（2007・2008）
有価証券報告書
http://www.advantest.co.jp

第15章　TDK の企業価値創造会計に基づく事例分析

I　TDK の概要

　TDK 株式会社は，秋田出身の初代社長の齋藤憲三が，当時の科学者が発明したフェライトという素材を工業化したいと考え，設立した。1935年12月7日に東京電機化学工業株式会社を設立し，1983年3月に社名を TDK 株式会社へ変更した。設立以来70年以上にわたり，フェライトの素材技術，その素材の特性を引き出すプロセス技術，評価・シミュレーション技術を展開し，独創的な製品を開発，提供してきた。現在ではフェライトをはじめとする電子素材・電子デバイス，ビデオテープ，オーディオテープ，フロッピーディスクなどの記録メディアを製造販売するメーカーである。2008年3月期の売上構成は，記録デバイス39％，電子デバイス24％，電子材料22％，その他電子部品9％，記録メディア6％である。

図表Ⅱ-15-1　TDK の '07年度部門別売上高構成割合

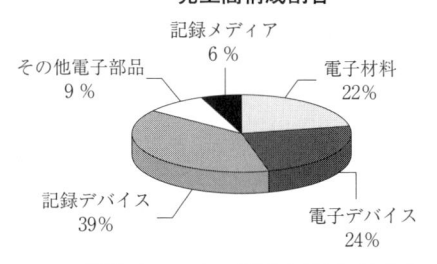

出所）インベスターズガイド（2008）より作成

Ⅱ　TDK の経営理念・戦略・計画

1　経営理念

　TDK の企業理念は，「創造によって文化，産業に貢献する」である。TDK

における創造とは，モノをつくることだけではなく，文化的なこと，精神的なこと，世の中のあらゆることについての「つくる」ことを意味している。それによってTDKは「つくることを通じて，社会に役立つ事をしていきます」と宣言をしている。

2　経営戦略
(1)　経営環境

TDKでは，競争の激化による価格下落，資源価格の高騰，急激な需要変動およびそれにともなう過剰在庫または販売機会損失等のリスクなどの収益面にマイナス影響要因もあるが，これらの事業リスクに適切に対応する体制を構築し，2008年3月期は過去最高の当期純利益を達成した。エレクロトニクス産業の成長は今後も持続するとみられており，電子部品メーカーであるTDKにとってビジネスチャンスの広がりが予想されていた。しかしながら，世界金融危機による景気後退は日本の電子産業を直撃している。2008年10月以降は薄型テレビ，携帯電話，ゲーム機，パソコンなどの最終製品の需要が鈍化している。2008年4月〜9月の上期は7年ぶりに減収減益であった。現在の不況は2000年のITバブル崩壊時と比べ状況が複雑で予測が難しい面が多い。素材技術に根ざした新製品を開発し，いかに競争力ある製品を提供していくかが課題となるだろう。

(2)　経営戦略

上場以来，初めての赤字を計上した2002年3月以降，TDKは「スピードアップ」と「専門性の発揮」という2つのキーワードのもと，収益体質の改善をめざしている。2006年6月からは，澤部・上釜の二人三脚体制を軸とした新たな経営体制をスタートさせ，「モノづくりの現場を常に顧客視点から考え，日々の改善と強化を通じて収益性を高める」，「得た利益を，積極的に自らの強みを生かせる分野に振り向ける」という2つの取り組みを行っている。上釜社長は「TDKの強みは『現場力』にあり，強い現場からのボトムアップと，企業戦略のトップダウンの融合により，より強いTDKを創り上げていく」とト

ップインタビューで語っている。「現場力」のさらなる向上にむけて経営資源を集中させることで強いTDKに向けた戦略の実現をめざしている。スピーディーな要求に応えていくため，全社横断的な技術共有による製品開発のスピードアップに取り組んでいる。生産能力の増強，電源事業の強化を目的とした田淵電機株式会社との資本，業務提携も行い各業務のスピードアップに向けた具体的な取り組みを行っている。また，経営環境の変化に迅速な対応が取れる企業体質をつくるために，記録メディア事業の抜本的構造変革を実施し，専門性を強化できるよう，グローバルに展開している生産体制の最適化や，個々の製品に合った生産プロセスや設備の見直しを通じて成果を出している。売上高に対する新製品比率とナンバーワン製品比率を改善すべき指標とし，さらにキャッシュフローの改善や資産活用の効率化を積極的に進めることで2008年3月期の営業利益率，棚卸資産回転率，有形固定資産回転率は大きく改善された。

(3) **選択・集中戦略**

　TDKは，2003年から選択と集中による製品および事業の見直しを進め，事業・製品ポートフォリオの再構築を行っている。2004年より「情報家電」「高速・大容量ネットワーク」「カーエレクロトニクス」の3分野の市場に集中し，製品開発や生産体制の改善を行った。その結果，HDD用ヘッド，コンデンサ，インダクタ，という電子素材部品事業の3事業へ積極的な投資を行い成長している。これらの製品分野は，事業拡大が見込まれると同時にTDKの技術的な優位性を発揮することができるためである。本業である電子素材部品事業利益を生み出し，既存事業の強化とその強みを生かせる成長分野への投資により成長が可能な基盤構築をめざしている。HDD用ヘッドは，2007年にHDD用サスペンションメーカーであるMagnecomp Precision Technology Public Company Ltd.（タイ）を買収，さらにアルプス電気株式会社から関連設備と特許権の資産を取得した。これらにより事業の競争力強化を図る狙いである。コンデンサ市場は，TDKのコア技術がいかせる分野であり2009年3月期より高付加価値製品を一貫生産する新工場を稼動させ収益向上をめざしていく。インダクタについては，多岐の製品群の供給をすばやく行えるよう海外拠点の自動化生

産設備に投資を行い収益の向上を行っていく。また，2008年にドイツにある欧州最大の電子部品メーカー EPCOS 社を 1,600 億円で買収した。2009 年をメドに，EPCOS 社の全事業と TDK のコンデンサ，インダクタ，高周波部品，センサなどの受動部品事業を分割して統合させて 1 つの会社にする。製品と地域の相互補完関係を築き，世界の電子部品産業をリードする企業に成長させる考えである。

3　経営計画

　2007 年 3 月期の決算発表において，上釜社長は「売上高 1 兆円を視野に入れる」という中期経営計画（2007 年 4 月～2010 年 3 月）を発表した。TDK は，2007 年 4 月～2010 年 3 月の中期経営計画として，3 つの取り組みを行っていくというものだ。① カスタム性の強い製品を創出，② 現場重視による製造力の強化，③ 資源の最適活用・最適配備，である。具体的に①は，多機能型機能のインダクタや，製品によって容量・大きさ・形状などが異なるポリマ電池などがある。②は，HDDヘッド分野で製品記録密度の向上率を年率 50％から 100％にまで引き上げる。さらに低価格化の進むフラッシュ・メモリに対抗するため，生産効率を高めてビット単価をフラッシュ・メモリの 2 分の 1 にする考えだ。③は，高付加価値のチップ・コンデンサを生産するための新工場を秋田に建設中である。2009 年 3 月時点で生産能力を 40％向上するため，2 年間で約 500 億円の投資を行う。そのほかインダクタ事業にフェライト・コアやトランス事業を統合し，フェライト材料を利用する事業を集中させる。材料からデバイスまでを強化し資源を集中させることでインダクタ事業を TDK の第 3 の柱に成長させるのが狙いである。こうした取り組みによって，平均で年 5％程度売上高を成長させ 1 兆円の売上高をめざしている。

4　経営管理手法

　TDK では，経営の方針を具現化していくための経営上の重要な判断指標として，TVA（TDK Value Added）というものを取り入れている。投下資本に見

合った収益状況を示す当社グループ独自の付加価値指標で,利払い前税引後利益と資本コスト(株主資本＋有利子負債)を比較する指標である。利益では考慮されていない投資・在庫に対しても考慮ができ,事業活動によって企業が新たに創造した付加価値を計る指標である。現在は,半年・年間ベースでTVAを管理し,事業部の評価項目および役員報酬の評価としても利用している。また,キャッシュフローや資産活用の効率化に対する指標も重視している。

Ⅲ　TDKの企業価値創造会計による分析

1　企業価値概念

　株主だけではなく,すべてのステークホルダーにより高い企業価値を提供しつづけていくことが極めて重要であると考えている。企業価値の向上には,①経済的側面での経済的にきちんと利潤をあげていること,②環境的側面での環境に対して配慮がなされていること,③社会的側面での持続可能な社会の発展に寄与していること,これらをバランスよく発展させることが重要としている。これにより持続可能な企業として,企業価値の向上に努めていく考えをもっている。また,TDKでは「モノづくり力を強化し,お客様と共に成長する」を合言葉に事業の改善を進めている。堅実で持続的な成長を果たしていくには,品質が高く,低価格で,競争力がある製品の開発が必要で,付加価値の源泉となるモノづくりの強化を図ることが大切だと考えている。企業価値の源泉は会計的業績である。企業価値を特定して測定・管理できないので現実的には利益を重視している。適正に利益を拡大することで企業価値の向上をめざしている。利益を上げるような戦略・計画は,社是である「創造によって文化,産業に貢献する面の幸福を追求する」という創業時の精神に基づき策定されている。株価,時価総額も当然重視をしているが,好調な推移は見せていないようだ。

2　会計的企業価値

　TDKの会計的企業価値の推移は,ITバブル時の2000年度は売上高が約

6,800億円だったが,バブルがはじけ,2001年度には約5,700億円へ落ち込み,その後徐々に増加して2007年度には8,600億円に戻した。2001年度の業績悪化は,アメリカ経済の低迷,ITバルブが調整段階に入ったこと,中国・台湾を中心とした国々との競争激化などの外的要因のほか,環境変化に対する認識の遅れという内的要因が原因である。2002年度には収益性や成長性の低い分野から高い分野への経営資源の移行を行い,選択と集中戦略へとシフトを行い回復していった。営業利益は,上場以来,初めての赤字を経験した。その後,損益分岐点の引下げのための人員削減,国内および海外の工場の統廃合による資源効率の向上,ベンダーの見直しなど無駄の排除により,収益構造の改革を行い,それ以降2002年度に240億円,2003年度に560億円と推移し,2007年度には約870億円まで増加させている。利益では考慮されていないB/S上の

図表Ⅱ-15-2　TDKの会計業績等推移

(単位:原則億円)

項　　目	'99(年度)	'00	'01	'02	'03	'04	'05	'06	'07
売　上　高	6,647	6,659	5,643	6,049	6,558	6,579	7,952	8,920	8,663
営業利益	746	532	-402	245	565	598	605	796	872
利益率(%)	11.2	8.0	-7.1	4.1	8.6	9.1	7.6	9.2	10.1
税引前純利益	734	612	-402	206	558	607	661	887	915
利益率(%)	11.0	9.2	-7.1	3.4	8.5	9.2	8.3	10.0	10.6
当期純利益	507	440	-258	120	421	333	441	701	715
利益率(%)	7.6	6.6	-4.6	2.0	6.4	5.1	5.5	8.1	8.2
総　資　産	7,760	8,202	7,500	7,473	7,703	8,080	9,235	9,893	9,355
株主資本	5,710	6,377	5,839	5,539	5,762	6,391	7,024	7,627	7,166
株主資本比率(%)	73.6	77.8	77.9	74.1	74.8	79.1	76.1	77.1	76.6
株主資本利益率(%)	9.2	7.3	-4.2	2.1	7.5	5.5	6.6	9.6	9.7
営業CF	939	669	442	1,059	1,140	952	891	1,455	1,194
投資CF	-988	-917	-575	-462	-374	-624	-1,048	-815	-1,578
F　C　F	-49	-248	-133	597	766	328	-157	640	-384
財務CF	-128	-88	-132	-79	-99	-96	-71	-159	-601
現　金　等	1,745	1,509	1,258	1,706	2,272	2,515	2,390	2,892	1,661
従業員数(人)	34,321	37,251	32,249	31,705	36,804	37,115	53,923	51,614	60,212

出所)有価証券報告書,インベスターズガイド(2008)より作成

投資や在庫を考慮するためにTAVおよび営業キャッシュフローも重視している。TVAは外部情報としてあまり公表はしていない。

3 市場的企業価値

TDKの市場的企業価値は，1999年度は増加したが2000年～2002年度にかけては減少し，2003年度にもち直したかに見えたが再び2004年度で減少した。その後2年間は上昇，2007年度は減少と上下が激しい。会計的企業価値ほどには，市場的企業価値は好調に推移してはいないように見られる。株式市場は，

図表Ⅱ-15-3　TDKの株式時価総額等推移

(単位：原則円)

項　目	'99(年度)	'00	'01	'02	'03	'04	'05	'06	'07
株価	13,980	8,250	6,870	4,530	7,950	7,340	8,870	10,220	5,890
発行済株式数（万株）	13,319	13,319	13,319	13,319	13,319	13,319	13,319	13,319	12,959
時価総額(億円)	40,689	35,816	30,981	13,910	27,181	22,432	28,057	30,785	19,906
時価総額増減額（億円）	5,847	-7,632	-1,838	-3,116	4,555	-812	2,038	1,798	-5,980
1株利益	380.9	330.5	-193.9	90.6	317.8	251.7	333.5	529.9	551.7
調整後1株利益	380.9	330.5	-193.9	90.6	317.7	251.6	333.2	529.3	551.2
1株株主資本	4,287.2	4,794.4	4,395.1	4,176.3	4,351.8	4,832.5	5,310.6	5,759.2	5,556.8
株価収益率(倍)	36.7	25.0	－	50.0	25.0	29.2	26.6	19.3	10.7

出所）有価証券報告書，インベスターズガイド（2008）より作成

図表Ⅱ-15-4　TDKの業績推移

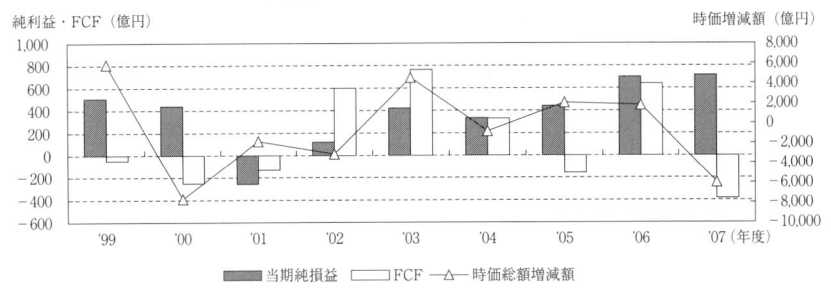

出所）有価証券報告書，インベスターズガイド（2008）より作成

利益が最高なのではなく，事業構成の成長・リスクを評価して厳しく判断しているようだ。業績との相関はそれほど見られず，市場が変動的である。

4　本質的企業価値創造
(1)　株主価値創造

　TDKは，株主には利益（率）で応えている。また，ROIや1株当たり利益の安定的な成長も重視している。自社株取得を取り入れ，資産効率を考慮しながら安定的な配当をめざしている。技術開発を重視した経営だが，投入した研究開発費や設備投資など収益性や市場性に反映されているかの判断は難しい。また，収益性を高めるうえでは独創的新技術を重視しているため，新製品売上比率を指標としているが，さほど独創的でない新製品が含まれている弊害も生じている。そのため新製品には特許件数も考慮している。研究開発費は売上の約5～6％で推移しているが，ヘッド以降大きな新規事業が見受けられず，投資に見合った成果が出ているのか不明だ。開発を重視していることはまちがいないが，株主価値の創造に直接影響を及ぼしているかは判断できない。事業を強化していくほかに，企業の社会性やコーポレートガバナンスも重要な課題とし，国内外の法規定・コンプライアンスを遵守し，株主に信頼される経営をめざしている。

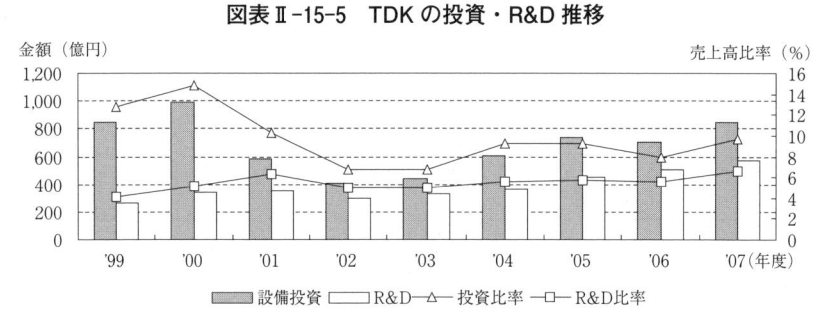

図表Ⅱ-15-5　TDKの投資・R&D推移

出所）有価証券報告書，インベスターズガイド（2008）より作成

図表Ⅱ-15-6　TDKの従業員数推移

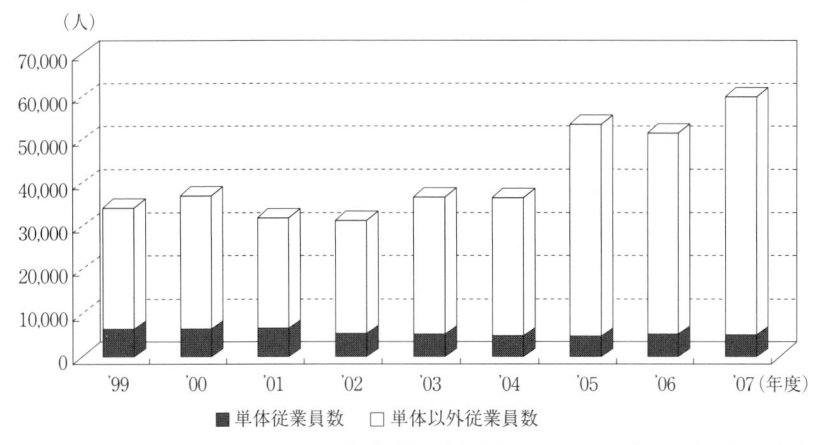

(人)

'99 '00 '01 '02 '03 '04 '05 '06 '07(年度)

■ 単体従業員数　□ 単体以外従業員数

出所) 有価証券報告書，インベスターズガイド (2008) より作成

(2) 人的価値創造

　会社の企業倫理綱領には，「従業員の人格，個性を尊重し合理的で公平な人事制度や労働条件を定めます。また，成果・業績主義に基づく客観的で公正な人事評価を行うと共に，機会均等の原則に基づき専門性と創造性に富む個性豊かな人材を育成します」とある。各人の公平性と個性を尊重しているからか給与は平均的であるが，定着率が高いという点では，人的価値を蓄積しやすい環境にあると考えられる。国内の従業員数は横ばいだが，海外の従業員数が増加傾向にある。連結売上高の70％近くが海外売上であり，海外比重が高い。

(3) 顧客価値創造

　お客様満足度を把握し，品質・コスト・納期・環境・サービスに総合的に満足のいく製品を顧客と共同して提供している。具体的には3つの方法で調査をしている。お客様にTDK製品を評価していただく「サプライヤー評価情報」，お客様からいただく「品質苦情情報」，お客様の立場にたってパイプ役である営業担当が評価する「CS評価」を行い，お客様とのコミュニケーションを非常に重視している。

(4) 社会・環境価値創造

　地域社会への貢献として，拠点ごとに展開をしている。「学術・研究／教育」「スポーツ／芸術・文化」「環境保全」「社会福祉・地域社会の活動」の4分野を選択し，TDKグループのさまざまな資源を活用してNPO/NGOなどとの連携を図り，積極的な活動をグローバルに行うという方針をもちながら，社会貢献，スポンサー，品質保証などの社会とのかかわりを展開している。さらにTDKでは，環境問題を経営の重要課題の1つと位置づけ，2002年10月に「TDK環境活動2010」を策定，2005年には長期的かつグローバル化の意識した「TDK環境活動2015」を新たに策定して活動している。企業規模から考えれば非常に社会・環境への活動に力を入れている。しかし，その効果を考えれば社内における活動規模と企業価値の創造の両者に相関関係があるかどうかは判断が難しい。

IV　TDKの企業価値創造会計総括

　TDKの企業価値は株主だけでなく，すべてのステークホルダーにより高い

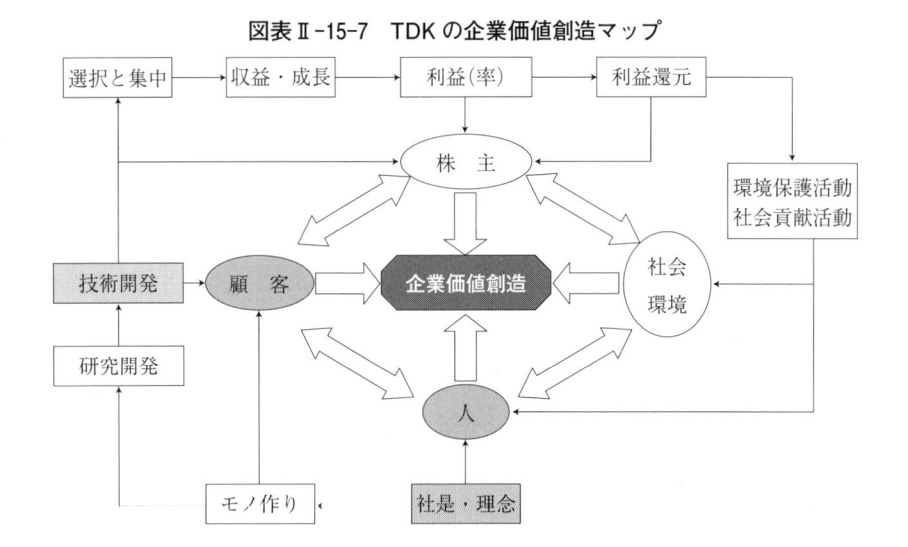

図表 II-15-7　TDK の企業価値創造マップ

企業価値を提供しつづけるというものである。企業価値を特定して測定・管理できないため，現実的には会計的企業価値である利益を重視している。そのベースには「創造によって文化，産業に貢献する」という社是がある。顧客を重視しニーズに応えるために付加価値の源泉であるモノづくりの強化を通じて収益性を高める。そこで得た利益で新しい技術開発を進めていき技術優位性を発揮していく。企業価値創造の可能性はあるが，競争激化のなかで，優位性を出せるのかどうかは今後の課題である。発展が見込まれる，① 情報家電，② 高速・大容量ネットワーク，③ カーエレクトロニクスを重点3分野と設定し，これらの市場が求める価値ある技術と製品をスピーディーに提供し，収益力を高めることが重要である。

（主担当：川崎大輔）

■ 主要参考文献 ■

関科学技術復興記念財団（2000）『ベンチャー企業のさきがけ』東海大学出版会
塩川年伸（2006）「TDK環境活動2015」『環境管理』第42巻第11号，pp.36-41
田中克比古（2005）「R&D人材の育成法と組織の活性化」『Business Research』2005年12月号　pp.43-50
『日経ビジネス』(2009)「トップが語る電子部品産業　TDK株式会社」2009年1月5日号　pp.74-75
アニュアルレビュー（2008）
インベスターズガイド（2008）
決算説明会資料
決算短信（2008年3月期）
CSRレポート（2008）
有価証券報告書
http://www.tdk.co.jp

第 16 章　三洋電機の企業価値創造会計に基づく事例分析

I　三洋電機の概要

　三洋電機株式会社は，1947 年に設立され，創業者井植歳男によって社名を三洋電機と名づけられた。これは太平洋，大西洋，インド洋，この 3 つの海につながる国々いわゆる全世界を表わし，世界を相手に人間，技術，サービスを三本の柱として進んでいこうとするもので事業対象と事業方針を規定したものである。また，創業者は，事業姿勢として「私ども事業人の信念とは人種や思想や宗教や貧富の差別なく照らしてくれる太陽のごときものでありたい」という指導理念をもっていた。つまり，三洋電機グループは世界を対象とし，世界を照らす太陽のように人々にとってなくてはならない存在になりたいと考えていたのである。「太陽」にはいろいろな意味があるが，三洋電機グループがめざすものは次のとおりである。

　① いきいきしたもの（限りなく，自噴する活力）
　② かけがえのないもの（新しく，独創的な技術力）
　③ 暖かいもの（誠実で，豊かな包容力）

図表 II-16-1　三洋電機の'07 年度セグメント別売上高構成割合

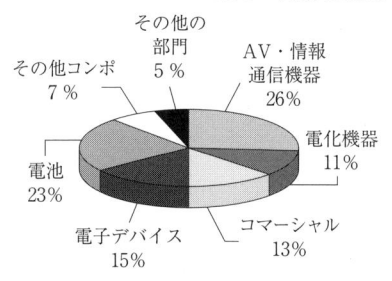

その他の部門　5 %
その他コンポ　7 %
AV・情報通信機器　26 %
電化機器　11 %
コマーシャル　13 %
電子デバイス　15 %
電池　23 %

出所）有価証券報告書より作成

図表 II-16-2　三洋電機の'07 年度セグメント別営業損益

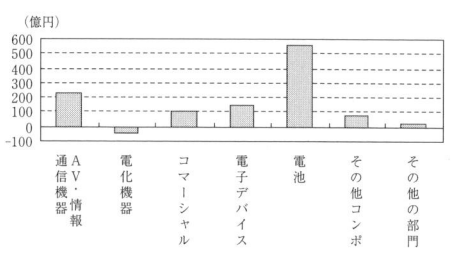

（億円）

通信機器／AV・情報／電化機器／コマーシャル／電子デバイス／電池／その他コンポ／その他の部門

出所）有価証券報告書より作成

1986年に，東京三洋電機と合併した。

現在の事業内容は，次のように分かれている。

① コンシューマ部門（AV・情報通信機器，電化機器）

② コマーシャル部門（ショーケース，業務用機器，業務用厨房機器）

③ コンポーネント部門（電子デバイス，電池，その他）

④ その他部門（物流，保守，情報サービス，住宅関連）

Ⅱ 三洋電機の経営理念・戦略・計画

1 経営理念

　三洋電機のグループ経営理念は「私たちは世界のひとびとになくてはならない存在でありたい」と，企業の存在感を強調しており，「三洋電機グループは独創的な技術を開発するとともに優れた商品とまごころのこもったサービスを提供し，世界の人々から愛される信頼される企業集団になることを目指します。このことは世界の人々にとってなくてはならない「太陽のような」存在になることを意味します」である。

　行動基準は，「世界に誇りうる仕事」である。常に世界的な視野にたち，世界の尺度で考え，世界の優良企業にふさわしい最高の仕事に挑戦しようとするものである。行動基準の根本を貫く思想はチャレンジ精神である。

① 品位のある仕事をする（品位）

　㋐ 誇りと勇気　㋑ ルールを守ったフェアな競争　㋒ 世界的な視野

② お客さまの満足を先取りする（顧客主義）

　㋐ 期待に応える仕事　㋑ 質の高い仕事　㋒ 信頼を裏切らない仕事

③ 時代を独自に切り開く（独創性）

　㋐ 市場の創出　㋑ 最先端への挑戦　㋒ イノベーション

④ 自由闊達な職場をつくる（相互信頼）

　㋐ 風通しのよい職場　㋑ やる気がでる職場　㋒ 役割を果たす

⑤ 経営効率を高め，利益を公平に分配する（社会貢献）

　㋐ 存在感のある企業　㋑ 情報の開示　㋒ 地球環境との共生

2005年7月に第三の創業の宣言とともにビジョン「Think GAIA」が発表され，2007年4月に呼称をブランドビジョンと改訂し，「Think GAIA For Life and the Earth」となる。ブランドビジョン実現のために取り組む3つのプログラムを端的に表したのが，ビジョンツリーである。SANYOはビジョン実現のため，3つのプログラムに取り組んでいる。ビジョンツリーとして，Think GAIA For Life and Earth, 環境Blue Planet, 地球環境問題へのチャレンジ，エネルギーGenes is Ⅲ，クリーンエネルギー社会の創造，ライフスタイルHarmonious Society, 地球と共生するライフスタイルの提案である。

2　経営戦略

(1) 経営環境

三洋電機は，電機メーカーとして，高度経済成長を謳歌して急成長してきた。しかし，競争激化と成長鈍化により，極めて厳しい環境下に遭遇し，再建策が適切に実行されず，ついに経営破たん寸前まで悪化し，大改革を実施し，やっと再建の道のりが見えはじめた。

(2) 経営戦略

2005年7月5日に新経営ビジョン「Think GAIA」を発表し，再建計画がスタートした。2008年3月までに15,000人削減，有利子負債を6,000億円削減するという内容である。2005年9月28日に構造改革の前倒しを発表した。2006年1月末までに10,000人削減をめざす。本社ビルや工場の売却・証券化，3年で1,700億円のコスト削減を柱した追加再建計画である。わずか3カ月後の追加計画となった。最悪の状況を回避するために，2006年2月の増資により，金融3社主導の再建がスタートした。

2007年11月27日に3カ年中期経営戦略（マスタープラン）を発表した。めざすべき全体像を描く全社事業戦略で，2008年度からのグループ次期中期計画に向けて策定した。この中期経営戦略を基に，新中期計画を策定する。収益力，財務体質など着実に回復し，完全復活しグローバル企業としてさらなる飛躍をめざすための道筋を明確にすることを目的に策定した［http://sanyo.co.jp］。

中期経営目標は，次のとおりである。

① 2010年度に連結営業利益チャレンジ目標 1,000 億円以上

　必達目標連結売上高 2 兆 2,500 億円，連結営業利益 900 億円（営業利益率 4 ％）

② 1,000 日（3 年間）ですべての継続事業を収益事業化

　事業戦略の骨子として，全社の事業領域を「エナジー（Energy；二次電池・ソーラー事業）」「エレクトロニクス（Electronics；デバイス・デジタル事業）」「エコロジー（Ecology；コマーシャル・白物家電事業）」に区分し，過去最高水準へ挑戦する。設備投資額 4 割増の計 3,500 億円うち 7 割を充電池と太陽電池，電子部品事業に集中。設備投資を部品 3 事業に戦略的に集中させる。2010 年度連結営業利益は 80 ％増の 900 億円を必達目標としている。チャレンジ目標 1,000 億円と必達目標 900 億円を設けることの運用上の問題はないのであろうか疑問である。

　再建策により，携帯電話事業の売却や白物家電の国内減少による大幅な規模縮小へと転換する。提携・売却交渉が迷走・苦戦し，戦略転換を繰り返してきた。たとえば，2006 年 6 月ノキアとの提携が白紙撤回された。半導体売却も断念し，現在はそのまま事業を継続させているが，再び売却される可能性もある。経営戦略が不安定で，あまりにも流動的すぎる。

(3) 選択・集中戦略

　「SANYO EVOLUTION PROJECT」（2005～2007 年度）に基づく本格的な事業の選択と集中を加速し，今後のコア事業を中心とした成長戦略により，コンポーネント部門およびコンシューマ部門を中心に設備投資を実施した。「選択と集中」を掲げるものの，採算悪化がつづくものも撤退に踏み切る兆しがない。結局，最悪の状況で撤退することになってしまった。「携帯電話販売のテレコム三洋（売上高 380 億円）を三井物産系の携帯販売会社に売却。三洋電機クレジット（売上高 330 億円）は 2007 年 5 月に米 GE に売却。携帯電話（売上高 3,402 億円）は，2007 年 12 月に京セラへ売却。白物家電（売上高 2,541 億円）は，国内は冷蔵庫（売上高 568 億円）やエアコン（売上高 524 億円）を縮小し，洗濯

図表Ⅱ-16-3　三洋電機の主な事業再編

時期(年)	内　　　容
'01	シャープと白物家電で包括提携
'02	三洋電機自販機を富士電機に譲渡
	米イーストマン・コダックと有機EL分野で合弁
	中国ハイアールと提携
'03	サムソン電子と家庭用エアコン分野で提携
'05	三洋電機クレジット株の一部米ゴールドマン・サックスグループに譲渡
	半導体事業を分社化
'06	タイの冷蔵庫生産孫会社をハイアールに売却し、冷蔵庫の生産を全面的に委託
	有機EL撤退、人材派遣子会社をリクルートへ売却
	独フォルクスワーゲンとハイブリッド車用二次電池システムの共同開発で合意
	共同出資している液晶パネル製造会社株式をエプソンに売却
'07	携帯電話販売事業を三井物産子会社テレパークへ売却
	携帯電話事業、京セラへ売却
	家庭用燃料電池事業を新日石に売却
'08	台湾の広達電脳との液晶TV合弁事業を3月末で解消
	中国業務用機器大手大連氷山集団に資本参加
	洗濯機事業は子会社三洋電機テクノクリエイトに統合

出所）［『日本経済新聞』(2006年2月1日, 2月25日, 10月26日, 07年11月16日, 08年1月26日)より作成］

乾燥機（売上高329億円），炊飯器や掃除機などを重点とする。海外販売は業務用機器連携。テレビ（売上高1,050億円）は北米市場に特化。半導体（売上高1,812億円）は，子会社を200億円増資。設備更新などで競争力強化」［『日本経済新聞』(2007年9月7日, 10月12日, 11月20日)，『日経ビジネス』(2007年10月29日号)：p.7]。結果的には，大幅な事業の切り売り，縮小が進んでいる。

　三洋電機は，生き残るには構造改革を選択し再建させざるを得なかった。2005年には総合家電を断念した。中核3事業として，「二次電池・自動車バッテリーなどの電装部品」「業務用空調・ショーケースなどの冷熱機器」「携帯電話，デジタルカメラなどのモバイル機器」とし，約14,000人削減プランで2007年度営業利益率5％必達，三洋クレジットをGEに売却する。

　「次世代表示装置の有機EL事業からの撤退や，人材派遣子会社のリクルートへ50億円程度で売却」［『日本経済新聞』(2006年2月1日)]。2006年3月期末に3,000億円の増資。大和証券SMBCプリンシパル・インベストメンツ，米

ゴールドマン・サックス，三井住友銀行の3社が出資した。金融機関3社が派遣する取締役が新経営陣の過半数を掌握し，金融機関主導へと転換する。事業の整理や見直しが加速するのは必至である。

野中ともよ・井植敏コンビは，携帯電話やデジタルカメラなど最近の業績悪化の主因である事業の分離に抵抗。テレビやエアコンなど低採算の家電でも外部調達は増やしたが自社ブランドで販売をつづけている。

2007年に，携帯事業を京セラに売却。携帯電話端末販売子会社テレコム三洋を売却（買収金額50〜60億円）。半導体売却は断念した。資金調達が難航し，簿価を下回ってまで売却する必要はないと，事業を継続する方針に転換した。

「液晶パネル調達などでシャープと提携した。――01年の白物家電分野の提携では，具体的な成果はなかった。シャープの携帯電話向けに供給していたリチウムイオン電池は，今後，パソコンなど他の携帯機器向けにも供給する方針だ。佐野社長は「すべての事業で黒字化できる事業構造を目指す」としており，半導体事業も再び提携や売却などの事業再編に動く可能性がある」[『日本経済新聞』(2008年5月23日)]。

リチウム電池増産投資は300億円，国内の白物家電は大幅に縮小する。コア，ノンコアが定まらず「選択と集中」が進まず，売却交渉も迷走している。AV，半導体，白物家電が継続事業に格上げされ，ソーラー事業を分社化し売却を進めようとの思惑も透けて見える。金融3社の支援がいつまでつづくのか，イグジットを意識した再建策が迫られている。提携・売却交渉も難航し，白紙撤回し，たとえ提携や合弁を始めても，その運営において対立し頓挫して，成果をあげられずに解消を繰り返している。まさに，戦略の不徹底そして混乱である。

3　経営計画

三洋電機は中期経営計画を策定するために，事前にその方向性と骨子を明確にするために，経営戦略として決められる。経営戦略と経営計画とが一体的に考えられているが，両者の関係はほぼ同じようにも理解できる。三洋電機は以下のような中期経営計画を展開してきた。

2003年3月に2003～2005年度の中期計画を発表し，BU（ビジネスユニット）制を導入し，有利子負債を3,000億円圧縮する内容である。

「05年7月5日に05～07年度の経営再建計画を発表した。国内で約8,000人，海外で約6,000人を減らす。3年後に連結営業利益率5％を達成すると公約した」[『日本経済新聞』(2005年7月6日)]。

「05年11月18日に「SANYO EVOLUTION PROJECT」(05～07年度)を策定した。復活・再建に向けた構造改革を進める。事業ポートフォリオの見直しと再構築，コスト構造の変革，財務体質の強化。増資や三洋電機クレジットの一部株式の売却，半導体事業の分社・売却。07年3月連結営業利益750億円などを柱とした」[『日本経済新聞』(2005年11月19日)]。

「06年11月に中期計画を1年で見直した。主力の携帯電話の分社・売却，電池や業務用空調機器を柱に，分社・工場再配置による固定費削減や事業切り離し，グループ会社を削減する。パワーソリューション，冷熱・コマーシャル，電子部品事業に資源を集中的に投資する」[『日本経済新聞』(2006年11月23日)]。

「07年11月27日に新中期経営戦略(08～10年度)「チャレンジ1000」を策定した。太陽電池の売上高を07年度見込み比倍増の1,200億円，リチウムイオン電池など充電池を同5割増の4,500億円超に拡大の柱に据える。売却を断念した半導体子会社は200億円増資する。安定利益を稼げる経営体質への転換を急ぐ」[『日本経済新聞』(2007年11月20日)]。「設備投資額を過去3年間に比べ4割増の計3,500億円として，このうち7割を充電池と太陽電池，電子部品事業に集中する。10年度の連結営業利益は07年度見込み比80％増の900億円とすることを必達目標に掲げた」[『日本経済新聞』(2007年11月28日)]。チャレンジ目標は1,000億円以上としている。これまで，具体策に踏み込めず成長の青写真を描き切れず，具体策に乏しく改革の実行力にも疑問が生じていた。大株主の意見調整をしながらのこれからの実行力が問われる。

2007年11月27日の3カ年中期経営戦略に基づいて，2008年5月22日に中期経営計画(2008～2010年度)を策定した。2008年度を経営再建から成長路線への転換点とし，新3カ年で高収益基盤の確立，成長に向けた過去最高水準に

挑戦する内容である。2008年度から順調に成長軌道に乗せる計画である。エナジーとエレクトロニクス事業での営業利益の増加を計画している。

「08年度から15年度までの8年間で自動車用リチウムイオン電池事業に約800億円を投資する。ハイブリッド自動車向けを独フォルクスワーゲンと共同開発，10年の搭載・発売を目指す。10年に量産工場を設立，12年以降に海外に電池システムの組み立て拠点も建設する」[『日本経済新聞』(2008年5月29日)，『日経産業新聞』(2008年5月29日)]。「リチウムイオン電池の新工場を南あわじ市に，約200億円を投資し建設する」[『日本経済新聞』(2008年7月3日)]。「欧州の太陽電池事業を拡大するために，ハンガリーの組み立て工場の年間生産能力を約3倍に引き上げ，国内拠点でも欧州向けに供給体制を強化する」[『日本経済新聞』(2008年7月19日)]。「米オレゴン州に太陽電池パネルの原材料となるシリコンの精製工場を，約85億投資し新設する。内製を進めて安定調達体制を整え，太陽電池パネルの増産に備える」[『日本経済新聞』(2008年9月27日)]。「新日本石油と共同で次世代型の太陽電池を開発・生産する。新会社を設立し従来型に比べコストが半分程度になる薄膜型を事業化する。投資負担の重い新型では資金力のある新日石と協力を進める」[『日本経済新聞』(2008年9月30日夕刊)]。

計画は頓挫し，途中で見直し，下方修正し，追加リストラを強いられている。経営計画も安定性がなく，実現性についても疑いが強いので，確実に進めながら，関係者の信頼を高めることが必須である。

4 経営管理手法

2003年に4グループ，25カンパニーに再編し，その下に約300のビジネスユニット（BU）をおく体制に改めた。BUリーダーの報酬体系も経営幹部と同様，業績目標達成度に基づく年俸制とした。商品ごとの収益力を明確にして，事業の再編や撤退を素早く進めるのが狙いだ[『日本経済新聞』(2003年5月12日)]。売上高や営業利益という絶対金額を中心に管理されているようであるから，資本効率を今まで以上に考慮していく必要があろう。

三洋電機の経営理念・戦略・計画は明確にされているが，集中・実行不足により，企業価値の創造に貢献していない。

Ⅲ　三洋電機の企業価値創造会計による分析

1　企業価値概念

三洋電機は，「地球といのちが喜ぶ企業」をめざし，持続可能な社会の実現に貢献することが，長期的な価値を高め，発展していくことにつながると考えている。企業価値については，ほとんどふれられていない。

2　会計的企業価値創造

2001年度から業績が悪化し，その後再建を試みるが難航しつづけている。2004年10月新潟県中越地方を地震が襲い，半導体部門の中核子会社が被災した。2002年度と2004年度の大幅な赤字により，財務体質が急速に悪化し，再建を

図表Ⅱ-16-4　三洋電機の会計業績等推移

(単位：原則億円)

項　目	'99(年度)	'00	'01	'02	'03	'04	'05	'06	'07
売上高	19,403	21,573	20,247	21,826	21,181	20,898	20,317	18,826	20,178
営業利益	621	1,065	530	782	591	49	-359	426	761
利益率(%)	3.2	4.9	2.6	3.6	2.8	0.2	-1.8	2.3	3.8
当期純利益	217	422	17	-617	134	-1,715	-2,057	-454	287
利益率(%)	1.1	2.0	0.1	-2.8	0.5	-6.9	-8.6	-2.4	1.4
総資産	27,060	29,452	26,839	26,870	26,436	26,007	21,548	19,709	16,838
株主資本	6,655	6,523	5,357	4,260	4,973	2,883	4,029	3,120	3,080
株主資本比率(%)	24.6	22.1	20.0	15.9	18.8	11.1	18.7	15.8	18.3
株主資本利益率(%)	3.2	6.4	0.2	-12.8	2.9	-43.7	-59.5	-12.7	9.3
営業CF	1,669	993	1,309	1,318	864	37	-7	-75	1,068
投資CF	-758	-1,267	-1,505	-616	-914	-822	360	-169	-363
FCF	911	-274	-196	701	-50	-785	353	-244	706
財務CF	-640	94	-547	-72	-333	706	-700	620	-1,023
現金等	3,415	3,296	2,597	3,198	2,775	2,950	2,975	3,347	2,807
従業員数(人)	83,519	86,009	80,500	79,025	82,337	96,023	106,389	94,906	99,875

出所）有価証券報告書等より作成

第16章 三洋電機の企業価値創造会計に基づく事例分析 215

余儀なくされた。

「01年3月期から06年3月期までの単独決算を訂正した。関係会社の株式評価損を前倒しで計上した結果，01年3月期の最終損益は訂正前の176億円から908億円の赤字に転落。その後も赤字が続き，03年3月期から04年9月中間期は原資不足のまま，計280億円を「違法配当」していたことを認めた」[『日本経済新聞』(2007年12月26日)]。非現実的な収益計画を前提に減損処理を先送りした不適切な会計処理のダメージは大きい。全社構造改革をすすめ，2007年度に黒字化したが，今後計画どおりに成長路線を歩めるであろうか。2007年度に継続企業の前提に関する注記は解除された。

新中期経営計画(2008～2010年度)では，FCFを3カ年累計でプラスに維持し，有利子負債は抑制的に運営し，健全な財務体質の維持を図るとしている。

3 市場的企業価値創造

三洋電機の株式時価総額は，ITバブルで2000年度には上昇したが，その後減少しつづけている。2003年度に多少戻したが，再び減少傾向にある。会計的な業績悪化がそのまま，市場的企業価値に反映している。

図表Ⅱ-16-5 三洋電機の株式時価総額等推移

(単位：原則円)

項　目	'99(年度)	'00	'01	'02	'03	'04	'05	'06	'07
株　価	612	764	597	324	518	334	323	201	210
発行済株式数(万株)	187,233	187,233	187,233	187,234	187,234	187,234	187,234	187,233	187,233
時価総額(億円)	11,459	14,305	11,178	6,066	9,699	6,254	6,048	3,763	3,932
時価総額増減額(億円)	3,556	2,846	-3,127	-5,112	3,633	-3,445	-206	-2,285	169
1株純利益	11.5	22.6	0.7	-33.1	7.2	-92.5	-195.0	-72.7	4.7
調整後1株純利益	11.4	22.2	0.7	-33.1	7.2	-92.5	-195.0	-72.7	4.7
1株株主資本	355.5	348.6	286.5	229.6	268.1	155.4	16.8	2.0	1.3
株価収益率(倍)	53.3	33.9	852.9	－	71.8	－	－	－	45.0

出所）有価証券報告書等より作成

図表Ⅱ-16-6　三洋電機の業績推移

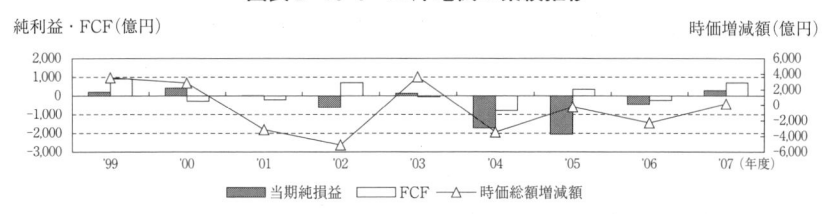

出所）有価証券報告書等より作成

図表Ⅱ-16-7　三洋電機の投資・R&D推移

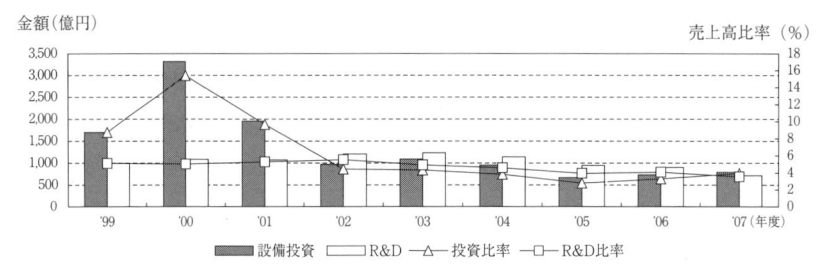

出所）有価証券報告書より作成

4　本質的企業価値創造

(1)　株主価値創造

　業績悪化にもかかわらず，R&Dはほぼ一定率・額を維持しつづけている。事業分野が極めて多様に分散しているために，過去の設備投資やR&Dは総花的に投入されていた感が強い。そこで，再建戦略を徹底させるには，特定分野に集中投資をし，変革していかねばならない。2008年度からの計画には，その方向性が示されている。

(2)　人的価値創造

　創業家の井植家の同族経営が批判されている。創業者井植歳男が1950年の設立時から，1968年まで社長を務め，1971年までは歳男の弟祐郎，そして2人の弟薫が1986年まで社長を務めた。歳男の長男敏が1992年まで，高野泰明（夫人が歳男のめい）が1998年まで，そして敏の長男敏雅が2005年から2007年

まで社長を務めた。創業者井植歳男の長男で同社の会長，社長を19年間務めた井植敏は，会長を退いても代表取締役を務め，最高顧問に就任していた。敏の長男の敏雅も社長を務めた。井植家の世襲制や井植敏のワンマン色が目立ち，創業家の求心力が生きるよりも，逆に社員の士気を低下させていた。創業家の持ち株比率はごくわずかで，オーナーといえる存在ではないが，創業家の呪縛は強く，諫言する人はいなかった。創業以来の「井植商店」の体裁を維持してきたが，ブレーキの効かない同族経営があまりにも長すぎた。創業から60年という節目に創業家が経営の一線から姿を消す。

2005年6月には社外取締役の野中ともよが会長兼CEOに就任したが，2007年3月に再建が難航するなかで，経営手腕を疑問視する声も社内外で高まり，責任をとるかたちで辞任した。

2007年4月，井植敏雅から社長を引き継いだのは，親子二代にわたり三洋に勤め，人事畑一筋の佐野精一郎である。大株主の金融機関と調整しながらの大胆なリストラを迫られる。

従業員価値創造としては，「従業員の多様な個性を尊重し，一人ひとりが意欲にあふれ，その能力を最大限に発揮できる環境づくりに力を注いでいます」を掲げている。

単体の従業員数はかなり減少しているが，単体以外の従業員数はリストラ中にもかかわらず，増加している。アジア地域の構成割合が2006年度で59.2%

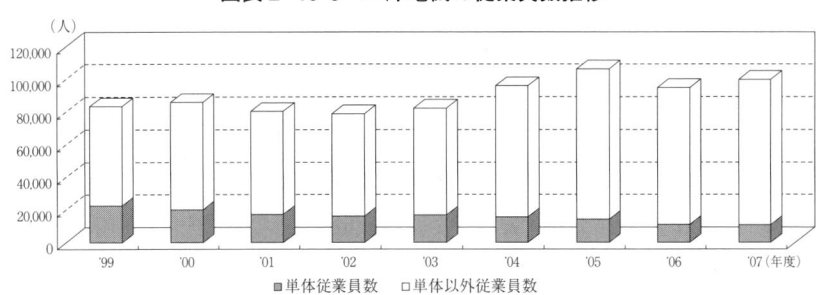

図表Ⅱ-16-8 三洋電機の従業員数推移

出所）有価証券報告書より作成

に達しているが，果たして適正規模なのであろうか。従業員が企業の価値創造にあまり貢献していないのであろうか。度重なるリストラにより，事業を知り尽くした幹部が大量流出し，現場の士気は急速に失われている。

(3) 顧客価値創造

品質，安全を重視し，対話を積み重ねながら，お客さま満足の向上に取り組んでいる。お客さまが満足する価値を生み出しつづけることのできる組織をめざしているが，三洋のブランド力は悪化し，いまや顧客からの信頼を回復させるための努力が期待される。

(4) 社会・環境価値創造

社会価値創造としては，地域社会の発展・充実，地域社会との共生をめざした社会貢献活動を掲げている。「「環境保全」「青少年育成」「社会福祉」といった分野において自社の経営資源や得意分野を活かしながら，地域社会が発展・充実していくことのできる社会貢献活動を行っています。また，こうした企業市民としての活動は，従業員一人ひとりのボランティアマインドを育み，広い心を持って地域とのコミュニケーションを図る。明るく元気な共生社会をめざした地域とのパートナーシップの構築は，自社の事業の発展にもつながる投資だと考えています」。

地域社会に関しては，当社グループの経営資源や得意分野を活かしながら，地域社会の発展・充実，地域社会との共生をめざした社会貢献活動に取り組んでいる。地域社会との対話，工場見学の機会提供，助成・寄付活動を行っている。

「環境価値としては，「地球といのちが喜ぶ企業」をめざし，持続可能な社会の実現に貢献することが，三洋電機グループの長期的な価値を高め，発展していくことにつながると考えています」。2020年に向けた事業の方向性として，太陽電池，HEV，ene loop（ニッケル水素電池）でCO_2を累計で2,000万トンを削減し，CO_2削減に大きく寄与する市場において，事業規模1兆円をめざすとしている。

Ⅳ　三洋電機の企業価値創造会計総括

　創業家の影響による同族経営の弊害により，構造改革・再建戦略が大胆に遂行されずに，業績回復が遅れ，従業員の士気が低下し，社会の信頼を失ってしまった。創業家と決別し，2007年度は4期ぶりに最終黒字化が達成されたが，これまでに多額の企業価値を毀損しつづけてきた。今後の再建・成長戦略の実行にも不信感がつき惑い，企業価値を創造する道筋と着実な実行力が問われている。最初に会計的企業価値を改善して利害関係者を信頼させていく必要があろう。

　2008年11月，過半数の株式をパナソニックに売却し，子会社となる交渉に入った。コスト競争力を高め，信用力の向上で戦略投資余力も生まれる。重複する事業分野をどのように再構築できるかが今後の課題となる。

（主担当：紺野　剛）

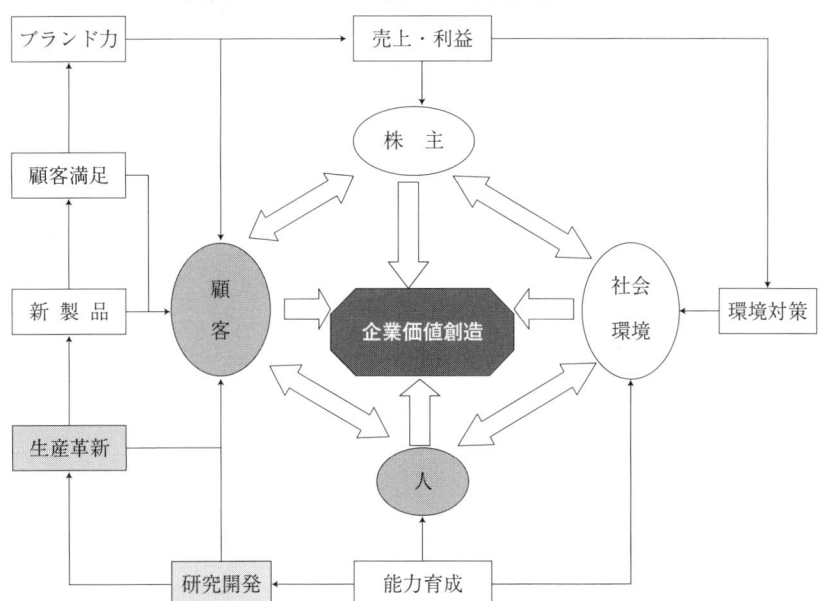

図表Ⅱ-16-9　三洋電機の企業価値創造マップ

■ 主要参考文献 ■

宗　千佳（2007）『家電＆デジタル AV 業界がわかる』技術評論社
山川　猛（2008）『三洋電機　凋落と再生』文理閣
『週刊ダイヤモンド』（2008）「三洋電機」2008 年 4 月 12 日号　pp.120-125
『日経ビジネス』（2007）「三洋電機，半導体子会社の売却断念」2007 月 10 月 29 日号　pp.6-7
アニュアルレポート（2008）
決算説明会資料
決算短信（2008 年 3 月期）
Sustainability Report（2007・2008）
説明会資料
ファクトブック
有価証券報告書
http://www.sanyo.co.jp

第17章　ロームの企業価値創造会計に基づく事例分析

I　ロームの概要

　創業者佐藤研一が，1954年に抵抗器メーカーの東洋電具製作所を京都で創業した。ローム（ROHM）の社名は，創業当時の生産品目である抵抗器（Resistor）の頭文字「R」に抵抗値の単位Ω（ohm）を組み合わせたものである。「R」は信頼性（Reliability）にも通じており，品質を第一とするロームのポリシーを表している。抵抗器からスタートしたが，IC旋風のなかで，規模が劣るため，大手とは異なるカスタムICを対象に展開した。

　1954〜1969年は創業の時代，1970〜1979年は海外飛躍の時代，1980〜1989年は総合半導体メーカーへの道，1990〜1999年は新技術・新分野への挑戦，2000年〜はさらなる成長をめざして，と位置づけて発展してきた。

　カスタムICを主体としたIC・LSI事業，ディスクリート部品事業，そしてモジュール部品事業（液晶，サーマルヘッド，イメージセンサヘッド，LEDディスプレイ等）から構成されている。ディスクリート部品事業は，トランジスタ，ダイオード，発光ダイオード，半導体レーザーなどの半導体素子と抵抗器，コンデンサのような受動部品に分けられる。売上高構成割合は，IC・LSI

図表Ⅱ-17-1　ロームの'07年度部門別売上高構成割合

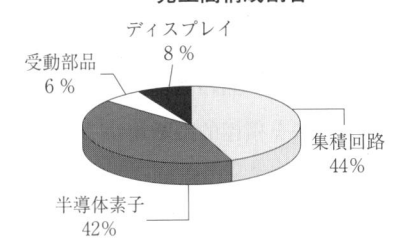

- ディスプレイ 8%
- 受動部品 6%
- 半導体素子 42%
- 集積回路 44%

出所）アニュアルレポート（2008）：p.15より作成

図表Ⅱ-17-2　ロームの'07年度用途別売上高構成割合

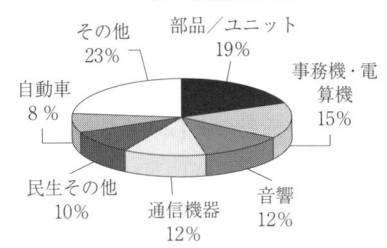

- その他 23%
- 部品／ユニット 19%
- 事務機・電算機 15%
- 音響 12%
- 通信機器 12%
- 民生その他 10%
- 自動車 8%

出所）アニュアルレポート（2008）：p.24より作成

事業（モノリシックIC，パワーモジュール，フォトリンクモジュール）と半導体素子がそれぞれ約4割超を占めている。

Ⅱ　ロームの経営理念・戦略・計画

1　経営理念

1966年にロームの企業目的と経営の基本方針が策定された。企業目的は「われわれは，つねに品質を第一とする。いかなる困難があろうとも，良い商品を国の内外へ永続かつ大量に供給し，文化の進歩向上に貢献することを目的とする」である。

企業目的を達成するための経営基本方針は，「社内一体となって，品質保証活動の徹底化を図り，適正な利潤を確保する。世界をリードする商品をつくるために，あらゆる部門の固有技術を高め，もって企業の発展を期する。健全かつ安定な生活を確保し，豊かな人間性と知性をみがき，もって社会に貢献する。広く有能なる人材を求め，育成し，企業の恒久的な繁栄の礎とする」である。

社章や社歌，創業者の銅像もない。具体的な言葉で意思を伝えなければならない。生きた言葉は脈々と組織の中に根づいていく。創業時の企業目的と経営基本方針は今も変える必要はないほどしっかりしているから，売上・利益の拡大へとつなげられた。経営理念を徹底しているから，経営理念に外れた行動をとった役員は更送された。

工場が火事となり，不良品が出て，注文が止まる経験が，品質の大切さを痛感し，品質保証活動の徹底で，利益を確保すると明確に述べられている。

品質管理基本方針は，次のとおりである。

① 社内標準化を全社的に推進し，データによる管理体制を確立する。
② 総合的かつ継続的な調査活動を行い，新技術，新製品の開発に努める。
③ 企業活動のあらゆる分野において，統計的方法を積極的に活用する。
④ すべての工程において，品質保証の体制を確立する。
⑤ つねに生産方式の近代化を図り，製品のコスト低減に努める。
⑥ 材料，半製品の購入に際しては，契約によって納入者に品質保証をさせ

ること。

判断に困った時には，常に基本方針に戻って原理原則で決める考えである。

2　経営戦略
(1)　経営環境

半導体関連業界は，高度情報化の進展にともない中長期的な市場拡大が見込まれる一方で，世界規模の業界再編・淘汰が進むなど，国際的な競争関係も激化の一途をだどっている。技術革新と価格下落が著しく，成長を維持し，業績を拡大するには，独自の製品開発力とコスト競争力の強化が求められる。世界的規模での技術競争や価格競争が激化しており，常に優れた新製品・新技術の開発を進めるとともに徹底したコストダウンに取り組み，国際的に競争力の高い製品を供給していかなければならない経営環境にある。

(2)　経営戦略

抵抗器から，大手の DRAM とは異なるカスタム IC を対象に展開した。高収益は，実質的な垂直統合による付加価値組み込みにある。セットメーカーの製品の開発支援というサービスを販売し，大手でも簡単に真似のできないセットメーカーの製品に対する知識，経験が重要な役割を果たしている。中立メーカーである立場を生かして，複数の大手セットメーカーと取引できるメリットがある。中核的な部品を除き，セットメーカーの製品に必要とされるできるだけ多くの機能を構成する部品を自社で提供すること，すなわち顧客の製品の回路設計図全体を，ロームが保有する部品で埋め尽くすという戦略である。蓄積したデータをデータベース化し，構成するモジュールは共通でき，顧客によって全体設計だけをカスタマイズして，コストを低減させる。

大手半導体メーカーとは異なり，少量多品種な部品をつくるので，混流生産をし，小ロットの製品を低いコストでつくるための，効率的な生産設備による製造を試みている。そのために生産設備まで自社で生産し，そして製品・部材の内製化にまで着手している。材料分野に参入することにより，価値連鎖上における新たな付加価値を組み込む。

市場環境に合わせた製品の出荷とその早期投入が競争力を左右しており，材料分野を巻き込んだ垂直統合と徹底したコスト力が求められている。高収益企業をめざしているが，最近は利益率の低下傾向にある。

世界をリードする高い技術による独創的な高付加価値製品の開発やコスト競争力，海外市場も含む高いレベルの顧客満足度を実現するグローバルな生産・物流ネットワークの確立，また，顧客に対する営業・技術サポート体制の強化などの対策を講じている。

収益力を回復するために，回路の微細化から，バイオなどの異分野，新材料に乗り出す。技術の融合・応用をめざし，大転換期と位置づけている。

(3) 選択・集中戦略

「08年10月1日付けでOKIの半導体部門を，900億円で買収する。旧世代の工場であるが，派手な投資競争を繰り広げる半導体大手の後ろで利益を拾う独自の戦略で，中古品を積極的に活用し，やりようがあるとしている。約6,000人の従業員数は多く，人員削減を余儀なくされる可能性もある。ロームは開発分野で大手との競争を避け，高収益を上げてきた。生産規模を拡大して収益力を立て直すとし，ロームの手薄だった通信機器半導体をOKIの持つ回路設計技術などを取り入れて強化する狙いである」[『日本経済新聞』(2008年5月28日，5月29日)，『日経産業新聞』(2008年5月29日)]。ロームは半導体関連事業分野に集中している。

3 経営計画

経営計画に関しては，公表していないので，決算発表による次年度の業績予測が唯一の参考資料である。

4 経営管理手法

「目標とする経営指標として，EBITDAなどの利益率，資産回転率，設備投資効率が重視されている。株主価値の向上の視点から，1株当たり当期純利益(EPS)の向上，ROEの改善にも取り組んでいる」[アニュアルレポート(2008):

p.20]。

　ロームの経営理念・戦略は基本的内容に関してはかなり明確に述べられているが，計画は公表されておらず，結果がともなわず，実行力などの疑問により，必ずしも企業価値の創造にはあまり貢献していない。

Ⅲ　ロームの企業価値創造会計による分析

1　企業価値概念

　「ロームは，永続的かつ総合的な企業価値の創造と向上を進めるにあたって，事業活動によって生み出される付加価値が，競争力を強化する事業投資のための内部留保と，株主・従業員・地域社会などのステークホルダーの皆様に適切に配分，または還元されることが必要であり，また，そのことについて全てのステークホルダーの皆様のご理解とご協力を得ることが肝要と考えている。永続的かつ総合的な企業価値の創造と向上を目指すためには，全てのステークホルダーとの間で良好な関係を構築し，協力し合うことが不可欠である」。ステークホルダーに対する企業価値向上を考える本質的企業価値概念に注目しているが，同時に株主・投資家にとっての株主価値をも重視しているようである。

2　会計的企業価値創造

　多くの電機各社が2001年度には，営業赤字に転落したなかでも，ロームは高収益を上げている。売上高営業利益率は30％を超え高収益をつづけてきたが，2005年度以降は18％までに低下し，2004年以降は利益率が低迷したままである。今後もさらに落ち込む見通しである。2002年以降は，売上は安定しており，部門構成もあまり変わっていない。地域別売上は，アジアの比率が拡大し，55％に達した。海外販売だけでなく，海外生産比率も60％を超えている。しかし，日本企業との取引に偏っているので，海外メーカー向けの売上高比率を2007年度28％から2009年度に35％まで高める方針である。海外設計拠点の人員を倍増する。

　「収益が悪化しており，経営体質の改善を急ぎ，2008年度中にグループ全体で

図表Ⅱ-17-3　ロームの会計業績等推移

(単位：原則億円)

項　目	'99(年度)	'00	'01	'02	'03	'04	'05	'06	'07
売　上　高	3,601	4,093	3,213	3,503	3,556	3,690	3,878	3,951	3,734
営業利益	1,223	1,377	664	961	945	761	683	695	674
利益率(%)	34.0	33.7	20.7	27.4	26.6	20.6	17.6	17.6	18.0
経常利益	1,226	1,481	750	917	921	793	784	776	628
利益率(%)	34.0	36.2	23.3	26.2	25.9	21.5	20.2	19.6	16.8
当期純利益	667	862	393	530	637	451	483	474	319
利益率(%)	18.5	21.0	12.2	15.1	17.9	12.2	12.5	12.0	8.5
総　資　産	6,483	7,645	7,406	8,057	8,468	8,673	9,514	9,626	8,710
ROA(%)	11.1	12.2	5.2	6.9	7.7	5.3	5.3	5.0	3.5
純　資　産	5,097	5,914	6,392	6,766	7,159	7,393	7,872	8,178	7,559
自己資本比率(%)	78.6	77.4	86.3	84.0	84.5	85.2	82.7	84.9	86.7
自己資本利益率(%)	13.9	15.7	6.4	8.1	9.2	6.2	6.3	5.9	4.1
営業CF	1,038	1,327	847	1,409	784	919	945	1,039	1,362
投資CF	-475	-1,035	-677	-384	-721	-874	-953	-501	-333
Ｆ　Ｃ　Ｆ	563	292	170	1,026	62	45	-8	538	1,029
財務CF	-36	-23	-22	-25	-30	-300	-253	-274	-531
現　金　等	1,750	2,096	2,303	3,225	3,106	2,890	2,805	3,122	3,257
従業員数(人)	13,659	15,168	14,948	16,841	18,591	19,803	20,279	20,422	20,539

出所）有価証券報告書より作成

図表Ⅱ-17-4　ロームの利益・率推移

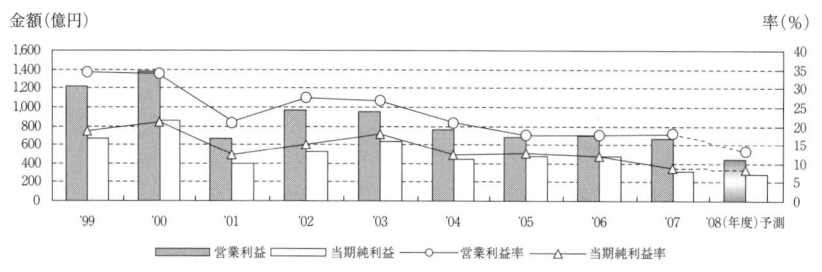

出所）有価証券報告書より作成

第17章　ロームの企業価値創造会計に基づく事例分析　227

計1,000人前後の人員を削減する方針を明らかにした」[『日本経済新聞』(2008年11月7日)]。

3　市場的企業価値創造

株式時価総額はITバブルで1999年度には上昇したが，その後減少しつづけている。会計的な業績が停滞していることが，ほぼ市場的企業価値に反映している。

図表Ⅱ-17-5　ロームの株式時価総額等推移

(単位：原則円)

項　目	'99(年度)	'00	'01	'02	'03	'04	'05	'06	'07
株　価	36,400	20,700	19,600	12,860	13,600	10,330	12,300	10,710	6,080
発行済株式数(万株)	11,785	11,861	11,869	11,880	11,880	11,880	11,880	11,880	11,880
時価総額(億円)	42,897	24,552	23,263	15,278	16,157	12,272	14,612	12,723	7,223
時価総額増減額(億円)	26,020	-18,345	-1,289	-7,985	879	-3,885	2,340	-1,889	-5,500
1株純利益	566.6	726.5	330.9	445.5	535.6	380.2	416.4	413.6	284.7
調整後1株純利益	565.2	725.3	330.6	445.3	－	－	－	－	－
1株純資産	4,325.1	4,986.0	5,385.6	5,694.9	6,026.6	6,326.6	6,821.7	7,182.6	6,895.3
株価収益率(倍)	63.0	28.9	59.1	28.8	25.1	27.2	29.9	25.8	21.7

出所）有価証券報告書等より作成

図表Ⅱ-17-6　ロームの業績推移

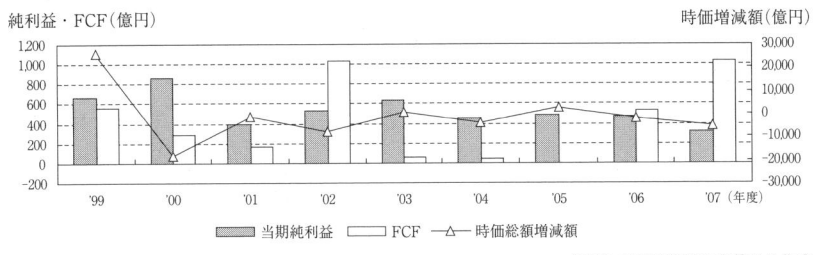

出所）有価証券報告書等より作成

図表Ⅱ-17-7　ロームの投資・R&D推移

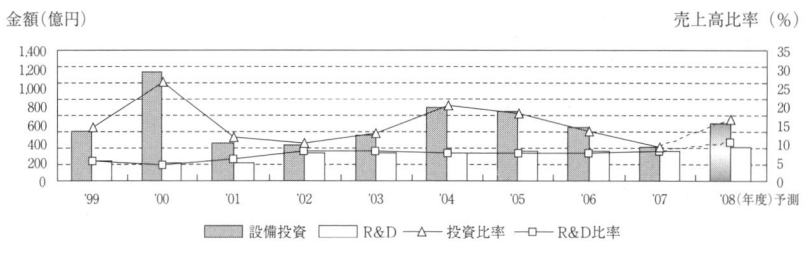

出所）有価証券報告書より作成

4　本質的企業価値創造

(1)　株主価値創造

　継続的な企業価値の向上を実現させ，適正な利益を確保することにより，株主・投資家へ還元する。1990年にIR戦略の専門部署を日本メーカーで一番乗りで設置し，IRを積極化し説明責任を果たしている。外国人持ち株比率は高く，50％を超えている。

　「連結フリーCFの100％以上を自社株買いと配当にするとの基準を設け，連結配当性向を30％とすることを目安に，安定的な配当の維持に努め，株主に還元する」［CSRレポート（2008）：p.21］。

　利益が出なければ，品質保証もできないから，利益への執念が徹底されている。業績低下にもかかわらず，R&Dはほぼ一定率・額を維持しつづけている。集積回路に集中的にR&Dを投入し，2008年度予想では，259億円で67％を占める。単なる微細化にとどまることなく，多様な技術の複合化を重視し，より高い付加価値商品を開発している。研究開発人員の継続的な増員を図り，デジタル技術，アナログ技術，デジタル・アナログ混載技術を強化する。

(2)　人的価値創造

　「適材適所の観点から社員を適切に配置することにより，一人ひとりの社員が専門性を活かし，主体性を発揮できる「自己実現企業」を目指しています。また，安全で働きやすい職場環境を確保するとともに，人間性と個性を尊重し，公正で明るい職場作りに努めています」と述べている。年齢や性別に関係なく

実力のある人材を積極的に登用し，社員の意欲を業績につなげ，社員の働きがいの源泉を調査し，継続的にモチベーションの向上を図っている。

ロームの教育訓練基本目標は，次のとおりである［『日経ビジネス』(2002年12月9日，Spcial Issue 号)：p.59］。

① 経営者，管理者，監督者，一般従業員たるを問わず，絶えず新しい知識の吸収に努め，広い視野に立って科学的に判断できる人を育成する。
② 知識と経験を生かし，その道の第一人者としての仕事に徹する人を育成する。
③ 逆境にあっても，つねに活路を見出し，積極的に目的を貫く人を育成する。
④ 全体の個であることに徹し，チームワークとしての成果を優先する人を育成する。

そして，教育訓練基本方針を次のように述べている。

① 全従業員は，あらゆる機会をとらえて自己の啓発に努力しなければならない。
② あらゆる指導的立場にある者は，いかなるときにも規範となる行動態度を自ら示さなければならない。
③ 教育訓練は，直接上司が日常業務を通じて行うものを主体とし，あわせて職場外教育訓練を実施する。
④ 各階層の長は，部下を正しく評価し，効果的な教育訓練を計画的かつ継

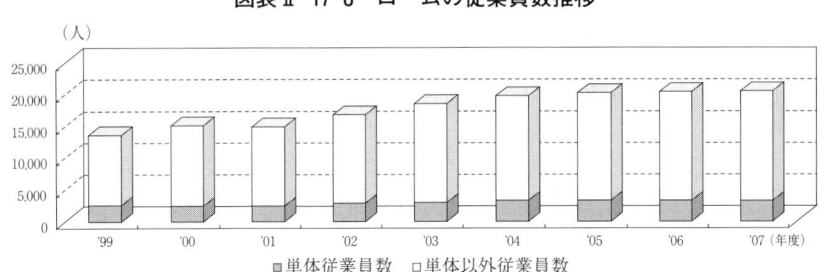

図表 Ⅱ-17-8　ロームの従業員数推移

出所）有価証券報告書より作成

続的に行う。

⑤ 各階層の長の評価は，部下に対する教育訓練の効果の程度によって行われることを原則とする。

従業員数は 2005 年度までは順調に増加していたが，その後は安定している。

(3) 顧客価値創造

顧客との密着や信頼関係から収益を上げる仕組みを構築しているから，顧客の信頼を得ることが重要であり，顧客ニーズに合わせた半導体事業を展開している。採算改善が見込めない製品は製造中止を決定する。高い利益率を実現するためには，仮に一時的に顧客に不利益をもたらしても，果敢に撤退する。顧客との信頼関係を極めて重視するが，利益の確保が最優先でもある。

お客さまに満足・安定してローム製品を使用していただくために，徹底した品質管理に取り組んでいる。ロームの品質づくりの基本要素は，次の4つのMである。すなわち，Man（人），Machine（機械），Material（材料），Method（方法），そのいずれもがいかなるときも最高の水準を保持できるようにする。品質を広義でとらえ，製品そのものの性能のみならず，コスト，デリバリー，サービス，環境も品質と考えている。すなわち，品質とはお客様の満足度を表すものと考える。品質管理基本方針を定め，品質管理体制を徹底し，お客に満足していただく製品とサービスを安心して末永く使用してもらうことが使命である。QA センターを設け，24 時間以内にお客さまにクレーム回答を実施することを目標として実行している。

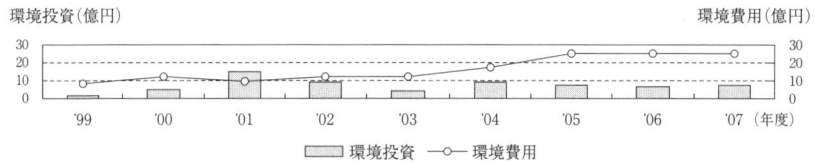

図表Ⅱ-17-9　ロームの環境費用・投資

出所）有価証券報告書より作成

(4) 社会・環境価値創造

　常に地域社会・住民との対話・協調をモットーとし，それぞれの地域活動に積極的に参加している。事業を通じての社会貢献とともに，文化・芸術・スポーツ活動への支援も積極的に行っている。2007年度の社会貢献活動に対する支出は13.7億円（経済的価値の約1％，内訳はスポーツ支援55％，文化芸術39％）である。

　環境問題にも積極的に取り組んでおり，低消費電力など省エネルギー化に貢献する新製品の開発に努めるとともに，「ISO14001」に基づいた環境マネジメントシステムを構築している。1997年に環境方針を制定し，2006年に全面改正した。その環境方針は「われわれは，つねに地球環境保全に配慮し，人類の健康的な存続と企業の恒久的な繁栄に貢献するものとする」である。1998年より環境会計の導入に取り組み，2001年より公表している。

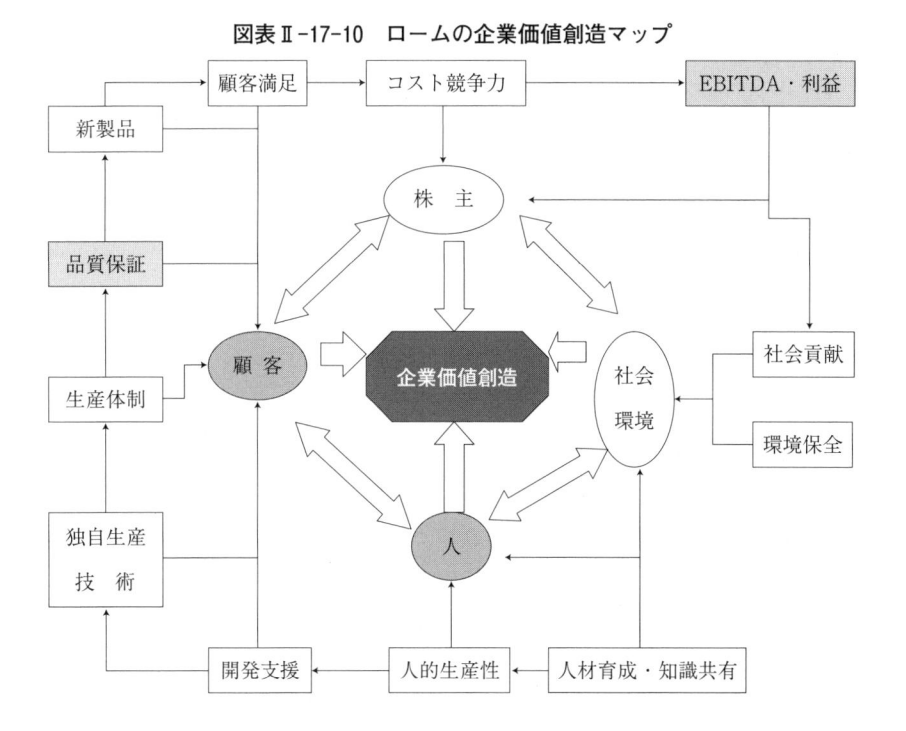

図表Ⅱ-17-10　ロームの企業価値創造マップ

Ⅳ　ロームの企業価値創造会計総括

　ロームは，品質保証を最も重要な KVD として企業価値を創造してきた。人材育成，人的生産性により人的価値を高め，新技術，開発支援により新製品を開発して顧客価値を高め，利益や EBITDA を高めて，株主価値を創造している。今後は，高付加価値の新製品・新技術の開発，製造技術を強化し，品質・信頼性をさらに向上させ，徹底した合理化・コストダウンによる業績向上ができるかが課題である。社員の意識改革に基づく技術の融合と市場との対話が今後の成長ドライバーとみなされている。

（主担当：紺野　剛）

■主要参考文献■

浪江一公 (2007)『プロフィット・ピラミッド』ダイヤモンド社
『日経ビジネス』(2002)「企業目的に込めた思い」2002 年 12 月 9 日，Spcial Issue 号　pp.56-59
『日経ビジネス』(2008)「ローム　バイオ，新材料で脱・微細化」2008 年 11 月 3 日号　pp.40-43
アニュアルレポート (2008)
決算短信
決算説明会資料
CSR レポート (2007・2008)
有価証券報告書
http://www.rohm.co.jp

第18章　日立製作所の企業価値創造会計に基づく事例分析

I　日立製作所の概要

　株式会社日立製作所の前身は，茨城県日立市にあった久原鉱業所日立銅山に付属する掘削機械やモーター，ポンプの修理工場であった。1910年に国産初の5馬力誘導電動機を小平浪平が完成させ，日立製作所を創業した。1911年に日立銅山から独立し，久原鉱業所日立製作所となり，その後大型工場の全焼により経営の危機に瀕するも，1920年株式会社日立製作所として完全独立した。現在の事業内容は，情報通信システム（ソフトウェア，ハードディスクドライブ，パソコン，通信機器），電子デバイス（液晶ディスプレイ，半導体製造装置，医療機器，計測・分析装置，半導体），電力・産業システム（原子力発電機器，プラント，エスカレータ，鉄道車両），デジタルメディア・民生機器（プラズマテレビ，冷蔵庫，洗濯機，電池），高機能材料（ディスプレイ用材料，半導体用材料），物流およびサービス他（電機・電子機器の販売，システム物流，不動産管理），金融サービス（リース，ローン，生命・損害保険代理業）と多岐

図表Ⅱ-18-1　日立製作所の'07年度部門別売上高構成割合

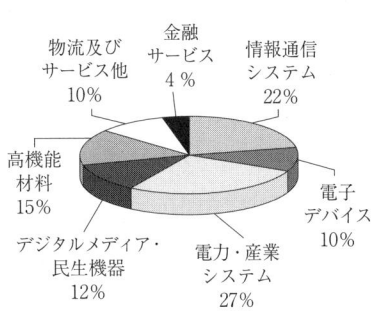

出所）決算短信（2008年3月期）より作成

図表Ⅱ-18-2　日立製作所の'07年度部門別営業損益

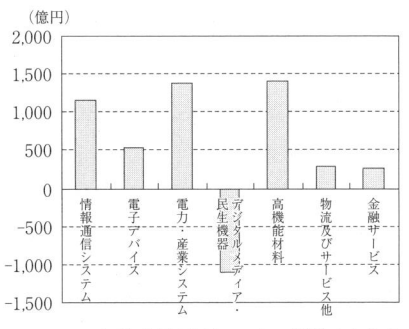

出所）決算短信（2008年3月期）より作成

にわたっている。全世界に製造・販売拠点がある多国籍企業であり，1,000社を超える企業を傘下におく日本最大級のグループ企業である。

Ⅱ 日立製作所の経営理念・戦略・計画

1 経営理念
(1) 経営理念

1983年6月，「企業行動基準　基本理念」を制定した。基本理念は，「日立製作所は，その創業精神である"和""誠""開拓者精神"をさらに高揚させ，日立人としての誇りを堅持し，優れた自主技術・製品の開発を通じて社会に貢献することを基本理念とする。あわせて，当社は，企業が社会の一員であることを深く認識し，公正かつ透明な企業行動に徹するとともに，環境との調和，積極的な社会貢献活動を通じ，良識ある市民として真に豊かな社会の実現に尽力する」である。つまり，1910年の創業以来，日立製作所が貫いてきたのは「技術を通じて社会に貢献する」である。

(2) グループビジョン

2006年11月，「企業行動基準　基本理念」に基づき，日立グループのグループビジョンも掲げている。グループビジョンは，「『日立の創業精神』の下に，日立グループの知識と技術を結集したシナジーを発揮し，地球社会の基本課題の解決に取り組み，豊かな生活とよりよい社会の実現を目指します」である。

(3) コーポレートステートメント

1999年3月，日立製作所は大幅赤字となり，経営の危機に直面した。その際，日立のあるべき姿を見つめ直すため，日立ユーザーのみならず，競合製品のユーザーにも調査を行った。また同時に，経営陣や一般社員にも調査を行うことで，日立グループとしての基本姿勢を抽出することとなった。この日立グループとしての基本姿勢に基づいて明文化したものが，「HITACHIブランドプラットフォーム」である。「HITACHIブランドプラットフォーム」は主に，①ブランド・ビジョン（理念），②ブランド・ミッション（使命），③ブランド・バリュー（価値）の3つの柱から構成される。これらをよりわかりやすく

社会に伝えるためにコーポレートステートメント「Inspire the Next」が制定された。「Inspire the Next」は，日立グループの取り組みや，製品，サービスに込められた精神に加え，日立グループが世界中で提供する有形無形の価値を表現している。

2　経営戦略
(1)　経営環境

日立グループは，世界各地で製造・販売・研究開発等の事業活動を行っており，主要な市場の経済動向からの影響を受けやすい。現在の世界市場を見ると，サブプライムローン問題や原油・原材料価格の高騰が主な影響要因としてあげられる。こういった状況下において，日立グループはボリュームディスカウントや原材料の使用量の低減を通じて製造コストの削減に取り組んでいる。

プラズマテレビ事業は，市場競争の激化に伴い製品価格が下落し，液晶事業においても，液晶パネル需要が減少するなか，収益性が悪化している。こういった状況のなかで，如何に収益を確保し，伸ばしていくかが日立グループの今後の課題といえよう。

(2)　経営戦略

日立製作所は，経営戦略と経営計画（中期経営計画）を明確に分けてはいない。"(2)経営戦略"では，各中期経営計画の基本方針や目標を記載する。

① 1999年に「i.e.HITACHI プラン」(2000〜2002年度)を策定した。基本方針を，時価総額の増大とし，日立グループの再編・見直し・協調による連結経営の強化を図ることを目標に掲げた。

② 2003年に「i.e.HITACHI プランⅡ」(2003〜2005年度)を策定した。日立グループがめざす姿を「ベスト・ソリューション・パートナー」とし，注力する事業領域を「新時代のライフラインを支えるソリューション」と「高度技術グローバル製品」とした。

③ 2006年に「協創と収益の経営」(2006年度〜)を策定し，大目標を，「FIVの黒字化」とした。FIVを黒字化するためには，本計画策定以前よりも

FIVドライバーである非財務関連に注力する必要があることを暗に示した。FIV (Future Inspiration Value) とは，税引後事業利益から資本コストを控除した経済的付加価値をベースにした日立独自の付加価値評価指標のことである。

(3) 選択・集中戦略

日立グループにおける選択と集中は，事業の強化であるといえる。

① 「i.e.HITACHIプラン」で掲げた目標は，インターネットを中核にしたサービス事業の強化，ソリューションビジネス強化に向けた経営資源の集中である。

② 「i.e.HITACHIプランⅡ」では，重点施策としてa．事業ポートフォリオの再構築，b．グローバル化の加速，c．CII (Corporate Innovation Initiative) Ⅱ，d．人的資源の活性化と効率的な活用，e．コーポレートガバナンス強化に向けた委員会等設置会社方式への移行を実施するとした。また日立グループとしてめざす姿を「ベスト・ソリューション・パートナー」と定義している。「情報システムサービス」・「社会インフラシステム」を強化・融合していく「新時代のライフラインを支えるソリューション」の領域とハードやソフトを中心にした「高度技術グローバル製品」の両分野に注力し，シナジー効果を発揮することで，競合との差別化を加速すると明示した。

③ 「協創と収益の経営」では，基本施策を策定した。グローバル化を加速し，事業間・業務シナジーを活用することで新たなイノベーションを創出し，安定的で高収益な構造を確立することで，さらなる成長を図るということである。高収益構造の確立には，「電力システム」「薄型テレビ」「ハードディスクドライブ」，各基盤事業の成長戦略には，「社会基盤事業」「産業基盤事業」「生活基盤事業」「情報基盤事業」「材料事業」があげられている。つまり，日立グループ発展のためには，システムは外せない事業であり，今後も継続的に注力していくものであると考えられる。

3 経営計画

中期経営計画の核となる考えは,「情報システムサービス」「社会インフラシステム」およびそれらを支える「ハードウェア」「ソフトウェア」「高機能材料」を提供可能な世界屈指の総合電気メーカーをめざすということである。

① 1999年11月に中期経営計画「i.e.HITACHI プラン」(2000〜2002年度) が発表された。2002年売上高9.4兆円, 営業利益5,600億円(純利益2,400億円), ROA5.0％以上, 総資産回転率0.85回, ROE7.5％以上を実行目標とした。

② 2003年1月には次期中期経営計画「i.e.HITACHI プランⅡ」(2003〜2005年度)が発表された。2005年度FIVの黒字化, 営業利益率5％以上(情報通信分野：7％以上, 電力・産業分野4％以上), ROE 8％以上, 長期債A格の維持を実行目標とした。

③ 2006年11月に「協創と収益の経営」(2006年度〜)が発表され, 2009年度連結営業利益率5％, D/Eレシオ(少数株主持分含む)0.8倍以下を実行目標とした。

4 経営管理手法

1999年に策定された「i.e.HITACHI プラン」に基づき, 経営改革全社プロジェクト「Eプロジェクト」を経営革新のフレームワークとして構築した。Eプロジェクトとは, 事業構造改革を目的としたネットワーク高度活用である。

2003年からは「i.e.HITACHI プランⅡ」に基づき,「EプロジェクトⅡ」として, さらなる経営改革グランドコンセプトを発展させ, ビジネスプロセス改革をグローバル化し深耕するフレームワークを構築した。EプロジェクトⅡの基本的な考え方は,「モノ・情報の流動化」から「知識・人の流動化」をめざすものである。また, 事業ポートフォリオの組み替えにあたり, 各事業に関する, 撤退, 強化, 育成の判断は, FIVにより行うとした。

2005年度まで「EプロジェクトⅡ」を実行し, FIVの黒字化をめざしたが, 戦略のストーリー性の不足・重要戦略の抜け・落ちが散見され, 戦略の浸透・

コミュニケーション不足等の問題もあった。そこで，これらの問題を体系的・構造的に解決するためにBSC（バランス・スコアカード）を導入した。さらに日立グループは，IC Ratingに着目し，豊富な知的資本の有効活用を推進した。IC Ratingとは，財務諸表では表現できない知的資本の価値を構造的，定量的に可視化する手法である。日立グループは，IC RatingとBSCを活用し，戦略の見える化を行い，重点施策や知の連携を図ることで，安定した収益基盤の構築や競合他社との連携から新たなイノベーションの創造に積極的に取り組んでいる。

Ⅲ　日立製作所の企業価値創造会計による分析

1　企業価値概念

　日立製作所は，2006年11月「協創と収益の経営」を推進するための経営方針を策定している。基本方針として，「マーケット・インを貫き，利益の創出に徹する」を掲げ，①「FIVに基づいた管理徹底による高収益経営」，②「安定的な高収益構造の構築」，③「高収益化に向けたグループ経営の進化」，④「協創によるイノベーションの創出」の4つの柱を打ち出し，より安定的な高収益構造の確立をめざしている。そのために事業領域の選択と集中を加速し，効率的なグループ運営を行うことで，グループ全体の高収益化を図ろうとしている。さらに，多様なパートナーシップにより，イノベーションの創出を強化しようとしている。経営戦略や経営計画においては，人的価値や知的価値の重要性は認識しているようだが，最終的にはすべて収益力向上への施策のようにも思える。したがって，日立製作所の企業価値は，会計的企業価値と考えられる。

2　会計的企業価値

　売上高は順調に上昇させているが，営業利益・当期純利益共に不安定な状態がつづいている。2006年度以降に策定された経営方針に則り，海外不採算案件の対策や液晶ディスプレイ事業の競合他社との協創を図り，業績改善に向け

図表Ⅱ-18-3　日立製作所の会計業績等推移

(単位：原則億円)

項目	'99(年度)	'00	'01	'02	'03	'04	'05	'06	'07
売上高	80,112	84,170	79,938	81,918	86,325	90,270	94,648	102,479	112,267
営業利益	1,744	3,423	-1,174	1,530	1,849	2,791	2,560	1,825	3,455
利益率(%)	2.2	4.1	-1.5	1.9	2.1	3.1	2.7	1.8	3.1
税引前純利益	792	3,237	-5,861	968	2,372	2,645	2,749	2,023	3,248
利益率(%)	1.0	3.9	-7.3	1.2	2.8	2.9	2.9	2.0	2.9
当期純利益	169	1,044	-4,838	279	159	515	373	-328	-581
利益率(%)	0.2	1.2	-6.1	0.3	0.2	0.6	0.4	-0.3	-0.5
総資産	99,834	112,466	99,157	101,794	95,903	97,363	100,212	106,443	105,309
株主資本	29,877	28,615	23,042	18,532	21,681	23,078	25,078	24,428	21,706
純資産	37,796	36,867	31,030	26,048	29,670	32,289	35,446	35,165	33,131
株主資本比率(%)	29.9	25.4	23.2	18.2	22.6	23.7	25.0	22.9	20.6
株主資本利益率(%)	0.6	3.6	—	1.3	0.8	2.3	1.5	—	—
営業CF	4,515	5,354	4,829	6,576	6,034	5,654	6,909	6,150	7,918
投資CF	-4,356	-3,707	-2,729	-6,303	-2,674	-5,270	-5,014	-7,862	-6,376
FCF	159	1,647	2,100	272	3,360	384	1,895	-1,711	1,542
財務CF	1,258	-1,595	-5,781	-2,072	-3,744	-994	-2,616	1,213	-1,856
現金等	13,574	13,816	10,294	8,282	7,644	7,087	6,583	6,179	5,610
従業員数(人)	323,827	323,897	306,989	320,528	306,876	323,072	327,324	384,444	389,752

出所）有価証券報告書，財務ハイライトより作成

図表Ⅱ-18-4　日立製作所の株式時価総額等推移

(単位：原則円)

項目	'99(年度)	'00	'01	'02	'03	'04	'05	'06	'07
株価	1,219	1,073	928	413	807	666	833	914	591
発行済株式数(万株)	333,790	333,793	333,848	336,812	336,813	336,813	336,813	336,813	336,813
時価総額(億円)	40,689	35,816	30,981	13,910	27,181	22,432	28,057	30,785	19,906
時価総額増減額(億円)	11,416	-4,873	-4,835	-17,071	13,270	-4,749	5,625	2,728	-10,879
1株利益	5.1	31.3	-145.0	8.3	4.8	15.5	11.2	-9.8	-17.5
調整後1株利益	5.0	30.3	-145.0	8.2	4.8	15.2	10.8	-9.9	-17.8
1株株主資本	895.1	857.3	690.3	550.8	657.4	692.7	752.9	734.7	653.0
株価収益率(倍)	244.3	35.4	—	50.4	170.0	44.0	76.8	—	—

出所）財務ハイライト，Financial Highlights (2008) より作成

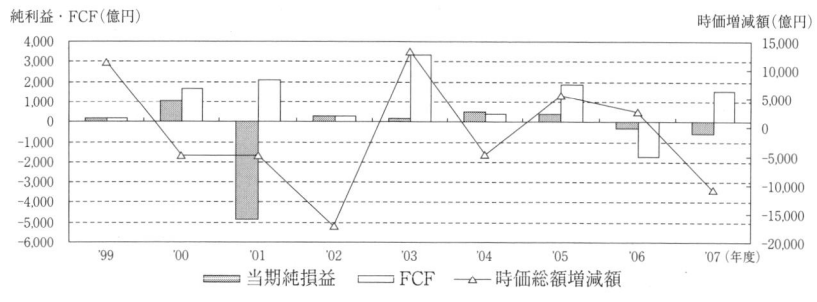

図表Ⅱ-18-5　日立製作所の業績推移

出所）財務ハイライト，Financial Highlights（2008）より作成

た主要施策を実施してきた。現在においては，ハードディスクドライブ事業構造改革の加速，薄型テレビ事業の製品高付加価値化・構造改革を推進している。

　赤字事業の改善状況をみてみると，ハードディスクドライブ事業は継続的なコスト低減により営業利益の黒字化を達成している。また薄型テレビ事業は2009年度の黒字化を目標としており，原価低減や在庫圧縮，固定費の3割削減等，コスト削減に努めている。

3　市場的企業価値

　株式時価総額は，1999，2003，2005，2006年度は増加しているが，2000，2001，2002，2004，2007年度は減少している。特に2002年度と2007年度に著しく下落しており，業績と株価の強い相関性を示しているといえる。

4　本質的企業価値創造

(1)　株主価値創造

　2003年6月より日立製作所は委員会等設置会社へ移行した。移行目的は，①「飛躍的な経営のスピードアップ」，②「透明性の高い経営」，③「グループ経営戦略の一環」，④「グローバル経営」である。コーポレートガバナンスを強化することで，経営戦略を迅速・確実に行う執行体制を構築するとともに，社外取締役を招聘することで，公正で透明性の高い経営を実現することに努め

第18章　日立製作所の企業価値創造会計に基づく事例分析　241

図表Ⅱ-18-6　日立製作所の投資・R&D 推移

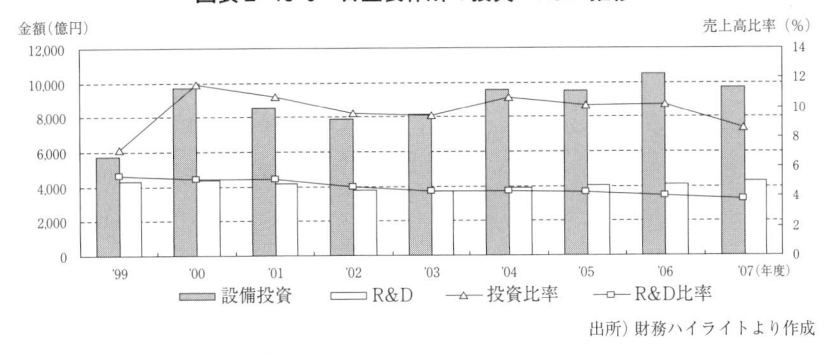

図表Ⅱ-18-7　日立製作所の従業員数推移

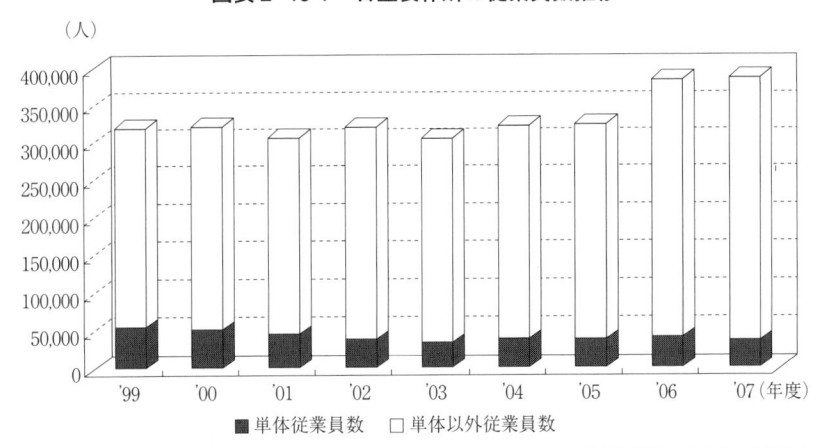

てきた。さらに機関投資家やアナリストを対象に事業戦略説明会，生産拠点や研究所の見学会の開催，証券会社主催の投資家ミーティングへの参加，個人投資家向け会社説明会の実施等，広く IR 活動も行っている。また，経営幹部が欧米の投資家を訪問するなど，国内外の機関投資家やアナリストの意見を積極的に取り入れ，経営や事業運営に反映させたことで，近年では外国人投資家の割合が増加傾向にある。

(2) 人的価値創造

　日立製作所は,「オープン＝率直なコミュニケーションにより社員が存分に能力を発揮」「チャレンジング＝高い目標・変革に挑戦」「ダイバーシティ＝多様な個性を尊重」の３つをキーワードに，新しい時代に対応できる「人財」の育成と，社員一人ひとりが存分に能力を発揮できる職場環境の整備に力を注いでいる。最近実施している取り組みとしては，人事処遇制度改革，社員の意識調査，多面評価等があげられる。

　国内の従業員数は，ほぼ横ばいで推移しているが，海外の従業員数が増加傾向にある。近年の施策や設備投資・R&D状況から推測すると，海外重視の経営であるといえよう。

(3) 顧客価値創造

　日立製作所は，日立グループ全体で，製品の開発・設計から生産・販売・サービスまですべてのプロセスにわたってさまざまな技術，ノウハウ，マネジメントを総合的に活かし，顧客視点にたったモノづくりの強化に努めている。設計力，生産技術力，品質管理力等の向上に努めるとともに，卓越した技術者の育成や技術の伝承にも力を注いでいる。

(4) 社会・環境価値創造

　日立グループは，社会に対して，次なる時代に息吹を与えるというコーポレートステートメント"Inspire the Next"のもと，社会貢献活動においても，社会の要請と信頼に応え，豊かな人間生活とよりよい社会の実現に貢献していくことを理念とし，この理念のもと，積極的に社会貢献活動を行うとしている。

　2002年度に「環境ビジョン2010」，2006年度には「環境ビジョン2015」，さらに，2007年12月「環境ビジョン2025」を策定し，「エミッションニュートラル」のさらなる拡大をめざして，2025年度までに世界全体で日立グループ製品により年間1億トンのCO_2排出抑制に貢献することをめざしている。

Ⅳ　日立製作所の企業価値創造会計総括

　会計的企業価値を向上させるための源泉は，企業を支える人であり，そして

第18章　日立製作所の企業価値創造会計に基づく事例分析　243

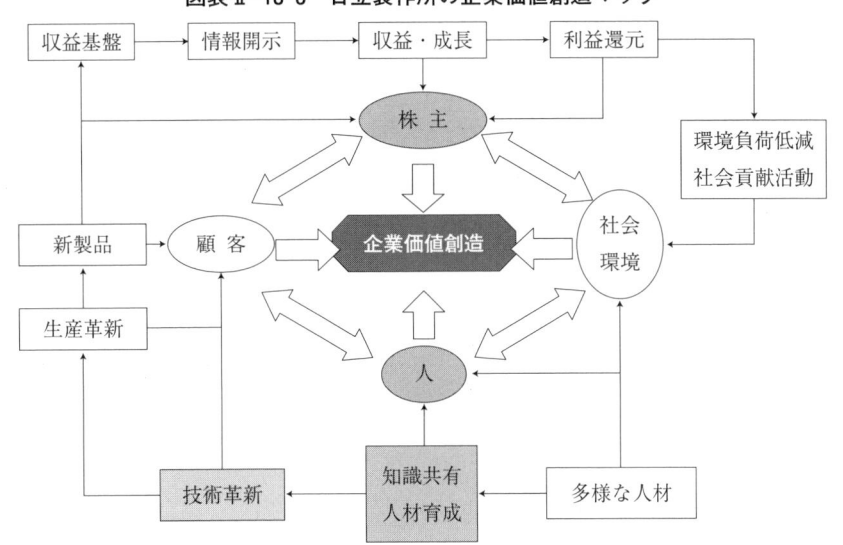

図表Ⅱ-18-8　日立製作所の企業価値創造マップ

```
収益基盤 → 情報開示 → 収益・成長 → 利益還元
                        株主                    環境負荷低減
                                                社会貢献活動
新製品 — 顧客 ⇒ 企業価値創造 ⇐ 社会
生産革新                                環境
                        人
技術革新   知識共有    多様な人材
          人材育成
```

豊富な知である。それを創出するためには，人材育成を積極的に行い，分野を問わず豊富な知識をもった人材を流動化させる必要がある。それによって技術革新が起こり，画期的な新商品が世に提供され，人的価値・顧客価値が創造される。そして，情報開示を行い，収益基盤が安定することによって，株主価値も創造される。また社会貢献活動を通じ，社会・環境価値を創造し，全体としての企業価値を創造している。今後日立グループの連携をさらに強化し，事業の選択と集中が加速され，顧客ニーズに応えられる製品提供がなされれば，飛躍的な収益改善が図られるように思われる。

（主担当：柴山　治）

■**主要参考文献**■

伊丹敬之（1984）『新・経営戦略の論理―見えざる資産のダイナミズム』日本経済新聞社

野中郁次郎（1996）『知識創造企業』東洋経済新報社

日立コンサルティング　アクセル（2007）『日立の知的資本経営』中央経済社

水野裕司（2004）『日立　技術王国再建への決断』日本経済新聞社
アニュアルレポート（2008）
決算説明会資料
決算短信（2008年3月期）
研究開発および知的財産報告書（2008年度版）
財務ハイライト
CSR報告書（2008）
Financial Highlights（2008）
有価証券報告書
http://www.hitachi.co.jp

第19章　NECの企業価値創造会計に基づく事例分析

I　NECの概要

　NEC(日本電気株式会社)は，1899年岩垂邦彦らによって，米国ウェスタン・エレクトリックス社との日本初の外国資本との合弁会社として設立された。情報通信の発展とともに歩み，通信，コンピュータそして半導体メーカーとして君臨し，日本電機産業のリーディング企業の象徴であった。

　営業の基本方針として"Better Products, Better Service"というスローガンを掲げ，世界の一級品を提供すること，責任をもったアフターサービスも行なうことをお客さまに約束した。NECは創業当時から「顧客満足(CS)」を第一に考えてきている。

　数々の世界初，国内初の技術・研究開発は元より，それらの技術革新を可能とする経営革新，人事諸制度の整備・改革，いち早く取り組んできた環境活動など，100年を越す歴史は，まさに革新の連続だったということができる。「革新(Innovation)」こそNECの"DNA"なのである。

　現在の事業内容は，ソリューションズ，ネットワークスそしてエレクトロンデバイスである。ソリューションズは，企業，個人市場を中心としたインター

図表Ⅱ-19-1　NECの'07年度セグメント別売上高構成割合

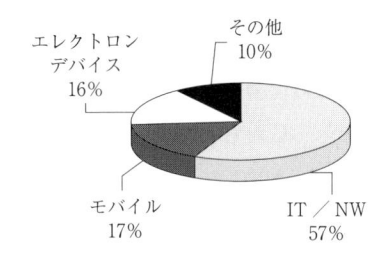

- エレクトロンデバイス　16%
- その他　10%
- モバイル　17%
- IT／NW　57%

出所) 決算短信(2008年3月期)より作成

図表Ⅱ-19-2　NECの'07年度セグメント別営業利益構成割合

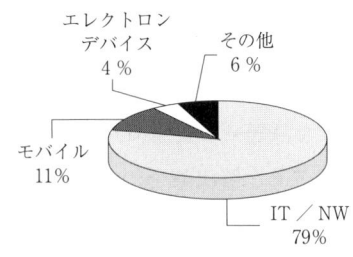

- エレクトロンデバイス　4%
- その他　6%
- モバイル　11%
- IT／NW　79%

出所) 決算短信(2008年3月期)より作成

ネット・ソリューションズ事業を担当している。ネットワークスは，ネットワーク事業者市場を対象としたインターネット・ソリューションズ事業を担当している。エレクトロンデバイスは，汎用DRAMを除く半導体を担当しており，主としてシステムLSIを扱う。ソリューションズとネットワークスを統合し，システム構築，コンサルティング，アウトソーシング，サポート等で，IT・ネットワーク統合ソリューションズ提供企業をめざしている。

かつては，半導体は世界一，パソコンも「国民機」と呼ばれ，ハイテクニッポンの象徴的存在だったが，今やそうした面影はない。

II NECの経営理念・戦略・計画

1 経営理念

1990年に次の企業理念が制定された。

「NECはC&C (Computer & Communication) をとおして，世界の人々が相互に理解を深め，人間性を十分に発揮する豊かな社会の実現に貢献します」。

技術でイノベーションを起こすという企業理念のもと，世の中にないものを打ち出していける会社をめざしている。経営方針は，「コンピーター＆コミュニケーション (C&C) の融合」である。1977年にC&Cを宣言し，コンピュータと通信の融合という方向性を打ち出し，メーンの事業領域に据え発展してきた。

企業スローガンとして，「Empowered by Innovation NEC」が掲げられている。

「お客さまのニーズに最適な方法でお応えすること。ソリューションパートナーとして，お客さまの革新に寄与していくこと。それこそが，私たちNECが目指してきたことです。毎日の生活やビジネスの現場におけるお客さまのさまざまな課題やご要望に共に取り組み，共に考え，私たちの持てるすべてを注いでベストな解決策をつくりあげる。その過程で，NEC自身も自らの技術やノウハウを革新し，さらに高いレベルの顧客満足を実現する力にする。そしてその積み重ねが，ひいては社会全体の革新や活性化へとつながっていく。」「す

べてはお客さまの革新のために。そして活力ある社会のために」。"Empowered by Innovation" というグローバルスローガンには，私たち NEC の強い思いがこめられているのです」。

「インターネットが爆発的に普及し，ブロードバンド化，モバイル化の進行によって，社会の重要なインフラとして定着した今。お客さまの抱える課題はますます多様化し，高度化しています。そこで求められるのが，最先端の技術や豊富なノウハウに裏打ちされた，信頼性の高いソリューション能力です。NEC は，IT，ネットワークをはじめとするさまざまな領域で，これまでに培ってきた力のすべてを結集。お客さまの最高の満足を目指し，革新的なソリューションを開発していきます。新しいビジネスがつぎつぎと生まれ，人々の生活がもっと便利に豊かになっていく，そんな活力ある社会の実現に，私たちはこれからも貢献していきたいと考えています」。グローバルなイノベーションカンパニーをめざしている。お客様の「夢」をイノベーションで実現する。技術力に基づく IT，ネットワークそしてデバイスを融合できる強みを有している。

2017 年に向けてグループビジョンがまとめられた。「人と地球にやさしい情報社会をイノベーションで実現するグローバルリーディングカンパニー」という長期的な（10 年後）企業像を描いた。

「グループ企業行動憲章が 04 年 4 月に制定された。グループの役員・従業員が共有し，実践する価値観と行動原理を示した「NEC グループバリュー」（イノベーションへの情熱，自助，共創，ベタープロダクト・ベターサービス）を 08 年に策定した。NEC グループ企業行動憲章，NEC グループ行動規範を含めた経営活動の全体像を，「NEC Way」として体系化した」[http://www.nec.co.jp]。

2 経営戦略

(1) 経営環境

情報化の進展により，IT 業界は急成長してきたが，IT バブルそして崩壊するなど，IT ハード業界は厳しくなり，特に半導体市況は周期的に大きく変動し，

激しい価格競争にさらされ，収益を確保するのが厳しくなっている。NEC は IT 業界の花形企業として急成長してきたが，最近は厳しい経営環境のなかに遭遇している。

(2) 経営戦略

1998 年度に巨額の赤字に陥り，1999 年 9 月に子会社の再編と社内カンパニー制を軸とする経営再建の経営改革方針を発表した。グループ人員を 3 年間で 15,000 人削減する。2000 年 4 月から社内カンパニー制に移行した。

2000 年 7 月に，2002 年度までに国内外の企業買収や出資に総額 6,000 億円を投じる中期経営戦略を発表した。2001 年 7 月に，中期経営戦略を発表した。

2004 年 4 月に緊急構造改革施策を発表し，「脱 DRAM」を推進した。7 月に中期経営戦略として，システム LSI を軸に構造転換した。9 月には半導体事業の構造改革追加施策を発表した。

組織と人事は終始いじるが，抜本策が決断できぬ混沌経営と評されている。事業のほとんどが，国内市場中心であり，成長性の高い海外市場への進出，深耕が進んでいない。IT サービスでは，欧米に拠点がなく，拡販戦略は困難である。そこで，中国で情報システム構築事業を拡大する。経済発展を背景に中国企業の IT 化支援を収益源に育てる。2006 年度に 100 億円強だった中国でのシステム関連事業を 2009 年度には 250 億円に倍増させる。

2007 年度から 200 億円の特別投資枠を設けた。その投資先は 2008 年春からスタートする次世代通信網（NGN；Next Generation Network）向けが中心である。NGN 集中による成長戦略である。NTT が主導しており，収益構造を変えられる，新たなビジネスモデルを構築できるであろうか。

(3) 選択・集中戦略

半導体事業に関しては，DRAM は日立と統合しエルピーダメモリをつくり，LSI は 2002 年に NEC エレクトロニクスとして分社し，2003 年に上場したが，厳しい競争下で苦戦しており，再編も話題となっている。国内の生産拠点を集約し，製造ラインの削減を加速させる。

半導体は中期的な売上・利益成長ドライバーと位置づける方針に変わりはな

い。NECはNECエレクトロニクスの70％の株式を保有しているが，6％所有のペリー・キャピタル（米投資ファンド）はリストラを強く求めている。

「ペリー・キャピタルは，NECの株式も5.3％所有し，筆頭株主となった」[『日本経済新聞』(2008年4月22日)]。

NECエレクトロニクスの2007年度には，経営効率を改善し，営業損益が黒字化し，FCFも2年ぶりに黒字回復した。しかし，純損失159億円であり，2008年度にはゼロを予測している。2009年度に売上高営業利益率5％に向けて，成長分野の売上拡大による利益率改善をめざしている。

携帯端末事業は2003年に重点分野と位置づけ，2005年度には売上高1兆円を狙い，そのうち5割は海外で稼ぐとしていたが，欧州での製品不具合で，信頼を低下させた。中国では販売不振と価格下落で苦戦している。不振が続いた携帯電話は，2008年3月期は黒字化を見込む。海外からの撤退にはほぼめどがついた。2006年度に最後まで残っていた中国事業から退き，2007年度下期から営業損益がトントンになり，今後黒字定着できると考えている。レーザープリンター事業，NECマシナリーも売却した。

図表Ⅱ-19-3　NECの主な事業再編

時　期(年)	内　　容
'99	「NEC日立メモリ」（後のエルピーダメモリ）を折半出資で設立
'00	本社ビルを証券化して売却
	米国での個人向けパソコン販売から撤退
'02	半導体事業「NECエレクトロニクス」として分社設立
'03	プラズマパネル事業を売却
'05	フィリップスと欧州でのオフィス用通信設備事業を統合
	エルピーダの株式を大量に売却
'07	米通信ソフト開発のスフィア・コミュニケーションズを買収
	中国流通企業向けシステム構築北京長益信息科技集団を買収
	アルカテル・ルーセントとLTEに関する開発合弁会社設立
	SAPとのグローバル協業
'08	米ソフト開発会社ネットクラッカーを約320億円で買収
	ハンガリーの通信設備工事会社ラインコムを10億円弱で買収
	松下と携帯ソフト提携解消

出所)『日経ビジネス』(2002年9月16日)：p.62,『日本経済新聞』(2005年11月29日,08年6月28日,7月5日,8月8日)より作成

3　経営計画

「99年9月28日経営改革計画を発表し，NECホームエレクトロニクスの解体や社内カンパニー制の導入などを打ち出した。経営資源をインターネット関連事業に集中する。連結グループ人員を3年間で15,000人削減する」[『日本経済新聞』(1999年9月10日，9月29日)]。

「00年7月5日，02年度までに国内外の企業買収や出資に総額6,000億円を投じる中期経営戦略を発表した。米パッカードベルへの出資など何度も痛い目に遭っているので，適正価格での事業選択の見極め次第である」[『日本経済新聞』(2000年7月6日)]。

2006年5月に中期経営目標として，ROE15％，営業利益率7％が示された。

経営目標として，次の項目が掲げられている。中期的にステークホルダーの期待に応える業績水準達成としてROEの向上をめざしている。当面のマイルストーンとしては，ROE10％以上で，経営としてのターゲットはROE15％である。収益性の拡大に軸足をおいた経営指標として，ROEを重視している。目標水準としてROE15％を設定している。実績はあまりもかけ離れており，水準自体が現実的でない。5％程度からスタートすべきではないのか。

「17年のグループビジョンをまとめ，「人と地球にやさしい情報社会を実現するグローバル企業」という長期的な企業像を描いた。経営計画で具体的な数字を示さないとの不満が指摘されている。株主が期待する効果を出すのには時間がかかるかもしれないが，10年後の姿に理解を求めている」[『日本経済新聞』(2008年4月4日)]。計画としては次年度の予想だけしか示されていない。

2007年2月に中期計画を策定し，生産ラインの集約など固定費削減のための施策を始める。

計画が甘く，達成できなくても原因を突き詰めない。戦略性の欠如，徹底力のなさが欠点であるという批判が社内に残る。目標未達が常態化し，信頼を失っている。

NECの経営理念・戦略・計画はかなり明解に述べられているが，実行の徹底さに欠け，企業価値の創造にはつなげられないでいる。

Ⅲ　NECの企業価値創造会計に基づく分析

1　企業価値概念

　企業価値は,「株主,顧客,従業員をはじめとするステークホルダー(利害関係者)の価値の総体である」として,企業価値の最大化をはかるためには,コーポレート・ガバナンスの強化が重要であるとしている。ステークホルダーの視点から企業価値を考えている。

　CSR推進活動の成果と目標における基本方針の2で,社会的価値創出に向けた活動の促進を掲げ,お客,株主・投資家,地域社会,従業員,地球環境のために活動目標,活動成果,中期目標として取り組みを開示している。

2　会計的企業価値創造

　1998年度に巨額の赤字となり,1999年度には黒字化した。ITバブル崩壊後,2001年度,2002年度と巨額の赤字となり,債務超過に陥る可能性もあった。2003年度から利益は黒字化しているが,その金額はわずかである。2004年度以降売上高が伸び悩み,収益性は低下しつづけている。

　IT/NWソリューション事業は,ITサービス／SI,ITプロダクト,NWシステムそして社会インフラに分けられている。モバイル／パーソナルソリューション事業は,モバイルターミナルとパーソナルソリューションに分けられている。

　売上高は多少減少気味であるが,IT/NWソリューション事業は増加傾向にある。2007年度は前年比4％増加している。ITサービス／SIとNWシステムが増加している。営業利益では,ほとんどIT/NWソリューション事業であり,売上高営業利益率も5％を超えている。2007年度にモバイル／パーソナルソリューション事業とエレクトロンデバイス事業が黒字化した。エレクトロンデバイス事業のうち半導体事業は,NECエレクトロニクスの業績である。2008年度の重点課題は,「売上高成長と収益性の改善」としている。

　「機器販売と保守サービスからなる複合契約の収益計上法で監査法人と意見

図表Ⅱ-19-4　NECの会計業績等推移

(単位：原則億円)

項　目	'99(年度)	'00	'01	'02	'03	'04	'05	'06	'07
売上高	49,914	54,097	50,842	46,632	48,605	48,017	49,300	46,526	46,172
当期純利益	104	566	-3,079	-123	100	772	121	91	227
利益率(％)	0.2	1.0	-6.1	-0.3	0.2	1.6	0.3	0.2	0.5
総資産	46,090	48,236	50,896	41,789	40,868	39,825	38,028	37,317	35,268
純資産	9,769	9,150	5,220	3,196	6,463	7,370	8,909	12,401	11,855
自己資本比率(％)	21.2	19.0	10.3	7.6	15.8	18.5	27.1	27.8	28.5
自己資本利益率(％)	1.1	6.0	－	－	2.1	11.2	1.5	0.9	2.2
営業CF	4,585	3,605	1,425	2,761	3,417	1,642	2,258	2,383	1,923
投資CF	904	-1,115	-2,063	-173	-780	-1,343	-847	-1,697	-1,358
FCF	5,489	2,490	-639	2,588	2,637	300	1,411	686	565
財務CF	-4,875	-2,400	430	-2,850	-1,049	-423	-2,002	-1,037	-1,007
現金等	3,740	3,868	3,873	3,548	5,091	5,026	4,524	4,234	3,748
従業員数(人)	154,787	149,931	147,124	150,976	148,804	154,001	154,180	154,786	152,922

出所) 有価証券報告書から作成

図表Ⅱ-19-5　NECの業績推移

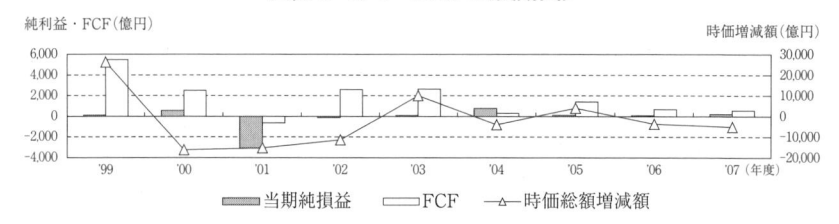

出所) 有価証券報告書等から作成

が対立し，ナスダック市場からの上場廃止を回避する努力を続けてきたが，米国での監査の厳格化もあり，上場を廃止した」［『日本経済新聞』(2007年9月22日)］。

　NECは，財務諸表を2005年3月期以前は米国会計基準，2006年3月期からは日本会計基準で，NECエレクトロニクスは米国会計基準で作成している。

3 市場的企業価値創造

　株式時価総額は2001年度以降減少傾向であり，現在では，PBRが1倍を割っており，先行きの不透明感が増している。事業分野を分社化し，株式上場させ，その子会社を再統合するやりかたは批判的である。「米投資顧問会社のブランデス・インベストメント・パートナーズが，NECの発行済み株式数の5.31％を取得し，筆頭株主になった」[『日本経済新聞』(2008年4月22日)]。

　「米大手投資ファンド，ペリー・キャピタルがNEC子会社(65％所有)のNECエレクトロニクスの約6％を所有し，親子上場を批判しており，NECの株を取得し総会で直接議論を交わす狙いとみられる。取締役会議事録の開示も要請している」[『日本経済新聞』(2008年3月27日，5月14日)]。リストラを強く求め，NECエレクトロニクスの株式買取の提案もされている。親子揃って，業績が低迷し，株価も低調であり，企業価値を毀損しつづけている。投資グループが経営面にかなりの不満を感じ，積極的に動いており，これらの対応は重要課題となりつつある。

図表Ⅱ-19-6　NECの株式時価総額等推移

(単位：原則円)

項　目	'99(年度)	'00	'01	'02	'03	'04	'05	'06	'07
株　価	3,030	1,998	1,075	391	856	648	827	632	380
発行済株式数(万株)	162,882	165,626	165,627	165,627	192,927	192,927	199,592	202,955	202,973
時価総額(億円)	49,353	33,092	17,805	6,476	16,515	12,502	16,506	12,827	7,713
時価総額増減額(億円)	26,168	−16,261	−15,287	−11,329	10,039	−4,013	4,004	−3,679	−5,114
1株純利益	6.4	34.6	−186.2	−7.5	5.8	39.6	6.1	4.4	11.1
調整後1株純利益	−	32.2	−	−	5.5	36.4	5.8	4.2	10.6
1株純資産	599.7	552.6	315.6	193.4	335.5	382.6	447.0	513.0	496.0
株価収益率(倍)	473.4	57.8	−	−	148.1	16.4	136.7	142.7	34.4

出所）有価証券報告書等から作成

4 本質的企業価値創造

(1) 株主価値創造

NEC は，ソフト分野を中心に 4 件の独自技術を外部に公開する。知的資産をもとに外部企業や投資家などと共同事業をめざす会員組織を設けており，会員組織向けに情報を開示する［『日本経済新聞』(2004 年 9 月 22 日)］。知的資産を NEC グループの事業活動の持続的成長を支える基盤と位置づけている。強固な基盤を築くために，NGN のような成長領域において戦略的特許プロジェクトを推進し，グループ横断的な特許網構築に取り組んでいる。

2000 年に 3 カンパニー制を導入したが，シナジーが生まれにくくなり，2003 年に元の事業部制に近い事業ライン制に改めた。

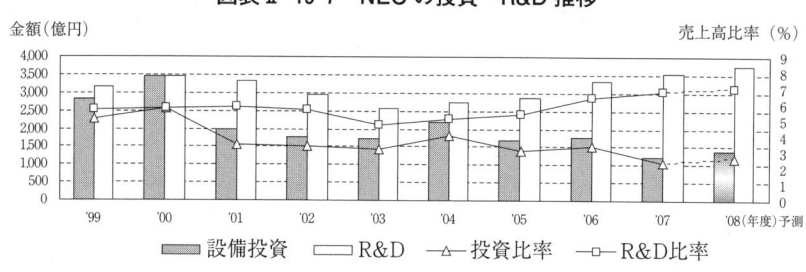

図表Ⅱ-19-7　NEC の投資・R&D 推移

出所）有価証券報告書から作成

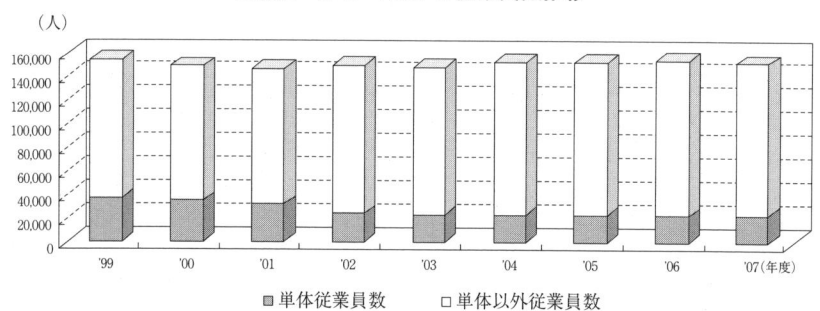

図表Ⅱ-19-8　NEC の従業員数推移

出所）有価証券報告書から作成

(2) 人的価値創造

　日本 IT 最後の皇帝と称された関本忠弘は，社長，会長として 18 年間，NEC に君臨した。優れた経営者であったが，老害化した。

　従業員数はほとんど増減していない。多様な人材が能力を存分に発揮し，健康で活き活きと働ける職場環境づくりをめざしている。

　日本経済新聞社の 2008 年「働きやすい会社」調査で 5 年ぶりに 1 位に返り咲いた。社員に目配りする姿勢が評価された［『日本経済新聞』(2008 年 9 月 1 日)］。

(3) 顧客価値創造

　お客さまにとって価値ある商品やサービスをつくり出し，お客さまから信頼され，選ばれる企業となるために，すべての従業員が，お客さまの期待をとらえ，考え，行動する企業文化をつくることをめざしている。お客さまの声を聞き，課題を抽出し，改善に取り組んでいる。

(4) 社会・環境価値創造

　社会価値に関しては，1998 年に防衛事業を巡る不祥事が問題となった。20 年間にわたって水増し請求をしてきた。2005 年度には，ソフト関連の不正発注で社員が裏金を捻出していた不祥事が生じた。2006 年には子会社の架空取引が発覚した。2007 年には子会社で不正行為が表面化した。過去から引きずってきた企業体質に問題はないか。人と地球にやさしい情報社会をつくることは，イノベーションを活かした最大のビジネスチャンスであると同時に，社会における役割であると考えている。

　環境価値に関しては，1998 年より環境会計を集計し，2002 年度に「NEC 環境経営ビジョン 2010」を策定し，2010 年度に CO_2 排出量を実質ゼロにすると表明した。グループの国内オフィスの CO_2 排出量を 2010 年度までに 2007 年度比最大 14% 削減する。オフィスごとに空調，照明，給湯などに関する詳細な「省エネ通信簿」を作成，評価が低いオフィスを改善指導する［『日本経済新聞』(2008 年 4 月 8 日)］。

　環境データと環境活動の成果を四半期に一度，インターネットで開示する［『日本経済新聞』(2005 年 4 月 29 日)］。

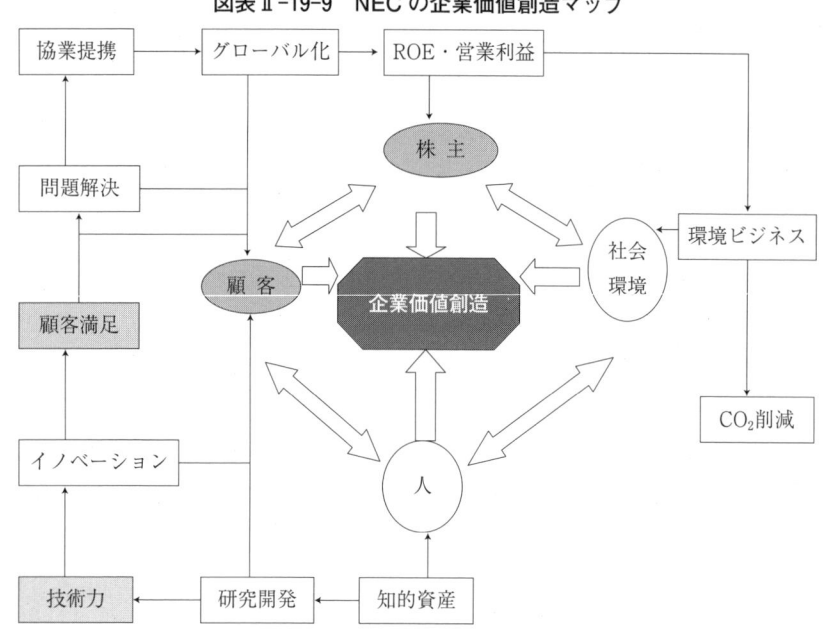

図表Ⅱ-19-9　NECの企業価値創造マップ

Ⅳ　NECの企業価値創造会計総括

　NECは，知的資産を強化し人的視点から企業価値を創造している。研究開発，イノベーション，顧客満足，問題解決により顧客価値を創造している。これらによりROEを向上させて株主価値を高める。

　今後の企業価値を創造するには，期待に応える業績水準を早期に達成することである。そのためには，次世代ネットワーク市場の創造，海外展開の拡大そして半導体事業の改善に大きく左右される。

（主担当：紺野　剛）

■主要参考文献■

日本経営分析学会編（1993）『日本のトップカンパニー』日本経済新聞社
アニュアルレポート（2008）
NECエレクトロニクス　決算説明会資料
NECエレクトロニクス　決算短信（2008年3月期）
経営説明会資料
決算説明会資料
決算短信（2008年3月期）
CSRダイジェスト（2008）
有価証券報告書
http://www.nec.co.jp
http://www.necel.com

第20章 富士通の企業価値創造会計に基づく事例分析

I 富士通の概要

富士通株式会社は，1935年に富士電機製造（現富士電機）の電話部門が分離，電話交換装置・電話機・装荷線輪の製造および販売権を承継して，富士通信機製造を設立した。電子計算機・無線通信機器・電子デバイスを製造し，1961年にトランジスタ式大型汎用電子計算機を完成させ，国産コンピュータを外資に頼らず初めて実用化した。1967年に富士通に社名変更した。野武士と呼ばれ，とにかくがむしゃらにやってきて，ブロードバンド・インターネット時代の中核となったIT企業である。

現在の主要ビジネスは，テクノロジーソリューション，ユビキタスプロダクトソリューション，デバイスソリューションである。テクノロジーソリューションの主要製品は，各種サーバー，ストレージシステム，各種ソフトウェア，コンサルティング等である。ユビキタスプロダクトソリューションの主要製品は，パーソナルコンピュータ，携帯電話，HDD等である。デバイスソリューションの主要製品は，LSI，電子部品，機構部品等である。

図表II-20-1　富士通の'07年度セグメント別売上高構成割合

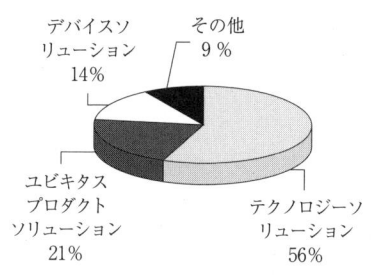

- デバイスソリューション 14%
- その他 9%
- ユビキタスプロダクトソリューション 21%
- テクノロジーソリューション 56%

出所）決算短信（2007年度）より作成

図表II-20-2　富士通の'07年度部門別営業利益構成割合

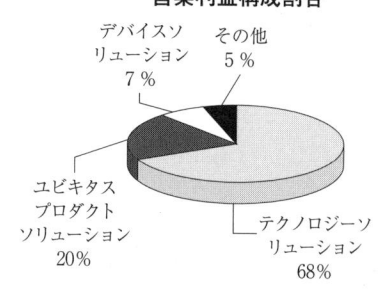

- デバイスソリューション 7%
- その他 5%
- ユビキタスプロダクトソリューション 20%
- テクノロジーソリューション 68%

出所）決算短信（2007年度）より作成

Ⅱ 富士通の経営理念・戦略・計画

1 経営理念

　富士通グループの存在意義を示す企業理念は,「富士通グループは常に変革に挑戦し続け,快適で安心できるネットワーク社会づくりに貢献し,豊かで夢のある未来を世界中の人々に提供します」である。常に変革に挑戦しつづける姿勢こそが富士通のDNAである。

　ミッションは,「"Everything on the Internet"の新しいステージへ　ブロードバンド・インターネット時代に中核となる企業」である。

　社会における富士通グループの存在意義（企業理念）,大切にすべき価値観（企業指針）,および日々の活動における社員一人一人がどのように行動すべきかの原理原則（行動指針・行動規範）を示した,求心力の基となるのが,「The FUJITSU Way ―夢をかたちに―」(2008年改定) である。この実践を通じ,企業価値の向上と国際社会・地域社会への貢献をめざしている。

　目標 (Mission)「FUJITSUは,常に新しい価値の創造に努め,強いインフォメーションテクノロジーをベースに,お客様の求める高性能・高品質のプロダクト,サービスによるトータルソリューションを永続的に提供することにより,利益と成長を実現し,国際社会・地域社会との共存共栄を図ります」である。

　企業指針 (Values) は,次のとおりである。

「目指します　　社会・環境　　社会に貢献し地球環境を守ります
　　　　　　　　利益と成長　　お客様,社員,株主の期待に応えます
　　　　　　　　株主・投資家　企業価値を持続的に向上させます
　　　　　　　　グローバル　　常にグローバルな視点で考え判断します
　大切にします　社員　　　　　多様性を尊重し成長を支援します
　　　　　　　　お客様　　　　かけがえのないパートナーになります
　　　　　　　　お取引先　　　共存共栄の関係を築きます
　　　　　　　　技術　　　　　新たな価値を創造し続けます
　　　　　　　　品質　　　　　お客様と社会の信頼を支えます」

行動指針は，「良き社会人，お客様起点，三現主義，チャレンジ，スピード，チームワーク」である。

行動規範 (Code of Conduct) は，「人権を尊重します，法令を遵守します，公正な商取引を行います，知的財産を守り尊重します，機密を保持します，業務上の立場を私的に利用しません」である [FUJITSU Way]。

基本方針は，「健全な利益と成長を実現し，企業価値を持続的に向上させることが重要と考えている。お客様の事業に貢献することを通じて，お客様にとってかけがえのないパートナーとなり，お客様とともに成長することを目指している」である。

2　経営戦略

(1)　経営環境

IT業界は大変競争が激しく，技術革新のスピードが早いため，業界や競合他社の動きによって，業績は大きく影響される。価格競争が非常に激しく，厳しい状況が予想される。

(2)　経営戦略

他社と連携してビジネスを展開することに常に前向きに進めてきた。アライアンスによるメリットをお互いに享受できるようなスキームを模索しながら，多方面に展開している。ハードとソフト・サービス事業をどのように最適化・関連させるのかを思案しつづけている。さらに，グローバル戦略を強化しつつある。収益力の向上を図るため，事業全体の効率化をさらに推進するとともに，海外における事業拡大や付加価値の高い製品およびサービスを強化することにより，成長力を高める。海外の市場を知り，ニーズに応える製品を開発していかなければならない。海外売上高比率を当面40％に引き上げ，50％を超えたいと考えている。

2001年度を「徹底した構造改革の年」と位置づけ，ブロードバンド・インターネットの時代に向けて新たなる変革を推進した。脱ハード路線の事業転換であつたが，十分進まなかった。

2003年からトヨタ生産方式を導入し，生産性の改善を進め，モノづくり力を強化して，社員の意識改革を推進している。

赤字のシステム構築プロジェクトを撲滅するための改革を進めた。顧客基盤を生かしたアウトソーシング事業に注力した。

グローバルベンダーと強いパートナーシップを推進することで，グローバル展開を加速している。

フィールド・イノベーションにより，自らの革新とお客様への価値提供を追求し，お客様とビジネスの形を共有できる人材を「フィールド・イノベータ」として育成している。

(3) 選択・集中戦略

「08年3月に，半導体事業を分社化する。巨額の投資を要する半導体分野を

図表Ⅱ-20-3　富士通の事業再編

時期(年)	内　　容
'02	パソコン用DRAMから撤退 独シーメンスとパソコン，サーバー事業を統合
'03	フラッシュメモリー事業を合弁会社に移し，少数株主になり，事実上の撤退 米サン・マイクロシステムズと高性能サーバーの事業を統合
'05	富士通ディスプレイテクノロジーズ（パネル事業）をシャープに売却し，日立との共同出資のプラズマパネル生産会社を日立の子会社化し，薄型パネル事業から撤退する
'06	米半導体大手スパンションから会津若松市の半導体工場を約170億円で買収 統合基幹業務システムや業務の外部受託に強みを持つ，システム会社独TDSを最大150億円で買収
'07	仏IT大手GFIインフォマティークをTOBで買収しようとしたが，経営陣の反対により断念 米情報サービスのベンチャー企業，オケレ社を20～30億円で買収 スウェーデンの情報サービス会社マンデーターを最大約91億円でTOBを実施 ニュージーランドの情報システム開発会社，インフィニティ・ソリューションズを，30億円程度で買収
'08	半導体事業を分社化，富士通マイクロエレクトロニクスを設立 独シーメンスとの欧州でのコンピューター合弁会社を完全子会社化 米ウエスタンデジタルへHDD事業を700～1,000億円で売却

出所)『日本経済新聞』(2005年2月6日，06年12月12日，07年8月15日，9月18日，10月9日，10月13日，08年1月21日，9月24日)より作成

本体から切り離して経営を効率化し,他社との連携など事業再編を進めやすい体制を整える」[『日本経済新聞』(2008年1月21日)]。そこで,富士通マイクロエレクトロニクスが設立された。

「08年,独シーメンスとの欧州でのコンピューター合弁会社を完全子会社化する。シーメンスが保有する50%の株式すべてを買い取る。採算が悪化している個人向けパソコンから撤退し高収益の企業向けに特化するなど,欧州事業の見直しを進める」[『日本経済新聞』(2008年9月24日)]。

「08年,米ウエスタンデジタルへHDD事業を700～1,000億円で売却する。収益性の低いハード(機器)事業(売上高3,327億円)から撤退し,情報システムに特化する戦略である」[『日本経済新聞』(2008年10月2日)]。

全社連結営業利益目標に貢献できるかどうかで,選択と集中を判断している。富士通は選択と集中を進めてきたが,さらに経営のスピードを上げて,選択と集中をより一層推進していかなければ,業績は向上しないであろう。

3 経営計画

2004～2006年の経営計画,情報通信機器などハード事業と情報システム構築を軸とするサービス事業を同時に強化する二面作戦を進め,2006年度の連結純利益を1,000億円に引き上げる。コスト削減により利益を2倍にする計画である。地道な生産・開発改革により,開発期間を3割,製造期間を5割短縮する。受注時の見積もり精度を上げ,不採算案件の発生を防ぐ。競争激化をコストダウン・物量増でカバーし,基礎体力はついてきた。

図表Ⅱ-20-4 富士通の中期目標('09年度)

項	目	'06年度実績	'07年度実績	中期目標('09年度)
営業利益率	連 結	3.6%	3.8%	5%超
	テクノロジーソリューション	5.2%	5.5%	7%超
海外売上高比率		36%	36%	40%超
棚卸資産回転数(月当たり)		0.93回	1.03回	2回

新中期目標（2007～2009年度）では,「成長とリターンの両立」をめざし, フィールド・イノベーションを実践し, 事業領域を明確化し, フォーメーションと事業構造の最適化に取り組んでいる。経営力・商品力・職場力・人間力の改革により, 強いところをさらに強くする。

「基本スタンスは, 次の通りである。

　　成長とリターンを拡大

　　　強いところを, さらに強くする

　　　全社的な構造改革に着手する

　　　ITソリューションからビジネスソリューションへシフトする

　　新しいマネジメント原則

　　　強い商品　製販一体経営の原則

　　　自立　キャッシュフロー経営の原則

　　　人の知恵が財産　人財経営の原則」[経営方針（2007年12月6日）]。

業績予想の下方修正を繰り返し, リストラも中途半端であると指摘されている。見通しと実行力の甘さが指摘されている。

4　経営管理手法

1993年から成果主義を先駆けて導入し, 年功賃金を全廃したが, 評価の不公平さ, 低めの目標設定などにより失敗した。2002年には, 執行役員制を導入した。

富士通の経営理念・戦略・計画は簡潔すぎ, 具体的内容は不透明であり, その実現性にも不信がつのり, 企業価値の創造にはあまり貢献していない。

Ⅲ　富士通の企業価値創造会計による分析

1　企業価値概念

富士通は,「戦略的な事業展開と効率的な経営を行い, かつ健全な財務体質を維持しつつ, 長期にわたる安定的な利益の拡大と成長を実現することで, 企業価値を継続的に向上させ, 株主・投資家の期待に応えます」[FUJITSU Way：

p.6］と述べている。株主・投資家に対して，企業価値を持続的に向上させると述べている点から，最も一般的な株主価値で，市場的企業価値を包含したものと理解している。

2　会計的企業価値創造

ITバブルの崩壊と欧米流の成果主義賃金制度による人心荒廃により，2001・2002年度は大幅に業績を悪化させた。2001年度には，初の営業赤字となり21,000人削減，在庫削減等のリストラを実施した。2003年以降は業績回復傾向にあり，たな卸資産を減少させ，月当たり回転数を増加させている。

図表Ⅱ-20-5　富士通の会計業績等推移

（単位：原則億円）

項　目	'99(年度)	'00	'01	'02	'03	'04	'05	'06	'07
売　上　高	52,551	54,844	50,070	46,176	47,669	47,628	47,914	51,002	53,309
営業利益	1,499	2,440	-744	1,004	1,503	1,601	1,815	1,821	2,050
利益率(%)	2.9	4.4	-1.5	2.2	3.2	3.4	3.8	3.6	3.8
経常利益	702	1,898	-1,571	124	498	891	1,261	1,473	1,628
利益率(%)	1.3	3.5	-3.1	0.3	1.0	1.9	2.6	2.9	3.1
当期純利益	427	85	-3,825	-1,221	497	319	685	1,024	481
利益率(%)	0.8	0.2	-7.6	-2.6	1.0	0.7	1.4	2.0	0.9
総　資　産	50,197	52,001	45,958	42,254	38,656	36,402	38,071	39,437	38,220
純　資　産	11,765	12,144	8,538	7,024	8,272	8,570	9,170	11,607	11,302
純資産比率(%)	23.4	23.4	18.6	16.6	21.4	23.5	24.1	29.4	29.6
株主資本	12,914	13,037	9,203	7,828	7,439	8,134	7,806	8,750	9,116
株主資本比率(%)	25.7	25.1	20.0	18.5	19.2	22.3	20.5	22.2	23.9
自己資本比率(%)	23.4	23.4	18.6	16.6	21.4	23.5	24.1	24.6	24.8
自己資本利益率(%)	3.8	0.7	-37.0	-15.7	6.5	3.8	7.7	10.9	5.0
営業CF	4,770	5,965	3,066	1,178	3,040	2,772	4,056	4,088	3,221
投資CF	-3,483	-4,668	-4,095	-644	674	-151	-2,347	-1,511	-2,839
F　C　F	1,287	1,297	-1,029	534	3,714	2,621	1,709	2,577	381
財務CF	-2,712	-1,376	913	-672	-2,399	-2,120	-2,078	-2,350	623
現　金　等	3,162	3,100	2,994	2,823	4,138	4,545	4,209	4,487	5,478
従業員数(人)	188,053	187,399	170,111	157,044	156,169	150,970	158,491	160,977	167,374

出所）有価証券報告書等より作成

3 市場的企業価値創造

富士通の株式時価総額は、ITバブルで1999年度には大幅に上昇したが、2000年度以降下落し、一時は危機的状況に落ち込んだが、2003年度以降徐々に回復した。会計的な業績悪化がそのまま、市場的企業価値にほぼ反映している。

4 本質的企業価値創造
(1) 株主価値創造

図表Ⅱ-20-6 富士通の株式時価総額等推移

(単位:原則円)

項　目	'99(年度)	'00	'01	'02	'03	'04	'05	'06	'07
株　価	3,150	1,670	1,005	320	665	644	993	785	652
発行済株式数(万株)	196,294	197,722	200,196	200,196	200,196	207,002	207,002	207,002	207,002
時価総額(億円)	61,832	33,020	20,120	6,406	13,313	13,331	20,555	16,250	13,497
時価総額増減額(億円)	25,997	-28,813	-12,900	-13,714	6,907	18	7,224	-4,305	-2,753
1株純利益	22.1	4.3	-193.0	-61.3	24.6	15.4	32.8	49.5	23.3
調整後1株純利益	21.5	-	-	-	22.2	13.9	29.5	45.0	19.5
1株純資産	599.4	614.2	426.5	350.8	413.2	414.2	443.2	469.0	458.3
株価収益率(倍)	142.5	386.0	-	-	27.1	41.8	30.3	15.9	27.9

出所)有価証券報告書等より作成

図表Ⅱ-20-7 富士通の業績推移

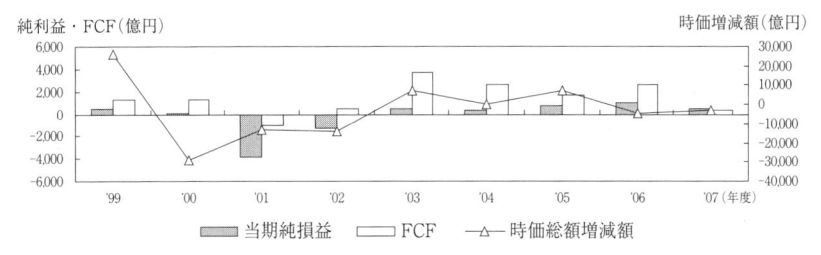

出所)有価証券報告書等から作成

長期にわたる安定的な利益の拡大と成長を実現することで，企業価値を持続的に向上させ，株主・投資家の期待に応えている。株主に対して安定的な剰余金の配当を行うと共に財務体質の強化や海外などでの積極的な事業展開に備え，内部留保を充実させている。

(2) 人的価値創造

会社の財産である社員を尊重し，公正に処遇し，また，社員の多様なライフスタイルと個々の成長を支援し，社員が会社とともに成長できるよう心がけている。人事基本理念は，成果重視，公平性と納得性への配慮，人材開発の積極的支援である。人材育成基本方針は，チャレンジスピリット，グローバル化，マネジメントのレベルアップである。

図表Ⅱ-20-8 富士通の投資・R&D 推移

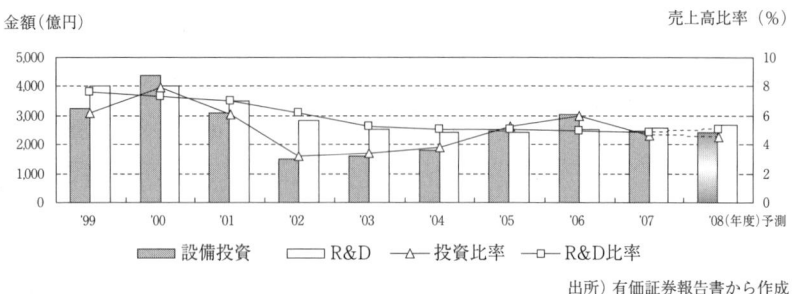

出所）有価証券報告書から作成

図表Ⅱ-20-9 富士通の従業員数推移

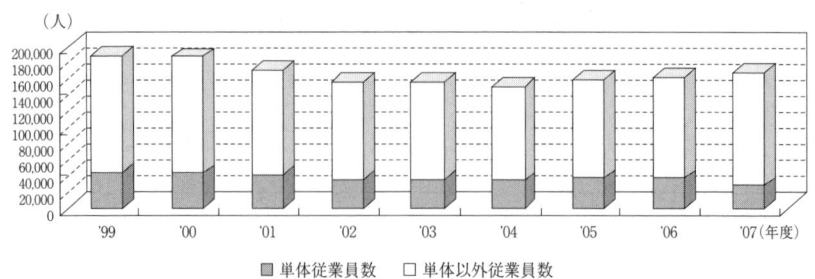

出所）有価証券報告書から作成

従業員の多様なライフスタイルと個々の成長を支援するため,「時間外労働時間の縮減」に労使一体で取り組んでいる。2007年度の一人平均の時間外労働時間は前年度比約10％縮減となった。

従業員数は,2002年度からほぼ固定して推移している。単体の平均給与は2004年度に改善し,その後上昇し,かなり高い水準を維持している。

社員のモチベーションの状態,組織の活性化の状態を把握するために,毎年「従業員満足度調査」を実施している。

(3) 顧客価値創造

「お客様起点経営」を軸に「お客様のIT」ではなく「お客様のビジネス」を起点にビジネスを変革する。お客様の課題のビジネスの課題解決に取り組むフィールド・イノベータをめざしている。あらゆる発想と行動の原点をお客様におき,お客様の成功に貢献し,お客様のパートナーとなり,ともに成長することをめざしている。

2001年から,「Qfinity活動」(無限にQualityを追求)に取り組んだ。Qfinityの概念を「品質改善の型」と位置づけ,製品の機能や信頼性だけでなく,お客様対応,納期対応,コスト低減など含めた「あらゆる業務の品質」を,PDCAサイクルを用いて徹底的に追求する。

顧客を尊重し,顧客のニーズを満たす高品質の製品・サービスを提供している。お客様に対しては,テストシステムの性能を最大限に発揮し,ビジネスのあらゆる面で効率を追及していくためのソリューションを提供し,顧客満足度の向上を図るために,お客様満足の向上に向けて顧客満足度調査を実施している。

(4) 社会・環境価値創造

社会の一員として,企業活動を通じて豊かな社会づくりを担っている。文化・芸術活動,企業スポーツの振興,将来を担う青少年の育成,国際交流の支援,地域活動などの社会貢献活動を通じ,世界各地において地域に根ざした企業として地域社会との共生をはかる。

環境保全を経営の最重要事項の1つと位置づけ,全事業領域にわたり明確な

目標を設定し，計画的かつ継続的に活動を展開している。1999年日本の大手企業で初めて環境会計をまとめた。2020年という中期にわたる中期環境ビジョン「Green Policy 2020」により，果たすべき役割と方向性を示した。2007年度から2009年度にかけての第5期環境行動計画を策定し，確実な実行をめざす。製品・サービスの環境価値向上，地球温暖化対策，ガバナンスの強化，リスクマネジメントの強化，環境社会貢献活動の推進をすすめる。Green Policy Innovation の推進により，2007年度から2010年度の4年間で累計700万トン以上の CO_2 排出量削減をめざしている。

1998年から「グリーン製品」，2004年からは「スーパーグリーン製品」の基準を制定し，開発に取り組んでいる。

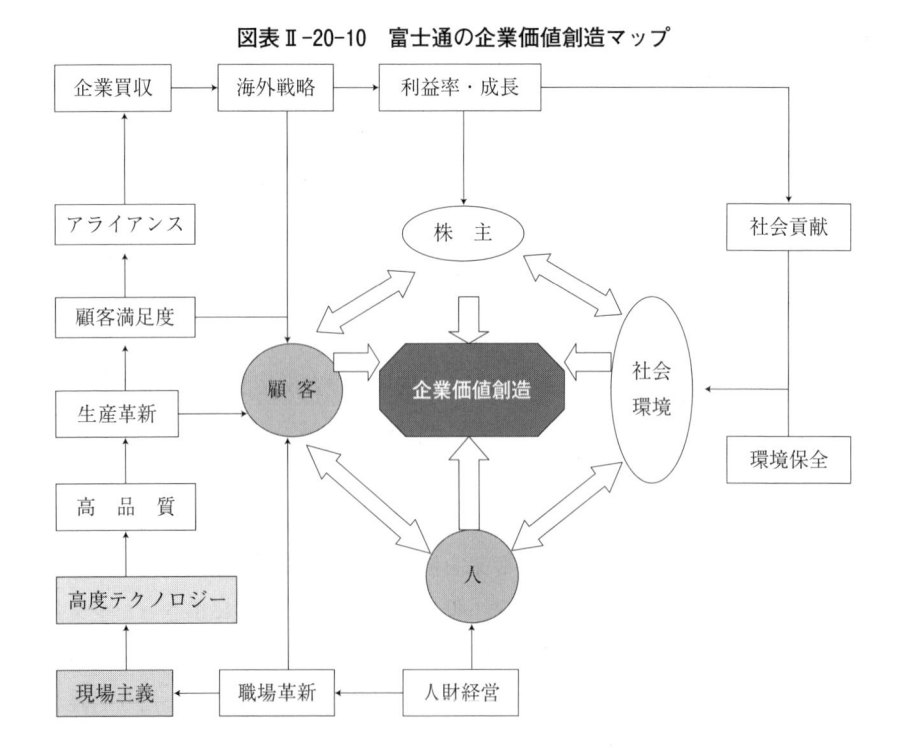

図表Ⅱ-20-10　富士通の企業価値創造マップ

Ⅳ　富士通の企業価値創造会計総括

　富士通は，先端技術に基づき顧客を満足させるための製品を提供してきている。人的視点から人材を開発し，成果・公平・納得から価値を創造する。この人材が先端技術を高め，性能・品質を保証し，生産革新をとおして顧客価値を創造する。特に，たな卸資産月当たり回転数，SE 回転率を主要 KVI として重視している。その結果，売上・利益が増加し，企業価値を創造できる。環境負荷を削減して環境価値を創造する。顧客の求める先端技術を今後も引きつづき高められるかが最大の課題である。

（主担当：紺野　剛）

■ 主要参考文献 ■

城繁幸（2004）『内側から見た富士通「成果主事の崩壊」』光文社
『日経ビジネス』(2007)「立て直しの研究」2007 年 3 月 26 日号　pp.54-62
アニュアルレポート（2008）
決算短信（2008 年 3 月期）
経営方針説明会資料
社会・環境報告書（2007・2008）
データブック（2008 年 10 月）
FUJITSU Way
有価証券報告書
http://pr.fujitsu.com/jp

第Ⅲ部
企業価値創造会計総括

I　はじめに

　以上で企業価値を創造する方法を主として会計的・市場的・本質的視点からエレクトロニクス業界の20社を分析・検討してきた。会計的企業価値，市場的企業価値と本質的企業価値とは，かなり関連し，重複している。同時にかなり相違している側面もあり，残念ながら単純化した相対的な分析しかできなかったが，以下である程度総括的に整理してみたい。

II　エレクトロニクス業界20社の企業価値創造会計による分析結果の総括

1　企業価値創造会計による全般的比較

(1)　企業価値概念比較

　エレクトロニクス業界20社の企業価値概念を企業価値創造会計との関係で整理したい。企業価値概念を明確に表明していない企業が多いが，これまでの調査検討結果から大胆に推論したい。企業価値概念を本書のように3つの視点から明確に整理している企業はほとんどないため，3つの視点からは適切には分類・整理できないが，敢えて3つに区分したと仮定して取りまとた。考慮の程度を3段階で判定したが，大変重視，重視そしてある程度考慮の評価についても，絶対的な判断ではない。

　会計的企業価値，市場的企業価値，本質的企業価値をそれぞれ重視している企業グループに分散されている。企業価値の多義性ゆえに，大変多様な使い方ができ，各企業の目的に応じて，報告対象に応じて，企業価値の定義を柔軟に変更可能である。

　企業価値は企業が本来有している価値で，本源的視点からの本質的な企業価値であり，将来のCFを現在時点に割引いて測定されるが，残念ながら測定自体が困難である。そこで，株式市場で取引されていれば，株式時価総額が企業の価値として，市場で決定されている。しかし，株価は本質的な企業価値以外の要素によってもかなり影響される。

　企業価値を創造しているかどうかを判断できる，企業価値の源泉としては，

図表Ⅲ-1　企業価値概念比較

企業名	会計的企業価値	市場的企業価値	本質的企業価値
キヤノン	◎	△	
パナソニック			◎
三菱電機	△	◎	
ファナック	◎	△	○
デンソー	△		◎
京セラ	◎		△
シャープ		◎	△
キーエンス	◎		△
日本電産	○		△
東京エレクトロン		◎	○
村田製作所	○		◎
東芝	○	◎	△
ソニー		◎	
アドバンテスト	○	◎	
TDK	○	△	◎
三洋電機	△	△	△
ローム	△	○	◎
NEC			◎
日立製作所	◎		
富士通		◎	

◎　大変重視　　○　重視　　△　ある程度考慮

　会計的視点からの業績が重要となる。そして，会計的業績を増大させ，企業価値を創造するには，利害関係者（ステークホルダー；stakeholder）の視点から企業価値の創造を検討することが極めて重要と考える。そこで，ステークホルダーとの関係から企業価値を考察することが有効と思われる。

　このように，企業価値を3つの視点から会計的企業価値，市場的企業価値そして本質的企業価値と明確に区別して，3者の関連性を意識して接近することは大変有意義であろう。

　企業価値創造を主として会計的側面から関連づけると，人的価値創造が基盤

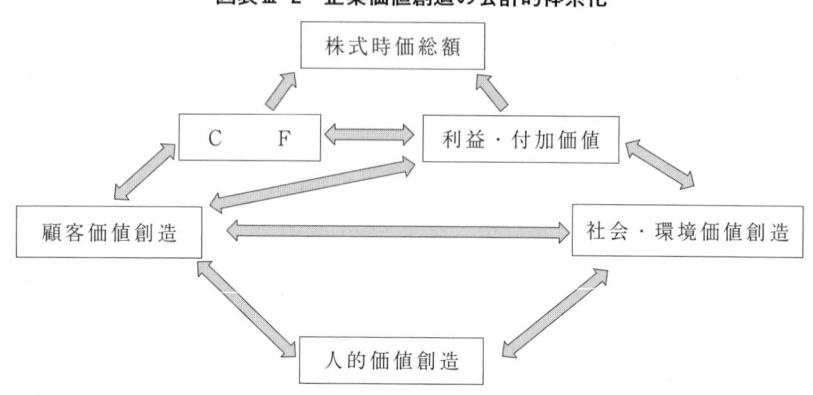

図表Ⅲ-2　企業価値創造の会計的体系化

```
              株式時価総額
             ↗         ↖
          CF  ⇔  利益・付加価値
         ↕                ↕
    顧客価値創造  ⇔   社会・環境価値創造
             ↘         ↙
              人的価値創造
```

となり，顧客価値創造，社会・環境価値創造へと結びつけられる。顧客価値創造の結果として，利益・付加価値，CFへと結びつけられる。利益・付加価値，CFの結果を反映して，株式時価総額へとつなげられる。これらの関連は，双方向に循環サイルクで影響を及ぼしている。

(2) 経営理念・戦略・計画と企業価値創造との関連比較

エレクトロニクス業界20社の経営理念・戦略・計画と企業価値創造との関連も必ずしも明確には判断できないが，これまでの調査検討結果を基に総括して整理したい。関連の程度を3段階で判定したが，大変重視して関連，重視して関連そしてある程度考慮して関連についての評価も，かなり相対的なものである。特に，経営戦略・計画をほとんど公表していない企業に関しては，関連性の評価は低くせざるを得ない。特に計画を公表していない企業には，課題が残る。

経営理念・戦略・計画と企業価値創造会計との関連を分析すると，関連性はあるが，企業価値創造の結果に基づき次の2つのグループに分けられる。

① 経営理念・戦略・計画が企業価値創造会計に結びついている企業グループ　　キヤノン，パナソニック，キーエンス
② 経営理念・戦略・計画と企業価値創造会計に結びついていない企業グループ　　東芝，アドバンテスト，三洋電機，ローム，NEC

図表Ⅲ-3　経営理念・戦略・計画と企業価値創造との関連

企 業 名	理　念	戦　略	計　画
キヤノン	◎	○	◎
パナソニック	○	◎	◎
三菱電機	○	◎	
ファナック	○	○	△
デンソー	○	◎	
京セラ	◎	○	
シャープ	○	◎	
キーエンス	○	◎	
日本電産	○	◎	△
東京エレクトロン	○	○	△
村田製作所	○	○	△
東芝			
ソニー	○	◎	○
アドバンテスト	△	○	
TDK	○	○	○
三洋電機	△	△	△
ローム	○	△	
NEC	○	○	△
日立製作所	○	○	◎
富士通	◎	△	△

◎大変重視して関連　○重視して関連　△ある程度考慮して関連

2　企業価値創造会計比較

(1) 企業価値創造会計比較の基本フレームワーク

　これまでの，分析検討結果を整理すると，過去から現在までの会計的企業価値創造と市場的企業価値創造については，ある程度認識・測定できる。これらの基になっているのが，本質的企業価値創造であろう。その背景として，経営理念・戦略・計画が左右していると考えられる。経営理念・戦略・計画が現在から将来への本質的企業価値の創造を左右するであろう。この本質的企業価値の創造に基づいて，現在から将来への会計的企業価値の創造につながる。当然

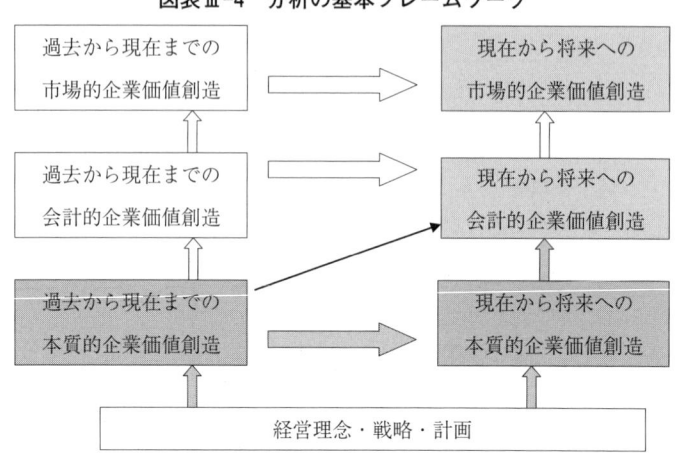

図表Ⅲ-4　分析の基本フレームワーク

```
過去から現在までの              現在から将来への
市場的企業価値創造      ⇒      市場的企業価値創造
     ↑                              ↑
過去から現在までの              現在から将来への
会計的企業価値創造      ⇒      会計的企業価値創造
     ↑                              ↑
過去から現在までの              現在から将来への
本質的企業価値創造      ⇒      本質的企業価値創造
     ↑                              ↑
           経営理念・戦略・計画
```

これまでの会計的企業価値の創造結果にも影響される。そして，現在から将来への会計的企業価値の創造に基づいて，過去から現在までの市場的企業価値創造にも影響を受けて，現在から将来への市場的企業価値が創造されるであろう。本書での分析は，経営理念・戦略・計画が本質的企業価値の創造に関連し，現在から将来への会計的企業価値および市場的企業価値の創造への関連性を考察してきたが，現在のところ明確な判断を下せる状況にはない。

(2) 会計的・市場的企業価値創造会計比較

過去から現在までの実績に基づく測定は会計情報と株式時価情報を用いることにより，簡単に入手・計算できる。第Ⅰ部で検証したように，この結果を会計的・市場的企業価値創造の視点から要約し，整理して，次の3グループに分けられる。市場的企業価値は創造できたが，会計的企業価値は創造できなかったグループは20社の中には存在していない（第Ⅰ部参照）。

① 会計的・市場的企業価値創造グループ

　　キヤノン，パナソニック，デンソー，シャープ，三菱電機，ファナック，キーエンス，日本電産，京セラ以上9社

② 会計的企業価値創造グループ

東京エレクトロン，村田製作所，ソニー，TDK，ローム，アドバンテスト，東芝以上7社

③ 会計的・市場的企業価値毀損グループ

日立製作所，富士通，NEC，三洋電機以上4社

(3) 本質的企業価値創造会計比較

① 株主価値創造比較

株主価値創造の視点として過去の配当支払額で最初に比較して見たい。キヤノン，パナソニック，日立製作所は，多額の配当を支払いつづけてきた。

次に設備投資とR&Dの推移を比較しよう。

設備投資とR&Dとは，かなり相関している。以下の3グループに整理できる。

㋐ 設備投資とR&Dが巨額なグループ

日立製作所，パナソニック，ソニー，東芝

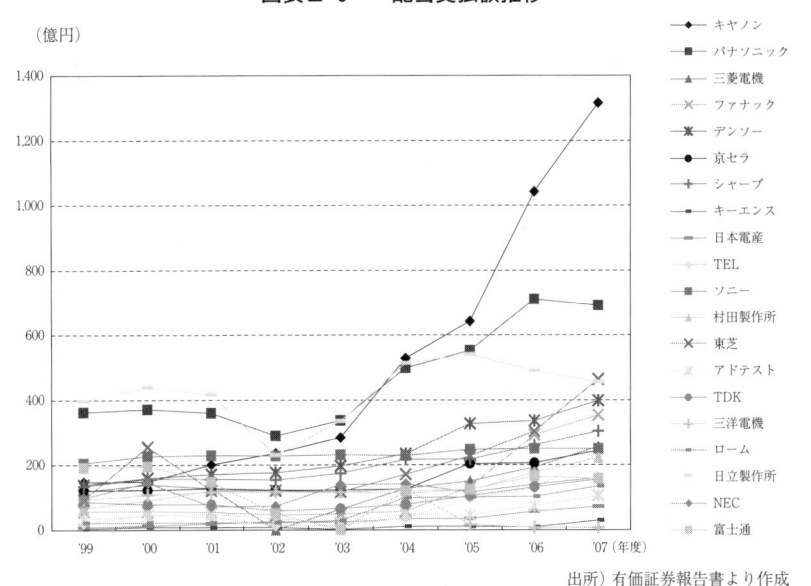

図表Ⅲ-5　配当支払額推移

出所）有価証券報告書より作成

図表Ⅲ-6　設備投資の推移

(単位：億円)

企業名	'99(年度)	'00	'01	'02	'03	'04	'05	'06	'07
キヤノン	2,004	1,710	2,077	1,987	2,110	3,187	3,838	3,797	4,285
パナソニック	3,379	5,043	3,090	2,514	2,712	3,742	3,458	4,183	4,493
三菱電機	1,370	2,400	1,400	1,308	1,118	1,397	1,418	1,623	1,687
ファナック	103	171	64	82	118	251	124	151	236
デンソー	1,699	1,404	1,935	1,711	1,964	2,352	2,887	3,124	3,437
京セラ	647	1,059	546	406	549	632	903	699	851
シャープ	980	1,623	1,474	1,702	2,481	2,433	2,036	3,143	3,153
キーエンス	6	10	10	12	11	10	19	23	45
日本電産	143	166	262	300	289	372	456	406	356
TEL	190	494	309	124	110	99	133	271	227
村田製作所	715	1,078	346	182	331	480	510	997	1,256
東芝	2,985	2,695	3,482	2,305	2,273	3,148	3,388	3,753	4,650
ソニー	4,358	4,652	3,267	2,612	3,782	3,568	3,843	4,141	4,400
アドテスト	92	161	144	75	56	93	83	83	141
TDK	848	987	583	410	445	610	739	704	843
三洋電機	1,700	3,321	1,958	972	1,090	952	671	733	795
ローム	579	1,250	433	405	520	852	802	609	387
日立製作所	5,746	9,711	8,563	7,875	8,165	9,596	9,547	10,486	9,690
NEC	2,816	3,464	2,000	1,787	1,739	2,177	1,700	1,775	1,226
富士通	3,257	4,380	3,069	1,476	1,598	1,814	2,500	3,053	2,491

出所) 有価証券報告書より作成

　特に日立製作所は，設備投資の額が極めて多額であり，パナソニックとソニーはR&Dの額が極めて多額である。
㋑ 設備投資とR&Dが中規模なグループ
　富士通，キヤノン，NEC，デンソー，シャープ，三菱電機，三洋電機，TDK
㋒ 設備投資とR&Dが小額なグループ
　京セラ，村田製作所，東京エレクトロン，日本電産，ファナック，キーエンス
② 人的価値創造比較
　人的価値創造を考えるには，最初に従業員数を比較したい。1999年から

図表Ⅲ-7 R&Dの推移

(単位：億円)

企業名	'99(年度)	'00	'01	'02	'03	'04	'05	'06	'07
キヤノン	1,779	1,946	2,186	2,337	2,591	2,753	2,865	3,083	3,683
パナソニック	5,255	5,438	5,655	5,510	5,792	6,155	5,647	5,780	5,545
三菱電機	1,740	1,964	2,047	1,796	1,365	1,305	1,306	1,327	1,488
ファナック	117	123	114	128	143	151	161	170	187
デンソー	1,600	1,769	1,856	1,828	2,149	2,382	2,563	2,798	3,114
京セラ	284	351	404	473	466	544	574	611	616
シャープ	1,468	1,468	1,497	1,447	1,387	1,481	1,543	1,898	1,962
キーエンス	24	32	34	39	42	37	59	67	81
日本電産	44	35	45	84	92	259	292	328	301
TEL	371	529	538	501	442	439	492	570	661
村田製作所	290	305	316	314	342	328	347	387	423
東芝	3,344	3,279	3,262	3,315	3,367	3,480	3,724	3,940	3,933
ソニー	3,945	4,167	4,332	4,431	5,145	5,020	5,318	5,439	5,500
アドテスト	231	285	267	236	216	262	269	295	305
TDK	269	341	355	301	329	363	455	501	573
三洋電機	995	1,088	1,070	1,208	1,234	1,142	943	901	718
ローム	227	208	214	318	314	323	338	339	331
日立製作所	4,323	4,356	4,154	3,772	3,718	3,886	4,051	4,125	4,281
NEC	3,151	3,449	3,336	2,962	2,566	2,753	2,874	3,346	3,522
富士通	4,010	4,034	3,498	2,857	2,509	2,402	2,416	2,541	2,587

出所）有価証券報告書より作成

2007年度の9年間の推移から平均従業員数を単体の従業員数と単体以外の従業員数とに分けて，整理する。

日本電産，日立製作所，京セラ，デンソー，キヤノン，TDKは，従業員数を増加させている。反対に，従業員数を減少させているのは，三菱電機，富士通，ソニーである。

Ⓐ 従業員数の多い企業グループ

　日立製作所，パナソニック，東芝，ソニー，富士通，NEC

Ⓑ 従業員数の少ない企業グループ

　キーエンス，アドバンテスト，ファナック

図表Ⅲ-8　平均設備投資とR&D

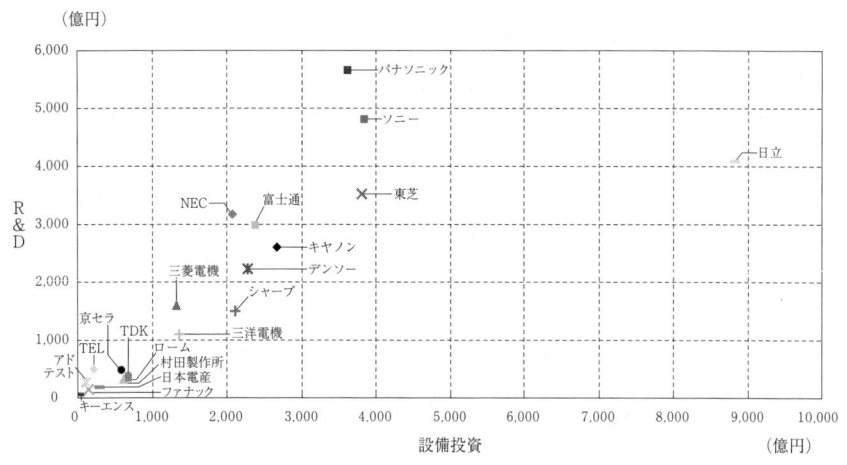

出所）有価証券報告書より作成

図表Ⅲ-9　平均従業員数

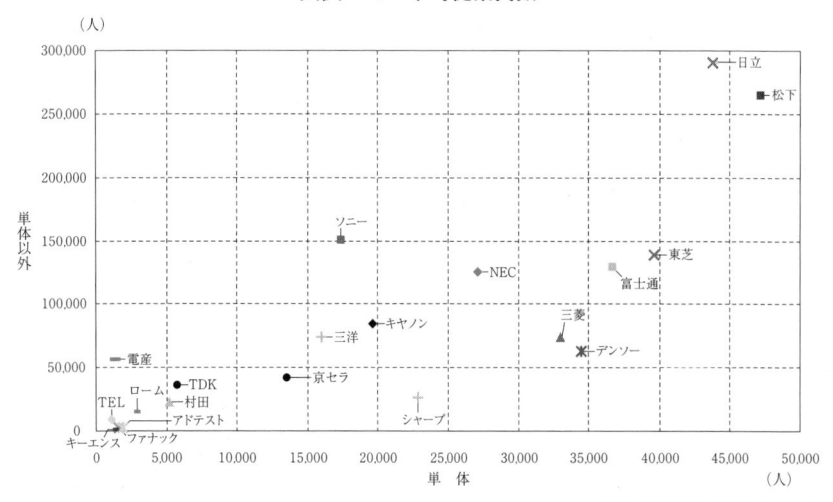

出所）有価証券報告書より作成

Ⓒ 単体の従業員の割合が多い企業グループ

キーエンス,シャープ,ファナック,アドバンテスト

Ⓓ 単体以外の従業員の割合が多い企業グループ

日本電産,ソニー,東京エレクトロン,日立製作所,TDK

次に単体の年間給与の推移を比較する。

Ⓐ 単体平均年間給与が多い企業グループ

キーエンス,ソニー,アドバンテスト,ファナック

Ⓑ 単体平均年間給与が少ない企業グループ

日本電産,京セラ,三洋電機,村田製作所

本質的企業価値創造を統一的に取扱う方法は困難であるため,現段階では極

図表Ⅲ-10 単体平均年間給与推移

(単位:万円)

企業名	'99(年度)	'00	'01	'02	'03	'04	'05	'06	'07
キヤノン	*522	792	808	833	840	846	868	862	862
パナソニック	778	790	761	718	759	758	798	838	846
三菱電機	569	711	747	676	686	719	749	768	782
ファナック	802	846	831	833	882	900	952	949	1,002
デンソー	671	713	736	765	793	813	835	845	851
京セラ	619	645	566	560	590	610	602	630	638
シャープ	656	686	705	688	724	736	743	761	764
キーエンス	762	1,145	989	1,080	1,222	1,333	1,344	1,386	1,398
日本電産	455	458	466	482	471	472	536	575	592
TEL	623	781	734	593	653	851	874	936	1,102
村田製作所	650	680	625	633	645	680	685	711	700
東芝	701	720	710	705	755	756	766	782	804
ソニー	852	880	908	887	921	933	936	933	958
アドテスト	821	861	885	656	752	933	1,112	1,073	1,058
TDK	709	729	657	678	711	719	770	767	759
三洋電機	607	630	648	628	652	661	630	603	674
ローム	671	750	738	680	728	701	702	705	734
日立製作所	678	711	730	672	725	743	738	746	748
NEC	718	761	780	725	760	728	743	749	747
富士通	705	733	751	712	750	754	753	793	810

出所)有価証券報告書より作成

図表Ⅲ-11　概算人件費推移

(単位：億円)

企業名	'99(年度)	'00	'01	'02	'03	'04	'05	'06	'07
キヤノン	2,606	4,199	4,573	4,896	5,099	5,403	5,872	5,982	6,561
パナソニック	13,977	14,431	12,965	12,231	12,973	14,501	15,164	15,655	14,744
三菱電機	4,540	5,603	5,773	4,926	4,386	4,493	4,766	5,011	5,218
ファナック	229	239	236	238	244	277	308	316	354
デンソー	3,934	4,305	4,530	4,704	5,108	5,589	5,818	6,183	6,570
京セラ	1,735	2,121	1,664	1,774	2,106	2,173	2,225	2,397	2,540
シャープ	2,410	2,481	2,440	2,386	2,494	2,561	2,594	2,730	2,918
キーエンス	109	163	149	172	192	232	263	299	328
日本電産	324	712	841	1,013	1,421	1,686	2,146	2,605	2,915
TEL	317	448	423	338	320	418	433	490	625
村田製作所	979	1,110	1,014	998	1,017	1,057	1,109	1,252	1,417
東芝	8,727	8,676	7,883	7,249	7,312	7,403	7,797	8,735	9,297
ソニー	8,899	8,828	8,403	7,906	8,274	7,804	8,176	8,380	9,487
アドテスト	248	283	268	168	188	233	280	273	272
TDK	1,455	1,600	1,271	1,260	1,498	1,521	2,275	2,178	2,486
三洋電機	3,219	3,343	3,167	2,989	3,232	3,692	3,797	3,194	3,731
ローム	545	661	643	670	785	810	828	836	872
日立製作所	12,969	13,435	12,979	12,194	12,383	13,434	13,493	15,865	15,966
NEC	6,888	7,032	6,983	6,349	6,548	6,449	6,602	6,639	6,573
富士通	8,167	8,408	7,908	6,826	7,163	7,162	7,070	7,735	7,885

出所）有価証券報告書より推定して作成

めて限定的に人的価値の源泉としての人件費を用いることにしたい。だが人件費の認識も現状では正確には難しいが，極めて簡便に推測したい。従業員数に平均給与を乗じて算定する。親会社単体の計算は可能であるが，連結で算定するのはやはり困難であるけれども，概算でも算出する。親会社以外の平均給与をたとえば，親会社の2分の1と仮定して計算してみよう。1999年度から算定可能であるが，キヤノンは12月決算の関係で1999年度は月額を12倍としている。

　ここで算定された人件費は，平均給与には大きな相違がないので，従業員数により影響されることになる。そこで，キヤノン，パナソニック，三菱電機，シャープ，ソニー，東芝，日立製作所，富士通，NECが大きな値となっている。

図表Ⅲ-12　働きやすさの程度比較

区　　分	企　　業　　名
極めて強い	キヤノン，パナソニック，デンソー，シャープ
かなり強い	三菱電機，ファナック，キーエンス，NEC，日立製作所
やや強い	京セラ，村田製作所，ソニー，TDK，富士通
普　　通	日本電産，東京エレクトロン，東芝
それ程でもない	ローム，アドバンテスト，三洋電機

図表Ⅲ-13　平均営業利益と売上高営業利益率

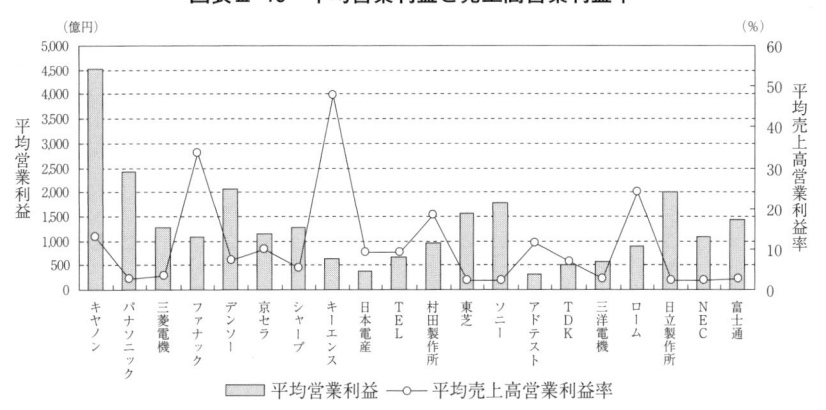

出所）有価証券報告書より作成

社員として，働きやすい会社を相対的に比較する。日本経済新聞社2008年「働きやすい会社」調査等[1]を参照している（図表Ⅲ-12）。

③ 顧客価値創造比較

最初に20社の営業利益と売上高営業利益率の比較をしてみる。

Ⓐ 営業利益が多額で売上高営業利益率の高い企業グループ

　　キヤノン，デンソー，シャープ

Ⓑ 営業利益が多額の企業グループ

　　パナソニック，東芝，ソニー，日立製作所，富士通

Ⓒ 売上高営業利益率の高い企業グループ

　　ファナック，キーエンス，村田製作所，ローム

図表Ⅲ-14　顧客志向の程度比較

区　　分	企　業　名
極めて強い	キヤノン，パナソニック，デンソー，シャープ
かなり強い	三菱電機，ファナック，キーエンス
やや強い	日本電産，京セラ，村田製作所，ソニー，TDK
普　通	東京エレクトロン，東芝，日立製作所，富士通
それ程でもない	ローム，アドバンテスト，NEC，三洋電機

図表Ⅲ-15　環境会計比較

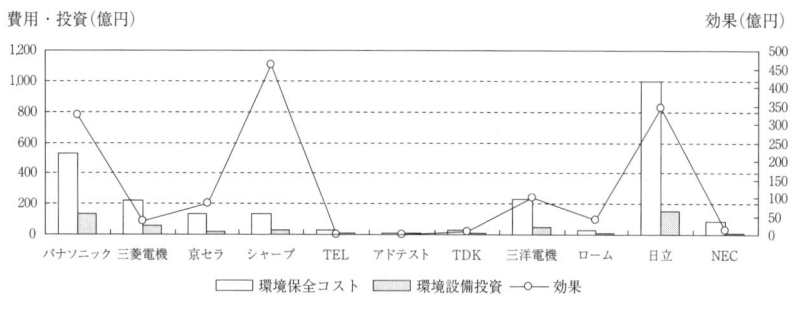

出所）CSR報告書等により作成

Ⓓ 営業利益が少ない企業グループ

　日本電産，アドバンテスト

Ⓔ 売上高営業利益率の低い企業グループ

　三洋電機

顧客志向の割合を，相対的に5分類しよう（図表Ⅲ-14）。

④ 社会・環境価値創造比較

　利益の多い企業が，一般的に法人税等も多く負担しているであろう。それでは，同じように社会・環境に対しても還元しているであろうか。環境投資や費用は，直接的に製品・サービスに関連する時代となりつつある。

　環境会計の情報を開示している企業に関して，環境保全コスト，投資，経済効果を2006・2007年度平均について比較してみた。

第Ⅲ部　企業価値創造会計総括　285

図表Ⅲ-16　環境会計の比較・分類

区　　分	企　業　名
極めて多額	キヤノン,パナソニック,デンソー,シャープ,東芝,日立製作所
かなり多額	三菱電機,三洋電機,富士通
やや多額	京セラ
普　通	東京エレクトロン,村田製作所,TDK,ローム,NEC
それ程でもない	アドバンテスト

図表Ⅲ-17　社会・環境志向の程度比較

区　　分	企　業　名
極めて強い	キヤノン,パナソニック,デンソー,東芝,日立製作所,NEC
かなり強い	三菱電機,ファナック,キーエンス,シャープ,富士通
やや強い	京セラ,ソニー,TDK,三洋電機
普　通	村田製作所,東京エレクトロン
それ程でもない	日本電産,ローム,アドバンテスト

相対的に,図表Ⅲ-16のように分類・整理したい。

社会・環境志向の程度を,図表Ⅲ-17のように相対的に比較したい。規模の大きな企業が,一般的に評価を高める傾向にある[2]。

(4)　企業価値創造会計比較

人件費を人的価値の代替値とし,本質的企業価値創造と仮定すれば,企業価値創造の大きさはかなり変わる。平均純利益・FCF,平均時価総額増減額そして平均人件費を単純に平均して,比較してみよう。平均人件費の値が大きいために,その大きさに依存している。第Ⅰ部の順位とはかなり異なる。キヤノンとパナソニックは抜きん出ている。次にデンソーと三菱電機である。ソニー,東芝,日立製作所,富士通,NECは,人件費は大きいが,市場的企業価値では評価されていない。三洋電機は,会計的企業価値でも減少させており,最も厳しい位置にある。

図表Ⅲ-18　企業価値創造額例示

(単位：億円)

企 業 名	平均利益・FCF	時価総額増減額	人 件 費	総 平 均
キヤノン	2,502	3,968	5,021	3,830
パナソニック	1,594	594	14,058	5,415
三菱電機	913	1,112	4,968	2,331
ファナック	662	1,235	271	723
デンソー	959	824	5,193	2,325
京セラ	714	430	2,082	1,075
シャープ	445	526	2,557	1,176
キーエンス	190	537	212	313
日本電産	142	448	1,518	703
東京エレクトロン	333	27	424	261
村田製作所	436	－416	1,106	375
東芝	517	－498	8,120	2,713
ソニー	24	－563	8,462	2,641
アドバンテスト	224	－426	246	15
TDK	266	－571	1,727	474
三洋電機	－147	－441	3,374	929
ローム	474	－1,073	739	47
日立製作所	357	－1,041	13,635	4,317
NEC	802	－1,719	6,674	1,919
富士通	642	－2,482	7,591	1,917

出所）有価証券報告書等より作成

図表Ⅲ-19　企業価値創造図

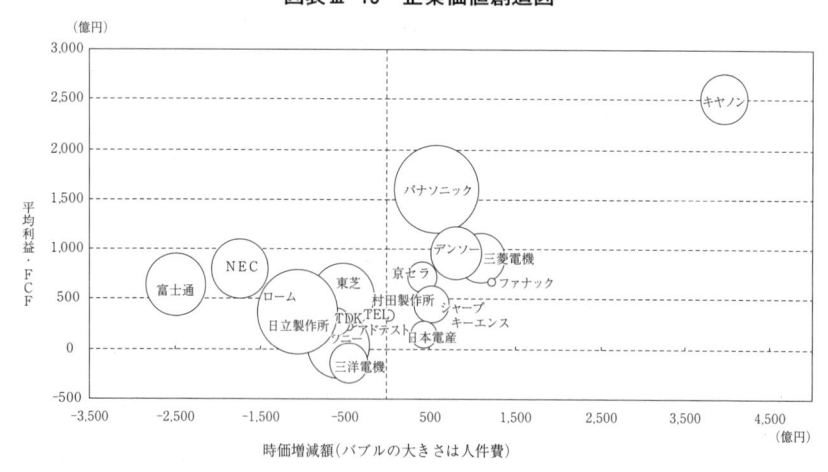

出所）有価証券報告書等より作成

図表Ⅲ-20　企業価値創造のグループ分け

区　分	企　業　名
平均利益・FCF，時価増加，高人件費	キヤノン，パナソニック，三菱電機，デンソー，京セラ，シャープ
平均利益・FCF，時価増加，低人件費	ファナック，キーエンス，日本電産，東京エレクトロン
平均利益・FCF増加，時価減少，高人件費	東芝，ソニー，日立製作所，NEC，富士通
平均利益・FCF増加，時価減少，低人件費	村田製作所，アドバンテスト，TDK，ローム
平均利益・FCF，時価減少，高人件費	三洋電機

⑸　企業価値創造のKVD比較

　各社の企業価値創造プロセスをある程度可視化してきた。KVDは同じでも，その内容・程度等にはちがいがあり，同一には比べられない。そこで，各社のKVDを現状での質・量を5段階レベルで一覧に整理してみた（図表Ⅲ-21）。☆から☆☆☆☆☆へと向上するものとする。☆☆☆☆☆から☆☆までは，優先順位として各社1つに限定する。それ以外は，☆として複数選択可能とした。各レベル評価をより客観化する課題が残されている。

⑹　今後の企業価値創造会計比較

　企業価値創造額を正確に算定することは，困難であるが，将来の可能性を予測することはある程度はできるのではないか。そこで大胆に図表Ⅲ-22のように5つに分類し判断してみた。現段階での相対的な評価であるから，今後の戦略展開次第で変わるのは当然である。

Ⅲ　企業価値創造会計の課題と展望

　これまでの企業価値創造会計に関する分析・検討結果に基づき，最後にいくつかのポイントに整理したい。

① 企業価値より利益

　多くの企業は，企業価値を強調している割には，本音の部分では，外部の関

図表Ⅲ-21　KVDのレベル評価一覧

KVD＼企業名	キヤノン	パナソニック	三菱電機	ファナック	デンソー	京セラ	シャープ	キーエンス	日本電産	TEL
人材育成		☆☆	☆				☆		☆	
長期雇用	☆			☆			☆☆☆☆		☆	
能力主義	☆☆			☆☆		☆				☆
開発重視	☆		☆	☆☆☆☆	☆☆☆	☆		☆	☆☆	☆
技術志向	☆☆☆☆	☆	☆☆☆☆	☆☆☆	☆☆☆☆		☆☆☆	☆☆☆☆		☆☆☆☆☆
生産革新	☆☆☆☆		☆☆☆				☆	☆		☆
品質重視			☆		☆☆☆☆					☆☆☆
新製品比率	☆			☆			☆		☆☆☆	
顧客重視	☆☆☆	☆☆☆		☆	☆☆	☆☆☆☆☆		☆☆☆☆☆	☆	
成長志向	☆	☆☆☆☆			☆	☆☆		☆	☆☆☆☆	
市場拡大		☆☆☆		☆☆				☆	☆	
利益志向	☆	☆	☆	☆	☆		☆	☆☆	☆☆☆	☆☆
CF志向	☆			☆						
株価志向				☆				☆		
Cost Down	☆								☆☆	
事業選別	☆	☆		☆☆☆			☆☆		☆	
新規事業					☆☆☆			☆	☆	
外部資源活用								☆	☆☆☆☆☆	
社会貢献	☆	☆								
環境重視	☆		☆	☆	☆☆☆☆	☆	☆☆☆☆	☆		☆

KVD＼企業名	村田	東芝	ソニー	アドテスト	TDK	三洋電機	ローム	日立	NEC	富士通
人材育成	☆	☆☆☆☆	☆	☆☆☆☆	☆		☆	☆☆	☆☆☆☆	☆☆
長期雇用							☆☆☆			
能力主義	☆			☆						
開発重視	☆☆☆	☆☆☆	☆☆☆		☆☆		☆☆☆☆☆	☆	☆☆☆	☆☆☆☆
技術志向	☆☆☆☆	☆☆	☆☆☆☆☆	☆☆☆☆	☆☆	☆☆☆	☆☆☆	☆☆☆☆☆	☆☆☆☆☆	☆☆☆☆☆
生産革新		☆		☆☆	☆	☆☆☆☆		☆☆		☆
品質重視	☆	☆			☆		☆☆☆☆			☆
新製品比率	☆☆			☆		☆				
顧客重視	☆☆☆☆	☆		☆☆☆	☆☆☆	☆☆☆☆		☆	☆☆☆	☆
成長志向		☆☆☆☆	☆					☆		
市場拡大				☆				☆		
利益志向	☆	☆☆	☆	☆☆☆		☆☆☆☆	☆☆☆	☆☆☆☆		☆
CF志向	☆									
株価志向				☆						
Cost Down						☆				
事業選別		☆	☆		☆					
新規事業								☆		
外部資源活用		☆						☆	☆☆	☆☆
社会貢献	☆	☆					☆			☆
環境重視		☆	☆	☆	☆		☆		☆	

☆☆☆☆☆　最も重視　　☆☆☆☆　大変重視　　☆☆☆　かなり重視　　☆☆　重視　　☆　多少重視

図表Ⅲ-22　今後の企業価値創造額予測

区　分	企　業　名
増　加	キヤノン, パナソニック, デンソー, シャープ
やや増加	三菱電機, ファナック, キーエンス, 日本電産, 京セラ
現状維持	ソニー, 東芝, 村田製作所, TDK, 日立製作所, 富士通
やや減少	東京エレクトロン
減　少	ローム, アドバンテスト, NEC, 三洋電機

係者にとって最もわかりやすい利益等の会計情報を重視している。具体的な企業価値額が不統一で，必ずしも理解が同一でないためであろうか。会計業績により企業価値が決まり，会計業績の増大をめざして経営が行われているためであろう。

② 将来志向性

　現在の企業価値を創造することだけでなく，将来の企業価値を創造するためのマネジメントが求められる。財務的なバリュー・ドライバーだけでなく，非財務的なバリュー・ドライバー（新技術・新製品の研究開発，新市場の開拓，品質，顧客満足度，人的資源の開発・投資，従業員満足度等）をより考慮し，改善を進めていかなければならない。短期的な企業価値には，マイナスの影響を及ぼすかもしれないが，将来の企業価値創造に大きく影響する可能性のあるものに対しては，十分に配慮する仕組みを考えていかなければならない。

③ 選択と集中の徹底

　厳しい環境下では，さらなる選択と集中を徹底させなければならない。その過程では，企業間の再編統合も予測される。将来の企業価値創造を考慮すれば，現行のまま既存事業を継続すことが望ましくないことも考えられる。将来の企業価値を創造できるような大胆な戦略展開が必要不可欠であろう。

④ 新成長分野における価値創造

　環境・省エネ対応の製品開発等は，今後の成長分野となろう。逆風下でも電機と自動車メーカーが，共同で車用リチウムイオン電池量産に投資を振り向ける。環境と製品とが一体化し，環境に優れた製品を開発することが，企業価値

創造に直結する。今後成長が期待される太陽電池のような分野への積極的な資源展開を重視しているか。将来の企業価値創造への対応を戦略的に試み，厳しい競争下で勝ち残るための経営方針が明確にされ，着実に実行しているか。進捗状況を見える化しながら，環境変化に迅速に対応する仕組みを構築しているか。そのための，KVD や KVI を設定する必要がある。

⑤ KVD や KVI の抽出

企業価値創造マップ作成により，企業価値創造の全体像を概観できるが，実践においては，より明確に KVD や KVI に落とし込み，試行錯誤で各社に相応しい指標を探求し，着実に企業価値創造に結びつけていかなければならない。

⑥ 危機下での対応

前代未聞の世界的な危機に遭遇し，各社がどのような対応を，どのタイミングで実践するかで，今後の企業価値創造が決まる。金融危機に端を発する世界同時不況，景気後退，需要急減，消費低迷，雇用不安，円高，業績急落等により，生産調整，生産・販売拠点統廃合，雇用調整，投資の見直し等を迅速に決断している。未開拓な新興市場へ，顧客にとってより付加価値のある製品を提供して，企業価値を創造していかなければ生き残れない。

すべての利害関係者に対してバランスよく，企業価値の分配を調整しながら，迅速な回復に向けての大胆な決断と実行が求められる。

企業価値創造会計を提案し，最初の研究成果を取りまとめた。企業価値創造概念そして企業価値創造方法に関しては，まだ多くの課題が残されているので，企業価値創造会計の研究を今後も継続的に進化させて，課題を少しでも解決していくことが必要不可欠である。

（主担当：紺野　剛）

■注■

1）［『日本経済新聞』(2008年9月1日)，『日経産業新聞』(2008年9月1日)，「雇用 CSR 指標から見た企業評価」『東洋経済月刊統計』(2008年4月号)：pp.22-29,「働きがい調査」『日経ビジネス』(2008年1月28日号)：pp.92-101］等を参考にしている。

2) 日本経済新聞「環境経営度調査」[『日本経済新聞』(2008年12月3日，2007年12月1日)]，日本経済新聞「優れた会社」[『日本経済新聞』(2008年3月10日，2007年3月15日)等]，東洋経済「CSRランキング」[『週刊東洋経済』(2008年5月17日号)]等を参考にしている。

■ **主要参考文献** ■

足達英一郎・金井司(2004)『CSR経営とSRI』金融財政事情研究会
石崎忠司(2005)「CSRと企業価値」『産業経理』Vol.65, No.3, pp.11-18
石崎忠司・中瀬忠和編著(2007)『コーポレート・ガバナンスと企業価値』中央大学出版部
板垣英憲(2004)『戦略カンパニー　ソニーの軌跡と井出伸之』秀和システム
伊藤邦雄(2007)『企業価値評価』日本経済新聞出版社
長田貴仁(2006)『The Panasonic Way』プレジデント社
佐久間健(2006)『キヤノンのCSR戦略』社会経済生産性本部
櫻井通晴・伊藤和憲編著(2007)『企業価値創造の管理会計』同文舘出版
清水克彦(2004)『社会的責任マネジメント』共立出版
社会経済生産性本部編(2004)『ミッション・経営理念』生産性出版
高　巌他(2003)『企業の社会的責任』日本規格協会
谷本寛治(2003)『SRI 社会的責任投資入門』日本規格協会
田中隆雄・高橋邦丸(2004)『グループ経営の管理会計』同文舘出版
中央青山監査法人編(2004)『CSR実践ガイド』中央経済社
常盤猛男(2007)『顧客満足経営事典』ファーストプレス
西澤　修(2005)『企業価値の会計と管理』白桃書房
日本規格協会編著(2004)『CSR企業の社会的責任』日本規格協会
倍　和博(2008)『CSR会計への展望』森山書店
原田　保・萩原　功(2008)『無形化する経営』同友館
挽　文子(2007)『管理会計の進化』森山書店
日立コンサルティング他編(2007)『日立の知的資本経営』中央経済社
藤野哲也(2007)『日本企業における連結経営』税務経理協会
松江英夫(2008)『ポストM&A成功戦略』ダイヤモンド社
森田松太郎・杉之尾宜生(2007)『撤退の研究』日本経済新聞出版社
吉田　寿(2007)『社員満足の経営』日本経団連出版
和田木哲哉(2008)『爆発する太陽電池産業』東洋経済新報社
アーノルド・C・ハックス他，サイコム・インターナショナル監訳(2007)『デルタモデル』ファーストプレス
ケネス・R・フェリス他，村上雅章訳(2003)『企業価値評価』ピアソン・エデュケーション

サイモンズ・ロバート,伊藤邦雄監訳 (2003)『戦略評価の経営学』ダイヤモンド社
デービッド・ボーゲル,小松由紀子他訳 (2007)『企業の社会的責任の徹底研究』一灯社
マイケル・E・レイナー,松下芳生他監修 (2008)『戦略のパラドックス』翔泳社
Becker, Brian E., et al. (2001) *The HR Scorecard*, Harvard Business School Press.
Daum, Juergen H. (2003) *Intangible Assets and Value Creation*, Wiley.
Olve, Nils-Göran, et al. (1999) *Performance Drivers*, Wiley.
Olve, Nils-Göran, et al. (2003) *Making Scorecards Actionable*, Wiley.
Scott, Mark C. (1998) *Value Drivers*, Wiley.
Sullivan, Patrick H. (2000) *Value-Driven Intellectual Capital*, Wiley.（森田松太郎監修 (2002)『知的経営の真髄』東洋経済新報社）

企業価値創造会計研究会代表紹介

紺野　剛

中央大学専門職大学院国際会計研究科教授，前研究科長（2005～2007）
中央大学大学院商学研究科博士課程満期退学，公認会計士・税理士，
日本管理会計学会理事（2005～2008）を経て現在監事（2008～）。
主要著書『改訂版　経営資源の測定と分析』創成社，1997年
　　　　『戦略・計画・予算システム』白桃書房，2000年

企業価値創造会計
―エレクトロニクス業界の事例分析―

2009年9月10日　第1版第1刷発行

著　者　企業価値創造会計研究会

発行所　株式会社　学文社

発行者　田中　千津子

〒153-0064　東京都目黒区下目黒3-6-1
Tel.03-3715-1501　Fax.03-3715-2012

ISBN978-4-7620-1986-9

Ⓒ 2009　Konno Tsuyoshi　Printed in Japan
乱丁・落丁本は，本社にてお取替致します。　　http://www.gakubunsha.com
定価は，カバー，売上カードに表示してあります。〈検印省略〉　印刷／新灯印刷